GROSSBRITANNIEN

udwig, Prinz von Wales
1707–1751

Georg III.
1738–1820
∞ 1761 Charlotte
Iecklenburg-Strelitz
1744–1818

Wilhelm
Herzog von Gloucester
1743–1805

e
40

Elisabeth
1770–1840
∞ 1818
Friedrich
VI. von
Hessen-
Homburg
1769–1829

ERNST AUGUST
1771–1851
∞ 1815
Friederike
v. Meck-
lenburg-
Strelitz
1778–1841

August
Herzog v.
Sussex
1773–1843

Adolf
Herzog v.
Cam-
bridge
1774–1850
∞ 1818
Auguste
v. Hessen-
Kassel
1769–1889

Marie
1776–1857
∞ 1816
Wilhelm
Herzog v.
Gloucester

Sophie 1777–1848

Octavius 1779–82

Alfred 1780–82

Amalie 1783–1810

Wilhelm, Herzog von
Gloucester 1776–1834
∞ 1816 seine Kusine
Marie

Georg V.
1819–1878
∞ 1843 Marie
von Sachsen-
Altenburg
1818–1907

Georg,
Herzog v.
Cam-
bridge
1819–1904

Auguste
1822–1916
∞ 1843
Friedrich
Wilhelm
v. Meck-
lenburg-
Strelitz

Ernst
August
1845–1923

(Hannover
u. Braun-
schweig)

Friederike
1848–1926

Marie
1849–1904

MECKLENBURG-STRELITZ

Karl I. 1708–52

Adolf Friedrich
1738–94

Karl II. 1741–1816
(1) ∞ 1768 Friederike v.
Hessen-Darmstadt
1752–82
(2) ∞ 1784 Charlotte,
deren Schwester
1755–85

Ernst
1742–1814

Charlotte
1744–1818
∞ 1761
Georg III. von
Hannover und
Großbritannien

(1)
Luise
1776–1810
∞ 1793
Friedrich
Wilhelm III.
von Preußen

(1)
Friederike 1778–1841
(1) ∞ 1793 Friedrich
Ludwig von Preußen
(2) ∞ 1798 Friedrich von
Solms-Braunfels
1770–1814
(3) ∞ 1815 Ernst August

(1)
Georg 1779–1860
∞ 1817 Marie von
Hessen-Kassel,
Schwester der
Herzogin von
Cambridge 1796–1880

Friedrich Wilhelm
1819–1904
∞ 1843 Auguste,
Tochter des Herzogs
von Cambridge

(Mecklenburg-Strelitz)

(2)
Karl
1785–1837

Merete van Taack

Friederike, die galantere Schwester der Königin Luise

Merete van Taack

Friederike,
die galantere Schwester der Königin Luise

Im Glanz und Schatten der Höfe

Droste Verlag

Fotonachweis:
Haude & Spenersche Verlagsbuchhandlung: S. 53, 72
Prinz Ernst August von Hannover: S. 126, 127, 162, 195, 203, 208, 217
Alle anderen Abbildungen: Archiv-Materialien

CIP-Kurztitelaufnahme der Deutschen Bibliothek

Taack, Merete van:
Friederike, die galantere Schwester der Königin
Luise : im Glanz u. Schatten d. Höfe /
Merete van Taack. – Düsseldorf : Droste, 1987.
ISBN 3-7700-0727-1

Schutzumschlagentwurf: Karlwerner Reiß
(Foto: Archiv für Kunst und Geschichte, Berlin)
Gesamtherstellung: Clausen & Bosse, Leck
ISBN 3-7700-0727-1

1.

Am 1. August 1714* stirbt Königin Anna von Großbritannien im Alter von neunundvierzig Jahren.

Ein Schicksalsschlag für Kurfürst Georg Ludwig von Hannover, ihr Tod beschert ihm, als dem einzigen protestantischen Thronerben, die englische Königskrone. Der Thron, innen- und außenpolitisch ein diffiziles Vermächtnis, hat nichts verlockendes für ihn. Hannover, das Land seiner Väter, ist seine Heimat, dort ist er geboren und hat vor sechzehn Jahren als Nachfolger des Vaters die Regierung angetreten, die nicht allzuviel Ansprüche an ihn stellt. Für die ständigen Religionsstreitigkeiten der Briten haben er und seine Untertanen weder Interesse noch Verständnis. In Hannover ist man tolerant, in einer einzigen Straße stehen nebeneinander die lutherische, die deutsch- und französisch-reformierte, die katholische Kirche und die Synagoge.

Der Kurfürst läßt sich Zeit. Er bittet den deutschen Kaiser um Urlaub, er müsse nach London zu seiner Krönung fahren. Er läßt die englische Flotte, die sofort abgesandt wurde, ihn zu eskortieren, wochenlang in Calais vor Anker liegen, bis die Genehmigung seiner Majestät eintrifft.

Nie wird aus König Georg I. von Großbritannien ein Engländer. Er lehnt es ab, sich der englischen Herrenmode anzupassen und Englisch zu lernen. Bald nach der Regierungsübernahme bringt er die ihm wohlgesinnten Whigs, die Fort-

* Ältere Werke, die das Datum dem julianischen Kalender entnommen haben, geben den 12. August als Todestag der Königin an.

schrittspartei, ans Ruder und löst das Tory-Ministerium Annas, die die Konservativen protegierte, auf. Der Wechsel gewinnt ihm die Sympathien eines großen Teils der Bevölkerung. Da Großbritannien und Hannover nunmehr in Personalunion verbunden sind, läßt er die Bestimmung der Sukzessionsakte widerrufen, nach der der König nur mit Bewilligung des Parlamentes England verlassen darf, und fährt, öfters als es die gestrengen Abgeordneten für nötig halten, in sein friedfertiges Kurfürstentum. Auf einer dieser Reisen, im Jahr 1727, erliegt er in der Nähe von Osnabrück einem Schlaganfall.

Auch sein Sohn und Nachfolger, König Georg II., ist in Hannover geboren und aufgewachsen und empfindet das Land als seine eigentliche Heimat. 1734 stiftet er die Universität Göttingen und 1753 das Britische Museum. Die Engländer nennen ihn einen «ehrlichen Mann». Unter seiner Regierung stärkt England seine Vormachtstellung im Kampf gegen Frankreich durch die Erfolge der Flotte im Mittelmeer und die Eroberung Kanadas. Der ewige Hader und die Intrigen der Parteien sind dem König zuwider. Man scheut sich nicht, seine Konflikte mit dem ältesten Sohn, dem Prince of Wales, der Öffentlichkeit preiszugeben. Dieser Prinz stirbt vor dem Vater, daher wird sein Sohn 1760 der Nachfolger Georgs II.

König Georg III. ist nicht in Hannover zur Welt gekommen sondern in England und im Geist englischer Tradition erzogen worden. Nie lernt er sein Kurfürstentum kennen, denn er verläßt zeitlebens nicht die britische Insel. Trotzdem betrachtet auch er Hannover als sein wahres Vaterland, in dem er glücklich und zufrieden sich dem Wohlergehen der Untertanen hätte widmen können, fern von den Wirren und der bedrückenden Last der Weltpolitik. Dreiundzwanzig Jahre alt heiratet er Prinzessin Charlotte von Mecklenburg-Strelitz, eine untadelige Dame, mit der er eine untadelige Ehe führt. Das Resultat: fünfzehn Kinder, von denen sieben Söhne und sechs Töchter gesund und munter heranwachsen.

Eine kurze Rückschau: König Georg II. war nach dem Regierungsantritt Friedrichs des Großen in Sorge um sein Kurfürstentum, das der preußische König gegen niederrheinisch-westfälische Besitzungen einzutauschen hoffte. Daher suchte er einen deutschen Prinzen zu gewinnen, der in Zukunft seine Interessen auf dem Festland wahrt. 1745 ernannte er den vierjährigen Prinz Karl von Mecklenburg-Strelitz, als Zweitgeborener ohne Aussicht auf Regentschaft, zum Hauptmann der Hannoverschen Armee. Mit neunzehn Jahren wird der Prinz Oberstleutnant und nach der Heirat seiner Schwester mit König Georg III. Generalleutnant und Gouverneur der Stadt Hannover.

Prinz Karl, eine blendende Erscheinung mit dem Charme fröhlicher Ungebundenheit, ohne die Grenzen seines Standes zu verletzen, erwartet vom Leben, daß es ihm wohl will, ihm Heldentaten auf Kriegszügen und gravierende Verpflichtungen seines hohen Ranges in der Garnison erspart. Sein unsteter Geist, seine künstlerischen Neigungen, seine Reiselust sind unvereinbar mit jeder militärischen Disziplin. Glück und Protektion lassen ihn nicht im Stich.

Auf einer Fahrt durch Deutschland im Frühjahr 1768 besucht er Darmstadt und verliebt sich in die grazile, temperamentvolle Friederike, älteste Tochter des Prinzen Georg, Bruder des Landgrafen. Hochzeit ist im September, es dauert jedoch ein halbes Jahr, bis das junge Paar sich endlich entschließt, in die Heimat zu reisen, nach Hannover. Dort im «Alten Palais» an der Leinstraße kommt eine Tochter zur Welt.

Friederike ist dem Gatten die Gefährtin, die ihn überallhin begleitet, nach Pyrmont, dem Modebad, nach Celle zum Schwager, in die Schweiz und immer wieder nach Darmstadt, wo sie sich meist monatelang aufhalten. Fast Jahr für Jahr wird ein Kind geboren, nur vier Töchter und ein Sohn bleiben am Leben. Im elften Kindbett stirbt die zarte Prinzessin Friederike 1782, noch nicht dreißig Jahre alt.

Prinz Karl heiratet zweieinhalb Jahre später die jüngere Schwester seiner verstorbenen Frau, die seinen Kindern eine zärtliche Stiefmutter wird. Die Ehe ist kurz, die Geburt eines Sohnes – Karl – schwer, es stellt sich Wochenbettfieber ein,

Prinzessin Marie Luise Albertine von Hessen-Darmstadt, Friederikes Großmutter (1729–1818).

nach wenigen Tagen ist der Vater wiederum Witwer. Die gleiche bedrückende Situation. Doch für ihn, der am wenigsten dazu beiträgt, regelt sich wie immer alles auf das Beste. Die älteste Tochter Charlotte hat mit fünfzehn Jahren auf seinen Rat hin den Herzog Friedrich von Sachsen-Hildburghausen geheiratet und ist bereits fortgezogen. Noch aber sind drei Töchter da – Therese dreizehn, Luise zehn, Friederike, von den Geschwistern Ike genannt, acht Jahre alt –, für die der Vater gewiß nicht gewillt ist, seinen vagabundierenden Lebensstil aufzugeben. Doch die Großmutter, Prinzessin George wie die Darmstädter sie nennen, um die es nach dem Tode ihres Mannes einsam geworden ist, schlägt vor, die Enkelinnen zu sich zu nehmen und für ihre Erziehung zu sorgen. Ein Vorschlag, der von allen freudig begrüßt wird und im Laufe der Jahre die daran geknüpften Erwartungen noch weit übertrifft.

Zum erstenmal haben die Kinder statt Erzieherinnen in Abwesenheit der Eltern ein Heim, in dem sie mit urwüchsig mütterlicher Liebe umsorgt werden und ihre Individualität sich voll entfalten kann. Therese, mit ihrer kühl berechnenden Zielstrebigkeit, liegt der Großmutter am wenigsten. Sie heiratet alsbald den Erben der Postdynastie, Prinz Karl Alexander Thurn und Taxis, der die Taschen voller Geld hat, und der Hof von St. Emmeran in Regensburg ist einer der prächtigsten Deutschlands. Luise, voll ungestümer Naivität und warmherzigem Übermut, zu zähmen, gelingt nur durch geduldig beschwichtigende Ermahnungen. Trotzdem ist und bleibt sie der Liebling der Großmutter, während die wahrhaft bezaubernde Sanftmut Friederikes, gepaart mit einer gewissen koketten Reserve, sie erheitert, aber auch gelegentlich bedenklich stimmt. Was wird aus diesem Kind, das anschmiegsam, gleichzeitig selbstbewußt und intelligent einer Zukunft entgegensieht, die von einer Prinzessin als Gattin vor allem verlangt, daß sie die Dynastie mit dem erwünschten Nachwuchs versorgt?

In Darmstadt ist man fröhlicher, unbeschwerter als im Norden. Dort spielt die Etikette eine gewichtige Rolle, die Großmutter hingegen freut sich an der Lebenslust ihrer Enkelinnen. Bei ihr im sogenannten «Alten Palais», schräg gegenüber vom Schloß, herrscht die Einfachheit eines bürgerlichen Haushaltes. An Bargeld fehlt es den hohen Herrschaften oft genug. Prinz Karl macht keine Ausnahme, stürzt sich eher in Schulden, als die Saison in Pyrmont zu versäumen. Mit dem Rang eines Feldmarschalles hat er den Dienst in Hannover quittiert und zieht 1787 mit beiden Söhnen und dem erforderlichen Personal in ein Haus an der Rheinstraße in Darmstadt. Selbst allerdings ist er nur selten dort zu Gast.

Im «Alten Palais» erhalten Luise und Friederike Privatunterricht von Lehrern, die ihnen an wahrhaft geistiger Bildung wenig zu bieten haben. Friederike zeigt sich lernbegieriger als Luise, ist nicht so zerstreut, aber auch nicht so lebhaft.

Unterdessen bricht in Frankreich 1789 mit der Erstürmung der Bastille die französische Revolution aus, die zunächst in Deutschland mehr Überraschung als Schrecken hervorruft. Doch allmählich füllen sich die Städte im Rheinland mit französischen Emigranten auf der Flucht vor den grausigen Exzessen in ihrem Land. Aber bald rücken Krieg und Verwüstung näher und näher. Als die Großmutter beschließt, 1792 im Herbst, mit den Enkelinnen Darmstadt zu verlassen, befindet sich das Revolutionsheer schon auf dem Vormarsch nach Mainz und Frankfurt. Bei der Herzogin Charlotte von Hildburghausen, der ältesten Tochter der Großmutter, sind die Heimatlosgewordenen hochwillkommen. Sie ist tief enttäuscht durch die Ehe mit dem unbedeutenden, trivialen Gatten, der für ihre musikalischen Talente nicht das geringste Verständnis aufbringt und durch das eintönige Milieu, das kaum Anregungen bietet, ist daher glücklich über den Besuch, der über Weihnachten bleibt bis Mitte März, bis der Sohn der Großmutter, Prinz Georg, die sofortige Abreise und Heimkehr über Frankfurt fordert. In der zurückeroberten Stadt ist er mit König Friedrich Wilhelm II. von Preußen zusammengetroffen, dessen Versuch die französischen Rebellen zur Raison zu bringen nach der ergebnislosen Kannonade von Valmy abgebrochen werden mußte. Seine beiden ältesten Söhne, der Kronprinz und Prinz Ludwig, befinden sich in seiner Begleitung.

Onkel Georg brachte in Erfahrung, daß die Heirat des Kronprinzen erwogen wird und daß seine Nichten, die mecklenburgischen Prinzessinnen Luise und Friederike, neben anderen Kandidatinnen, im Gespräch sind. Um die günstige Gelegenheit eines Kennenlernens nicht zu verpassen, zitiert er sie eiligst herbei.

Noch am Tag der Ankunft stellt die Großmutter ihre Enkelinnen im Foyer des Komödienhauses dem König vor, der nach Berlin berichtet: «Wie ich die beiden Engel zum ersten Mal sah ... war ich frappiert von ihrer Schönheit, daß ich ganz außer mir war ... Ich wünschte sehr, daß sie meine Söhne sehen möchten und sich in sie verlieben.»

Erika Kirchhoff

zum

21. 3. 1998

von

Inge und Walter

Am nächsten Tag treffen sich die Paare zum erstenmal bei einem Déjeuner, das Oberbürgermeister von Ohlenschlager, dessen Frau eine gebürtige Mecklenburgerin ist, für den König und seinen Stab gibt. Graf Medem macht den Kronprinzen mit Prinzessin Friederike bekannt, die vor Luise den Saal betreten hat. Friedrich Wilhelm hält sie für die Ältere, «da sie mehr formiert schien, obgleich nicht so groß als ihre Schwester, ... auch widmete sie der Unterhaltung mehr Aufmerksamkeit...», schreibt er 1810 nach dem Tode der Königin in seinen Erinnerungen. Beide gefallen sie ihm gut, nach dem Ball, der sie abends erneut zusammenführt, noch besser. Die Wahl fällt ihm schwer. Freunde fragt er um Rat, sie empfehlen alle, sich für Luise zu entscheiden. Prinz Ludwig, sein Bruder, erklärt, ihm sei es völlig gleichgültig, welche der Damen er heiraten würde, er gehorche lediglich dem Wunsche des Königs. Für erotische Ausstrahlung ist der Kronprinz, trotz des etwas steifen und formellen Benehmens, durchaus empfänglich und gesteht in den Aufzeichnungen, daß «die Jüngere in ihrem ganzen Wesen viel Grazie und was man sagt séduisantes (Verführerisches) hatte», Luise hingegen fehlt es gänzlich, doch die ehrlich offene Zuverlässigkeit in ihren Zügen und die Gradlinigkeit ihres Denkens berühren ihn sympathisch. So fühlt er sich nach reiflicher Überlegung mehr zu ihr hingezogen.

Der König ist Brautwerber für seine Söhne, als er Prinzessin George im Gasthaus zum «Weißen Schwan», eines der vornehmen Frankfurter Hotels, aufsucht. Am nächsten Tag erscheinen die Prinzen selbst, und zwei Tage später wird die Reise nach Darmstadt fortgesetzt.

Prinz Karl von Mecklenburg-Strelitz, der Vater, taucht erst kurz vor den Verlobungsfeierlichkeiten, die für den 24. April festgelegt sind, im Georgeschen Palais auf. Nicht etwa erfreut und stolz auf den Erfolg seiner Töchter, nein, erschüttert über das finanzielle Debakel, das auf ihn zukommt: nicht auszudenken die unvorstellbaren Kosten für zwei Hochzeiten, ganz zu schweigen von den nicht vorhandenen Mitgiften und Aussteuern.

Prinzessin Friederike von Preußen 15 Jahre alt.
Bleistiftzeichnung von J. G. Schadow.

König Friedrich Wilhelm II. hat viele Schwächen, großzügig jedoch ist er immer gewesen, das merkt der Kronprinz bei Regierungsantritt: Er erbt nichts als Schulden. Einstweilen hingegen ist er dankbar, daß die attraktiven Schwiegertöchter dem

Monarchen wichtiger sind als das Unvermögen der pekuniären Lage ihres fürstlichen Hauses. Die Hochzeitsfeierlichkeiten verlegt der König nicht ungern in die preußische Hauptstadt, ein Spektakel, das seinen Berlinern Spaß machen wird. Alles andere schmilzt zusammen, bis auf die Seidenstoffe, von Prinzessin George in Lyon bestellt, die Aufregung genug verursachen, bis sie gerade noch rechtzeitig eintreffen.

Der Krieg, bisher wahrlich kein Erfolg, wird im Frühjahr 1793 mit der Belagerung von Mainz, das die Franzosen eroberten, fortgeführt. Der König und die Söhne nehmen daran aktiv teil, der Kronprinz nunmehr als Generalmajor, doch duldet der König nicht, daß der Thronfolger irgendwelchen Gefahren ausgesetz wird, was ihn verstimmt, da ihm keinerlei Chance geboten wird, sich auszuzeichnen. Während der vier Monate, die ergebnislos verstreichen, reitet er, so oft es ihm möglich, vom Feldlager Bodenheim nach Darmstadt. Prinz Ludwig läßt sich nur blicken, wenn er offiziell aufgefordert wird.

Der König lädt die Prinzessinnen in das Hauptquartier nach Bodenheim ein. Am 28. Mai kommen sie in Begleitung der Großmutter an. Majestät und die Söhne empfangen die Gäste am Tor des Hofes, der gedrängt voll ist mit Offizieren, unter ihnen Prinz Louis Ferdinand, der Friederike sofort auffällt. Er «betrachtete uns mit durchbohrendem Blick. Er ist sehr liebenswürdig», berichtet sie in einem Brief der Schwester Therese nach Regensburg. Ihr «Partner fürs Leben» sei auch dagewesen, Kränkung läßt sie sich nie anmerken. Im Zelt des Herzogs von Weimar, bei Tee und Likör, erzählt sie weiter, «war der Wind unverschämt genug, uns die Unterröcke bis zu den Knien aufzuheben», kein großes Unglück, denn sie hat bildhübsche Beine.

Goethe vermerkt an jenem Tag in seinen Aufzeichnungen: «Gegen Abend war uns, mir aber besonders, ein liebenswürdiges Schauspiel bereitet: die Prinzessinnen von Mecklenburg besuchten das Lager. Ich heftelte mich in mein Zelt ein und durfte so die hohen Herrschaften, welche unmittelbar davor ganz vertraulich hin und hergingen, auf das genaueste beobachten. Und wirklich konnte man in diesem Kriegsgetümmel die beiden jungen Damen für himmlische Erscheinungen halten, deren Eindruck auch mir niemals verlöschen wird.»

Erst am 23. Juli gelingt die Rückeroberung von Mainz und damit der Abzug der Franzosen. Im September beginnt die Schreckensherrschaft in Frankreich, Königin Marie-Antoinette wird am 16. Oktober hingerichtet, nachdem der König schon im Januar unter der Guillotine endete.

Am 13. Dezember 1793 steht vor dem «Alten Palais» am Marktplatz in Darmstadt ein nagelneuer Reisewagen englischer Provenienz, ein Geschenk von Königin Charlotte von Großbritannien, die sehr wohl weiß, welch wichtige Rolle die «Großmama» im Leben der Nichten gespielt hat. Auch Prinz Karl von Mecklenburg-Strelitz wird, als er ein Jahr später, nach dem Tode seines älteren Bruders, Herzog wird, die weise Umsicht, Liebe und Tatkraft der Schwiegermutter für seine Töchter in Dankbarkeit lohnen: Er nimmt sie zu sich ins Schloß nach Strelitz, befreit sie aus dem Zwang der ungewohnten Einsamkeit. Bis in ihr hohes Alter nimmt sie an allen gesellschaftlichen Ereignissen und Familienfesten regen Anteil. Sie überlebt ihre geliebteste Enkelin Luise, Königin von Preußen, und ihren Schwiegersohn. Zwei Jahre nach seinem Tod, 1818, stirbt sie, neunundachtzig Jahre alt.

Der Abschied Luises und Friederikes von der zur Heimat gewordenen Stadt tut weh. Die bange Frage, was die Zukunft bringen wird, überschattet jedoch nicht allzu lange die Gemüter. Sicherlich hätte Friederike reichlich Grund skeptisch zu sein, doch ist sie weder eifersüchtig noch nachtragend und besitzt, wie sich zeigt, eine zähe Ausdauer im Ertragen von Mißhelligkeiten, die fast unzumutbar sind.

Am Weihnachtsabend findet in Berlin die Hochzeit des Kronprinzenpaares statt, das am ersten Weihnachtstag nach dem Gottesdienst im Dom in das kronprinzliche Palais «Unter den Linden», gegenüber dem Zeughaus, fährt.

Am 26. Dezember heiraten Prinz Ludwig und Friederike. Seiner Abneigung gegen die Ehe, der er aus Vernunftgründen zugestimmt hat, scheut er sich nicht, auch an diesem Tag deutlich Ausdruck zu verleihen. Mit unerschütterlicher Geduld erträgt Friederike die kühle Gleichgültigkeit, mit der er sie behandelt. Die Anwesenden, insbesondere die Herren, sind von der Anmut der fünfzehnjährigen Braut entzückt, ein Erfolg, den Friederike zu schätzen weiß. Mit ihrem Gatten bewohnt sie ein kleineres Palais, das ein Torbogen mit dem kronprinzlichen verbindet.

2.

Um zu ermessen, was es bedeutet, Ende des 18. Jahrhunderts in die königlich-preußische Familie zu heiraten, muß ein Überblick eingeschaltet werden, der die Entwicklung in kurzen Zügen aufzeichnet, die dem Leben in Berlin nach dem Tode Friedrichs des Großen am 17. August 1786 neue Impulse gegeben hat. Man ist seiner gründlich überdrüssig gewesen trotz aller Großtaten und wird nicht enttäuscht: auf das eine Extrem folgt unmittelbar das andere. Sein Neffe, König Friedrich Wilhelm II. ist weder tugendhaft noch sparsam, eher arbeitsscheu als fleißig und weit davon entfernt, ein genialer Feldherr zu sein.

Bei den Historikern kommt er meist schlecht weg, doch hat er seine Meriten, friedliche und kostspielige. Sein Prinzip «leben und leben lassen» ist genau das, was die Berliner nach der asketischen Dürre der vergangenen Jahre freudig begrüßen. Eine kulturelle Regsamkeit setzt ein, als hätte sie unter der Eisdecke nur schlummernd gelegen, sehnsüchtig wartend um erweckt zu werden. Lediglich zwanzig Jahre sind diesem Aufschwung gegönnt bis zum vernichtenden Schlag von Jena und Auerstedt, und elf dieser Jahre stehen unter der Ägide König Friedrich Wilhelms II., was gerechterweise anerkannt werden muß.

Fröhlich und verschwenderisch geht er daran, die vierundfünfzig Millionen Taler, die der «Große», der «Einzige» in der Staatskasse hinterlassen hat, auszugeben. Viel Kunstverständnis besitzt er und hat Freude am Bauen. Mit Gebäuden, Plätzen und Anlagen läßt er die Hauptstadt verschönern. Die berühmte Straße «Unter den Linden» erhält als monumentalen Abschluß

König Friedrich Wilhelm II. (1744–1797), Friederikes kluger und lebenslustiger Schwiegervater.

das Brandenburger Tor; Schadow, zum Hofbildhauer ernannt, setzt seine Quadriga auf die Attika. 1788 holt der König aus Pommern David Gilly, der die Bauakademie gründet, sein Sohn wird der Lehrer Schinkels.

Die Geselligkeit lebt auf, floriert. Plötzlich hat Berlin «Salons», in denen Bürgerliche und Adlige gemeinsam Zeitprobleme diskutieren, die, angeregt durch die französische Revolution, ein unerschöpfliches Thema sind. Die Feste im Schloß, lang vermißt, waren noch nie so brillant. Fürstlichkeiten vom In- und Ausland bewundern Stil und Großzügigkeit des Gastgebers. Iffland wird gewonnen für das Königliche Nationaltheater. Seine Darstellungskunst begeistert das Publikum, als Shylock feiert er Trumphe.

Die Ausschließlichkeit, mit der Friedrich II. nur französisches Kulturgut gelten ließ, ist schlagartig vorbei. Deutsche Gelehrte und Schriftsteller werden in die Akademie der Wissenschaften aufgenommen, und die völlig französisch orientierte Universität muß realisieren, daß eine deutsche Literatur und Philosophie existiert, die nicht länger ignoriert werden kann.

Wie sein Vorgänger liebt der König die Musik. Er fördert den Komponisten Karl Friedrich Fasch, den Gründer der Singakademie, die später Zelter, der Freund Goethes, übernimmt. Als Mozart 1790 Berlin besucht, bietet ihm der König die Stelle eines Kapellmeisters, mit 3000 Talern dotiert, an. Mozart lehnt ab, er will seinen «guten Kaiser» nicht verlassen, der ihm nur 800 Taler zahlt.

Verübelt hat man dem König damals und später seine zahlreichen Liebschaften, die ihn vielseitig beschäftigen. Lebenslänglich begleitet ihn Wilhelmine Enke-Rietz, die Tochter eines Trompeters, die er nach Paris schickt und als perfekte Konkubine ausbilden läßt. Fünf Kinder hat er mit ihr. Zweimal heiratet er. Die erste Prinzessin rächt sich mit gleicher Münze an seiner Untreue, worauf sie, geschieden, nach Königsberg verbannt wird. Die zweite Gemahlin hält ihre Stellung durch acht Geburten und keine Seitensprünge. Vier von fünf Söhnen überleben.

Zwei Hofdamen verführt der König zu morganatischen Ehen, die erste stirbt bei der Geburt eines Sohnes, die zweite entflieht unter Hinterlassung ihrer beiden Kinder.

Dies, das authentisch Bekannte, was sich nebenher abspielt, insbesondere im Haus der Madame Enke-Rietz, die längst seine Freundin geworden ist, die er aber täglich besucht, geht die Historie nichts an.

Im übrigen ruht man sich sorglos und zufrieden auf Glanz und Glorie aus. Ansehen und Ansprüche sind in der friederizianischen Ära eminent gestiegen. Preußen ist zur Großmacht emporgewachsen, nicht nur unter den Kleinstaaten Deutschlands, es mißt sich mit Österreich und Frankreich. Es kletterte höher als ihm gebührt, gemessen an seiner Ausdehnung, seiner

Bevölkerungsdichte und seinen volkswirtschaftlichen Kräften. Diese Diskrepanz auszugleichen, ist dem König nur in einer Hinsicht gelungen: 1795 nach dem Ankauf von Ansbach und Bayreuth und der dritten Teilung Polens ist Preußen so groß wie nie zuvor. Doch bald darauf hat es fast so viel Schulden wie der alte Fritz Taler in den Tresoren aufgehäuft hat.

Militär ist kostspielig auch im Frieden, nur durch Eroberungen machen Feldzüge sich bezahlt. 25000 Mann werden 1787 mobilisiert für die Intervention zugunsten des Erbstatthalters der Niederlande, der mit einer Schwester des Königs verheiratet ist und aus seinem Land vertrieben werden soll. Ohne ernstliche Verluste an Menschen und Material endet die Aktion erfolgreich, bringt jedoch nichts ein. Im Gegenteil, großmütig wie Friedrich Wilhelm II. zu sein pflegt, verzichtet er auf Rückerstattung der Kosten des Feldzuges. Die Kampfhandlungen gegen die französische Revolutionsarmee und der luxuriöse Winter in Frankfurt am Main haben Unsummen verschlungen, ebenso die «grenzenlose Bautätigkeit», wie Goethe sich ausdrückt. Das Ergebnis seit der Thronbesteigung des Königs 1786: Die Kassen sind leer.

Wenige Tage nach der Doppelhochzeit im Berliner Schloß, während des Neujahrempfanges am 1. Januar 1794, bittet der König den britischen Botschafter in sein Arbeitszimmer und instruiert ihn über die Situation. Er verlangt Subsidien in Höhe von 22 Millionen Talern von seinen Verbündeten Großbritannien und Österreich für das kommende Jahr, um die Streitkräfte im Westen gegen Frankreich zu halten, sonst müsse er sie zurückziehen. Was auch geschieht, da die Verhandlungen ins Stokken geraten. Unterdessen droht ein Aufstand in Polen. Kaiserin Katharina schlägt Friedrich Wilhelm vor, ihn gemeinsam zu bekämpfen. Sie plant, Polen endgültig von der Landkarte zu streichen durch eine dritte Teilung. Preußens Interessen an Gebietserweiterungen stehen auf dem Spiel und zwingen den König, den Oberbefehl der Truppen im Osten zu übernehmen, um zu verhindern, daß Rußland allein die Beute kassiert.

Der politische Hintergrund im Frühjahr 1794 ist nur Eingeweihten bekannt. Selbst der Kronprinz weiß nicht mehr als seine Umgebung. Am 6. Januar hat der Karneval begonnen, eine ununterbrochene Kette von Bällen. Alles was Rang und Namen hat, wünscht die Kronprinzessin bei sich zu sehen. Luise, umworbener Mittelpunkt, gewinnt mühelos die Sympathien der Gäste. Überall treffen sich die gleichen, was der Kronprinz längst irritierend und ermüdend findet, da er auch nicht gerne tanzt. Luises Tanzfreudigkeit kennt keine Grenzen. Gleichzeitig ist sie beachtlich selbstbewußt, verletzt die Etikette sorglos und unbekümmert. Sie fährt ohne Begleitung einer Hofdame mit Friederike spazieren, lädt Gäste zur Teestunde ein, von denen Gräfin Voß, die Oberhofmeisterin, nicht informiert wurde. Zu allem Überfluß erscheint während der Faschingszeit Prinz Louis Ferdinand vormittags zu Kostümbesprechungen mit Luise. Noch gelten seine galanten Bemühungen ausschließlich der Kronprinzessin. Friedrich Wilhelm, der den Leichtsinn seines Vetters mit Frauen und Geld heftig verurteilt, warnt seine Gattin, was ihr wiederum nicht paßt. Streit und Szenen sind die Folge. Doch plötzlich von einem Tag auf den anderen ändert Luise ihr Benehmen. Gefügig, vorsichtig ist sie ängstlich darauf bedacht, sich den Wünschen des Gatten unterzuordnen. Nichts deutet an, was sie dazu bewogen hat.

Friederike hätte weitaus mehr Berechtigung, über die Stränge zu schlagen. Prinz Ludwig behandelt sie mit oft verletzender Kälte und Nichtachtung. Er hatte mit knapp zwanzig Jahren keinerlei Sehnsucht, eine Bindung einzugehen, eine Familie zu gründen, aber der Forderung des Vaters energisch entgegenzutreten, wagte er nicht. Damals in Frankfurt ließ er seine Geliebte kommen, ob er das Verhältnis löste, wie er Friederike gegenüber behauptet, scheint fraglich, vielleicht zeitweise. Sein Junggesellenleben führt er als Ehemann seelenruhig weiter, verbringt die Abende mit den Regimentskameraden und ihren Freundinnen. Vermutlich ist ihm am wohlsten, wenn er seine Ehepflichten als vollzogen betrachten kann, weil Friederike ihm mitteilt, sie sei schwanger. Als der Polenfeldzug deklariert wird, begeistert ihn die Hoffnung sich auszuzeichnen,

Luise und Friederike 1794 (im Park von Sanccouci) während der Abwesenheit ihrer Gatten, die am Polenfeldzug teilnehmen.

ein Held zu werden wie Prinz Louis Ferdinand, den die Armee vergöttert.

Auch der Kronprinz als Generalmajor erhält die Aufforderung, sich dem Heer anzuschließen, den König zu begleiten. Luise ängstigt die Vorstellung, in der ihr doch noch fremden Umwelt allein zurückzubleiben. Sie fragt den König, ob sie mit der Schwester während der Abwesenheit der Ehemänner in Sanssouci wohnen dürfe. Gern gibt er seine Einwilligung zu diesem Plan. Seit ihrer überraschenden Bekehrung ist sie verunsichert, sieht überall Gefahren, will sich schützen vor Verdächtigungen, die böswillig aus harmlosen Anlässen kombiniert werden könnten. Auch denkt sie an Friederike, auf allen Bällen umschwärmt von der Jeunesse dorée, die hinreichend informiert ist, wie es um sie und Prinz Ludwig steht. Während der Trennung könnten sich die jungen Leute womöglich Chancen ausrechnen bei der bildhübschen Prinzessin, deren Augen manchmal mehr verraten, als sie klugerweise zugeben würde.

Bis Steinhövel begleiten Luise und Friederike die Gatten, dort übernachten sie auf dem Gut des Herrn von Massow und nehmen am Tag darauf, den 15. Mai, in frühester Morgenstunde Abschied von ihnen.

Der König hält den Kronprinzen, seinen Nachfolger, wieder fern jeder Kampfhandlung, was diesen kränkt, während Prinz Ludwig in einer Schlacht an der Spitze der Dragoner Mut und Tapferkeit beweisen kann. Selten erhält Friederike von ihm Nachricht, im Gegensatz zur Schwester, die regelmäßig Post von ihrem Mann bekommt. In der Einsamkeit von Sanssouci, ohne jegliche Ablenkung, gerade erst sechzehn geworden und, wie auch Luise, in Erwartung ihrer ersten Niederkunft, empfindet sie das lieblose Verhalten Ludwigs bitterer als sonst. Sie versucht, den Schwager durch die Schwester einzuschalten. Luise schreibt dem Gatten, Friederike flehe ihn an, alles zu tun, was er könne, den Bruder in ihrem Sinne zu beeinflussen. «Er hat ihr geschworen, daß er die W. (Geliebte Ludwigs) seit seiner Rückkehr weder gesehen noch gesprochen habe, er hat sie von weitem mit Friederike im Park gesehen, aber Friederike hat ihn beschworen, ihr zu sagen, ob er sie denn ganz allein liebte, so hat Ludwig ihr gesagt: Nein, er liebte sie zwar sehr und fühlte, daß sie es über alles verdiene, aber noch wäre sie es nicht allein, aber sobald er seine alte Liebe ganz überwunden hätte, wollte er es ihr sagen, er wäre kein Schurke und sie könne alsdann seinen Worten ganz glauben...»

Im Osten erntet König Friedrich Wilhelm II. nicht mehr Ruhm als mit seinem Feldzug im Westen. Trotz langwieriger Belagerung gelingt es nicht, Warschau einzunehmen. Eine gewaltsame Erstürmung würde nach Ansicht der Generale zuviele Menschenleben kosten. Tatsächlich fordert die Eroberung der Vorstadt Praga zwei Monate später durch den russischen Feldherrn Suworow hohe Verluste, worauf am 5. November 1794 Warschau kapituliert. Ein Jahr danach, bei der letzten und völligen Teilung Polens, fällt Warschau an Preußen und wird die Hauptstadt von Neuostpreußen.

Der König kehrt am 26. September, einen Tag nach seinem Geburtstag, zurück und bleibt in Sanssouci. Da er durch den Verlauf der letzten Ereignisse bedrückt ist, entzieht er sich allen Begrüßungsformalitäten, meidet jedes öffentliche Auftreten. Der Kronprinz reist mit seinem Bruder heimwärts und trifft am 21. September im Kronprinzenpalais Unter den Linden ein, von Luise strahlend empfangen. Sein Bruder braucht einen Tag länger bis er erscheint. Honi soit qui mal y pense.

Anfang Oktober wird Luise von einer toten Tochter entbunden. Sie leidet unter der Enttäuschung um so heftiger, als Friederike am 30. Oktober einen gesunden Sohn in den Armen hält. Einige Tage nach der Geburt erkrankt sie an einem heftigen Milchfieber, damals nicht ungefährlich. So zart und labil die Prinzessin wirkt, so zäh und geduldig erträgt sie körperliche Beschwerden und befolgt zuverlässig die Anordnungen des Arztes.

Das Minus in den Kassen stört nicht das gesellschaftliche Leben am Hof, den Karneval im Winter 1795 und den Kunstmäzen auf dem Königsthrone. Als Minister Heinitz ihn aufmerksam

macht auf ein neues Talent, den ungewöhnlich begabten Bildhauer Schadow, erhält dieser sofort den Auftrag, von beiden Schwiegertöchtern und dem Kronprinzen Büsten zu modellieren. Später werden die Büsten des Kronprinzenpaares als Vorbild für Medaillen verwandt, die zu Fest- und Jahrestagen geprägt werden, und sind in den ersten Regierungsjahren Friedrich Wilhelm III. begehrte Geschenkartikel. Eine verkleinerte Form in Gips kann man für einen Preis von zwei Friedrichdor kaufen. Noch in ihrer dritten Ehe mit dem Herzog Ernst August von Cumberland bestellt Friederike oft ihr Bildnis für Freunde, denen sie es mit der ironisch charmanten Bemerkung überreicht: «feu mon visage» (mein vergangenes Gesicht).

Hans Mackowskys Urteil in seinem Werk über Schadow: «...künstlerisch (nimmt) von den drei Büsten die der Friederike den höchsten Rang ein..., dem Kopf mit dem feinzugespitzten Oval gab er jene seitliche Neigung, die der Prinzessin eigentümlich war und auf allen Bildern erscheint, er sah ihren Augen die leichte gedankenlos vor sich hinträumende Sehnsucht ab, verlieh dem geschlossenen Munde das schalkhafte Spiel der Mundwinkel und formte der Nase die entzückende Abweichung von der konventionell-antikischen Gradlinigkeit an, in der das sinnlich Individuelle am meisten sich fühlbar macht...»

Man hat dem Künstler im Kronprinzenpalais einen Raum im Seitenflügel angewiesen. Hier findet sich Friederike um die Mittagszeit zu den Sitzungen ein, immer freudig erwartet von dem damals dreißigjährigen Schadow. Es macht ihm Vergnügen, nicht nur ihre feinen Züge mit dem letzten Hauch jungmädchenhaften Reizes nachzuformen, er unterhält sich auch gern mit ihr. «Ihre Art zu reden war so, daß es konnte gedruckt werden», erklärte er König Friedrich Wilhelm IV. – damals war Friederike schon tot – aber er hat jene Gespräche nicht vergessen.

Eines der schönsten Werke Schadows: die Marmor-Doppelstatue der Kronprinzessin Luise mit ihrer Schwester Prinzessin Friederike, vollendet 1796.

Den Büsten folgt eine Doppelstatue, ein Gipsmodell in Lebensgröße. Wenn sie dem König gefalle, werde er auch den Marmor dafür genehmigen, meint der Minister und behält recht. Schadow darf selbst die Gewänder wählen, die die Prinzessinnen tragen. Friederike, kleiner, graziler, schmiegt sich an die Schwester, eine Geste, die wohl nur in diesem Material so wundervoll weich gestaltet werden kann. Der Ausdruck in Luises Gesicht, frontal dem Beschauer zugewandt, ist ernst, in ihm spiegelt sich nicht die heitere Eigenheit ihres Wesens, die in den Briefen so oft sprudelnd zum Ausdruck kommt. Von vollendeter Kunst ist der Faltenwurf der Rückansicht, meist nur durch Abbildungen bekannt, da die Aufstellung der Doppelstatue vor einer Wand oder im Rahmen einer Ecke, sie den Blicken entzieht.

Im Herbst 1795 wird Friederikes zweites Kind, wieder ein Sohn, geboren, getauft auf die Namen Karl Georg. Bald danach, am 15. Oktober, liegt in der Wiege des Kronprinzenpalais der Stammhalter Preußens, der spätere König Friedrich Wilhelm IV.

Nach Weihnachten ist Prinz Louis Ferdinand zur Regelung seiner schnell anwachsenden Schuldenlast mehrmals in Berlin und Mitte März zur Hochzeit seiner Schwester Prinzessin Luise, Cousine des Kronprinzen, mit Fürst Anton Radziwill. Fürstin Radziwill schreibt in ihren Memoiren:

«Louis (Ferdinand) war seit dem Winter in die Prinzessin (Friederike) verliebt und die Huldigungen, die er ihr darbrachte und die sie bereitwillig entgegennahm, schienen ihren Gemahl ganz kalt zu lassen. Das Gemisch von Koketterie, Empfindsamkeit und Pflichttreue, das sich in ihrem Charakter offenbarte, schadete ihr sehr in der Meinung der königlichen Familie, aber in der Gesellschaft fanden ihre äußerlichen Eigenschaften großen Beifall. Mich beunruhigt es, daß Louis ihr so eifrig den Hof macht...»

Das Regiment Prinz Ludwigs ist in Schwedt in Garnison, wohin er mit der Familie im Frühsommer für einige Wochen übersiedelt. Dort bessert sich die Beziehung der Ehegatten, da die

Prinzessin Friederike von Preußen im Alter von 17 Jahren. Tonbüste von Schadow.

Ablenkungen und Versuchungen der trinkfreudigen, frivolen Kreise, in denen der Prinz zu Hause gerne verkehrt, fehlen. Das Kronprinzenpaar besucht sie. Luise schreibt am 4. August 1796 an den Bruder Georg:

«...Prinz Louis (so wird Ludwig von den Verwandten genannt) ist ein ganz anderer Mensch in Schwedt, gut und *zärtlich* mit seiner Frau, seine Laune heiter, seine Stirne ohne Runzel und der kleine Fritz (der Sohn) sein Abgott... Sagen muß ich Dir, daß Friederike engelrein bei all dem Gesudel dastehet und sie nur ihre Pflicht und ihren Mann vor Augen und im Herzen hat...»

«All das Gesudel» bemächtigt sich ihrer alsbald, mit und

ohne Berechtigung kommt es auf seine Kosten. Daß sie zu guter Letzt selbst glücklich wird und einen Mann glücklich macht, rechtfertigt ihre Aussage in dem Abschiedsbrief an Fürstin Radziwill, als sie 1799 Berlin verlassen muß:

«Ich habe immer das Glück gesucht und ersehnt zu lieben und geliebt zu werden, endlich werde ich es genießen.» Eine Hoffnung, die auch die zweite Ehe nicht erfüllt.

Kaum zurück in der preußischen Hauptstadt, verfällt Ludwig wieder den Mißstimmungen und seiner ablehnenden Haltung Friederike gegenüber. Erwähnt er sie im Gespräch, nennt er sie stets «die Prinzessin», während Friedrich Wilhelm von seiner Frau spricht. Allmählich lernt sie, sich mit ihren Kindern zu trösten, sie ist eine gute, fürsorgliche und liebevolle Mutter. Das geben auch jene zu, die ihr nicht gut gesonnen sind, die Damen des Hofes, deren Männer die bezaubernde Prinzessin als Attraktion der Festlichkeiten preisen und die Eleganz ihrer Erscheinung bewundern. Auch Luise zieht sich mit erlesenem Geschmack an. Da sie überdies gezwungen ist, viel für Geschenke und den Hofstaat auszugeben, reichen ihre Revenuen nicht. Sie muß Schulden machen.

Geldsorgen scheint Friederike in ihrer Ehe mit Prinz Ludwig nicht gehabt zu haben. Sie besitzt einen ausgeprägten Ordnungssinn, wirtschaftet sorgsam, sonst ist undenkbar, daß sie in der finanziell sehr schwierigen Zeit ihrer zweiten Ehe einen Lebensstandard aufrecht erhält, der es ihr erlaubt, während der Saison in Karlsbad und Teplitz im Kreise der begütertsten Hautevolee Europas eine angesehene Rolle zu spielen.

Friederike wünschte sich eine Tochter, der Wunsch geht am 30. September 1796 in Erfüllung. Sie wird auf ihren Namen getauft. Die Geburt war leicht, sie erholt sich schnell.

Ende November bis Mitte Dezember 1796 verbringt die ältere Schwester Therese Fürstin Thurn und Taxis mehrere Wochen in Berlin im Kronprinzenpalais. Erst in einem Brief vom 10. Dezember an den Bruder Georg faßt sie ihren Eindruck zusammen über die Geschwister, die sie jahrelang nicht gesehen hat. Hier interessiert vor allem, was sie über Friederike zu berichten weiß:

«...Ich fand die Schwestern sehr hübsch, Friederike zumal verschönt und frisch wie eine Rose... Wie unglücklich, daß gerade das lieblich hingebende Wesen mit so einem eiskalten Mann verbunden ist... Man weiß, wie leicht getäuschte Hoffnungen verbittern, allein, das ist garnicht der Fall. Sie hat sich und mir zugleich versprochen, daß sie sich vor Klagen und Explikationen wie vor Feuer hüten will, dabei ist ihr ganzer Wandel, ein Bestreben ihre Pflicht zu tun und ihm wohl zu gefallen. Seit drei Wochen, daß der Mann krank ist, denkt sie an kein Ausgehen, sogar der Wunsch, mich zu sehen, hinderte sie nicht daran. Ich denke, es ist unmöglich, von dieser Beharrlichkeit, Sanftmut und Liebe nicht berührt zu werden. Gott gebe es auch.»

Prinz Ludwig ist an Bräune erkrankt, heute Diphterie genannt. Anfangs leidet er an nächtlichen Fieberanfällen und an Darmbeschwerden, ohne daß Dr. Brown, der Leibarzt des Hofes, eine besorgniserregende Diagnose stellt. Ein Gallenfieber, die veraltete Bezeichnung für eine fiebrige Gelbsucht, schwächt den Körper bedenklich. Am 24. Dezember tritt plötzlich starkes Nasenbluten auf, Dr. Brown befürchtet «Faulfieber» – Blutzersetzung durch Fäulniskeime. Der Prinz schwebe in Lebensgefahr, teilt er der Familie mit.

«Niemals bisher ist ein Weihnachtsabend so traurig verlaufen wie der gestrige», schreibt Luise dem Vater, «denn das Wissen darum, daß es dem Prinzen Ludwig so schlecht geht, hat all seine Schwestern und seinen Bruder zu Tränen gerührt... Friederike anzusehen, ist zu traurig...»

Vor allem der Kronprinz ist tief erschüttert. Er ist mit Ludwig aufgewachsen und hängt sehr an ihm. Die Schwäche des Kranken nimmt rapide zu. Friederike ist Tag und Nacht um ihn. Was mag während jener Wochen in ihr vorgegangen sein, wenn die Gedanken um die Zukunft kreisten? Es wäre vermessen, die Gedanken zu verfolgen, die freies Spiel haben und ihrer Wege gehen, ungehemmt der Phantasie überlassen.

Am 28. Dezember 1796 abends um Viertel vor elf Uhr stirbt Prinz Ludwig von Preußen, dreiundzwanzig Jahre alt. Friederike ist mit achtzehn Jahren Witwe und Mutter von drei Kindern.

Der Katafalk wird mit allem vorschriftsmäßigem Pomp ausgestattet, er ist «schauerlich schön» vermerkt Gräfin Voß, die Oberhofmeisterin der Kronprinzessin, in ihren Memoiren. Für den 10. Januar ist die Begräbnisfeierlichkeit angesetzt. Am Abend vorher nimmt Friederike, begleitet von den Kindern, Abschied von dem Gatten. Sie läßt einen Kranz auf den Sarg legen, kniet vor dem Katafalk nieder und spricht ein Gebet. Die Anwesenden schluchzen ergriffen. Ihr nächste Umgebung ist allerdings überzeugt, sie empfinde keine echte Trauer, könne sie gar nicht empfinden nach dem Erlebnis dieser unglücklichen Ehe. Insgeheim würde sie erleichtert aufatmen, meint man, und der Freiheit erwartungsvoll entgegensehen.

3.

Die französischen Streitkräfte fallen 1794 unter dem Oberbefehl Pichegrus in die Niederlande ein. Die oranische Familie flieht nach England. Erbprinzessin Wilhelmine, verheiratet mit ihrem Vetter, dem Sohn des Erbstatthalters, bittet ihren Vater, König Friedrich Wilhelm II., um Asyl, als mit einer baldigen Rückkehr des Herrscherhauses nach Holland nicht mehr gerechnet werden kann.

Der schon kranke König, der allen seinen Kindern, ob ehelich, morganatisch oder unehelich, herzlich zugetan ist, freut sich, seine Lieblingstochter in der letzten Phase seines Lebens in der Nähe zu wissen und lädt umgehend die oranische Verwandtschaft nach Berlin ein. Die Eltern bleiben in England, doch Mimi mit Töchterchen läßt nicht lange auf sich warten. Der Erbprinz ist schon vorausgereist.

Der König bietet dem Ehepaar Schloß Schönhausen an, in dem viele Jahre die Witwe Friedrichs des Großen residiert hat, und das nach ihrem Tode im Januar 1797 leer steht. Das Schloß liegt anderthalb Meilen nördlich der Hauptstadt, Mimi, lebhaft und lebenslustig, könnte, so fürchtet der Vater, fröhliche Ansprache vermissen. Er bittet daher seine Schwiegertochter Friederike, ihren Wohnsitz nach Schönhausen zu verlegen und Mimi Gesellschaft zu leisten. Das weitläufige Schloß besitzt reichlich Unterkunft, ist leicht zu teilen, und in dem prachtvollen Park, der noch zu Zeiten des Großen Kurfürsten angelegt wurde, können die heranwachsenden Kinder die Freude genießen, ausgelassen miteinander zu spielen.

Gern erfüllt Friederike dem König diesen Wunsch, nur zu

Prinz Louis Ferdinand von Preußen, Held der Armee, Idol der Frauen, genial und exzentrisch. 1772–1806.

gerne entrinnt sie der lästigen Aufsicht des kronprinzlichen Palais, die auch ohne Absicht mitbekommt, wer bei ihr aus- und eingeht. Es wäre durchaus denkbar, daß der König, der von Anfang an ein besonderes Faible für sie hatte, aus ähnlichen Erwägungen diesen Vorschlag machte. Vielleicht möchte er sie entschädigen für die von ihm damals geforderte Heirat. Gönnt er ihr nach den Jahren bitteren Kummers, den sie tapfer, ohne zu klagen ertrug, den Genuß der Freiheit, für die er Verständnis hat? Der Arzt empfiehlt ihm, die Kur in Pyrmont zu wiederholen, die ihm im vorigen Jahr gut getan hat. Er lädt Friederike ein, ihn dort zu besuchen.

Wann ihre Liaison mit Prinz Louis Ferdinand begann, ob bereits in Berlin oder in Schönhausen, ist nicht feststellbar, vermutlich in Berlin, denn erst Anfang Mai zieht sie nach Schloß Schönhausen, wie Luise Bruder Georg mitteilt. Mimi ist ihr eine treue und diskrete Freundin. Prinz Louis Ferdinand weiht seine Schwester, Fürstin Radziwill, in das Geheimnis seiner Beziehung zu Friederike ein. In den Lebenserinnerungen der Fürstin ist auch diese Episode aufgezeichnet:

«Mein Bruder war beständig unterwegs, um sie in Schönhausen zu besuchen, und kam mir verträumt und beunruhigt vor. Er mußte nach Westfalen abreisen, wo man ihn mit dem Kommando über die soeben festgesetzte Demarkationslinie (laut Baseler Frieden) beauftragt hatte. Er besuchte mich am Vorabend unserer Abreise nach Rheinsberg (zu ihrem Onkel Prinz Heinrich) und trug mir auf, gleich nach meiner Rückkehr zu Prinzessin Ludwig zu gehen, sie werde mir das Rätsel seiner Unruhe erklären.»

Wieder in Berlin findet sie ein Billett der Prinzessin vor, mit der Bitte um eine Unterredung. Sie erfährt, ihr Bruder habe die Absicht, sie zu heiraten, wozu sie auch bereit sei, vorausgesetzt, daß der König die dafür erforderliche Einwilligung erteilt. In Pyrmont werde sie gewiß Gelegenheit finden, ihn darum zu bitten. Der Prinz wäre zur Zeit nicht weit von dem Kurort in Kantonierung (Ortsunterkunft in Nähe der Truppe), so daß sie ihn umgehend benachrichtigen könne. Er hätte versprochen, zu ihr zu kommen, sobald sie Bescheid wisse.

Mit den Vorbereitungen, den Kuraufenthalt des Königs glanzvoll zu gestalten, ist Gräfin Lichtenau schon Wochen vorher nach Pyrmont gefahren. Es ist niemand anderes als die in den Adelsstand erhobene Geliebte des Königs aus der Jugendzeit: Wilhelmine Enke-Rietz. Auf ihrer Italienreise konnte Königin Karoline von Neapel, eine Tochter Maria Theresias, sie nicht einladen, weil sie nur Adlige empfängt. Prompt erhielt Madame Enke-Rietz vom König ein rückdatiertes Adelspatent per Kurierpost nachgesandt. So mußte sich seither auch der preußische Hof an ihre Gegenwart gewöhnen. Der Kronprinz und Luise waren empört über den Affront für die Königin-Mutter.

Die Gräfin wohnt, wie im vergangenen Jahr, im Schloß des Fürsten Friedrich Waldeck. Der Fürst ist hochverschuldet, allein in Kurhessen mit 1280000 Reichstalern. Die einzige Möglichkeit, die Summe zu tilgen und weiterhin ein angenehmes Leben zu führen, sieht er im Verkauf der Grafschaft Pyrmont – die er allerdings nur ungern verliert. So hatte er schon im vergangenen Jahr, als die Gräfin ebenfalls bei ihm logierte, eine großartige Idee: Er wird die Dame heiraten, sie zur Fürstin machen, Preußen kauft die Grafschaft und der König schenkt sie ihr als Morgengabe zur Hochzeit. Mit der Liebe nimmt es die Gräfin nicht so genau, doch sehr genau prüft ihr gesunder Menschenverstand das jeweilige Für und Wider: Fürstin zu werden mit einer ungewissen Zukunft in diesem Ort, der sich nur im Sommer belebt, in einem Schloß, das sie nach einem vergnüglichen Aufenthalt ohne Bedauern verläßt, erscheint ihr nicht begehrenswert. Außerdem fühlt sie sich dem König verpflichtet bis zum letzten Atemzug – sein Gesundheitszustand wird immer bedenklicher –, Berlin liebt sie und ihr Heim. Um es mit dem Fürsten nicht zu verderben, verschanzt sie sich hinter dem König, der informiert ist. Zweifellos könnte sie ihn in seiner durch Krankheit geschwächten nachgiebigen Stimmung leicht überreden, ihr den Gefallen zu tun – falls es einer wäre. Der König bespricht den Plan mit Minister Schulenburg-Kehnert, der ihn dringend warnt: Die Finanzlage Preußens erlaube solche Extravaganzen nicht. Somit scheitert das Projekt an einer offiziellen Instanz, die unangreifbar ist. Das Fazit für den Fürsten: er bleibt verschuldet und unbeweibt.

Gräfin Lichtenau erweist sich als perfekte Organisatorin. Um den König abzulenken von seinen trüben Gedanken und Schmerzen, zieht sie die spektakulärste Schau auf, die Pyrmont je erlebt hat. Die vorhandene Theatertruppe genügt nicht, sie engagiert ein französisches Ensemble aus Hamburg, mehrere Musikkapellen werden verpflichtet, spielen vom frühen Morgen bis spät in die Nacht. Die Unterbringung der zahlreichen Gäste verursacht dem königlichen Oberhofmeister Graf zu Sayn-Wittgenstein große Schwierigkeiten. Selbst der prominenteste, alljährliche Kurgast, der Herzog von Mecklenburg-Strelitz, Vater der Schwiegertöchter des Königs, der stets im fürstlichen Badehaus wohnt, das für ihn und seine Freunde reserviert wird, muß sich gefallen lassen, daß diese Freunde auf Privatquartiere verteilt werden. Der König reist inkognito als Graf zu Hohenstein. Ihn begleitet ein Stab von siebzig Personen.

Geplant ist zunächst, daß Friederike mit dem Kronprinzenpaar im Juli nach Pyrmont kommt, womit Luise sehr einverstanden ist, da sie das vielgerühmte Modebad offenbar für eine Art Sündenbabel hält. Doch plötzlich äußert der König den Wunsch, Friederike von Anfang an um sich zu haben. Friederike ist entzückt. Luise hingegen schreibt an Bruder Georg am 24. Juni 1797:

«Mein Herz blutet! Friederike ist seit dem 22ten nachts um 12 Uhr von hier abgereist. Wehe! noch nie ist mir die Trennung von ihr so schwer gefallen. Bedenke... von welcher Wichtigkeit diese Reise für ihr ganzes künftiges Leben sein kann! Sie kommt da in Pyrmont unter den Abschaum von Menschen von ganz Berlin. Wie leicht können sie ihr Fallstricke legen, wieviel Behutsamkeit, sogar Weisheit gehört dazu, es mit keinem zu verderben und mit keinem zu gut zu werden... unwillkürlich fallen mir die neunzehn Jahre meiner Schwester, ihre Unerfahrenheit und ihre große Gutmütigkeit ein... Ich habe ihr alles gesagt, was ich glaubte, ihr nützlich zu sein, und sie sah es zuletzt gottlob ein...»

Sich für den «Abschaum von Menschen von ganz Berlin» zu interessieren, hat Friederike wahrlich nicht nötig. Es wimmelt nur so von Herzögen, Prinzen und Grafen aus allen Teilen Deutschlands und dem Ausland, selbst Könige finden sich ein, um dem Herrscher ihre Freundschaft und Anhänglichkeit «zu Füßen zu legen», wie man sich damals ausdrückt. Friederike hält sich, sobald der Monarch in der Öffentlichkeit erscheint, stets in seiner unmittelbaren Nähe. Geschickt versteht sie es, in die Unterhaltung einzugreifen, wenn das Sprechen ihm offensichtlich schwer fällt. Die Liebenswürdigkeit, zeitlebens ein besonderer Reiz ihrer Persönlichkeit, erweist sich während des Kuraufenthaltes als wohltuende Hilfe für den König, der sich nicht so gut erholt wie im vergangenen Jahr.

Sehr regelmäßig verläuft sein Tag, wenn nicht gerade große Feste veranstaltet werden. Schon um halb sieben Uhr morgens betritt er die Brunnenhalle, ein Glas in der Hand, und geht anschließend, das berühmte Wasser Schluck für Schluck trinkend, in der Allee auf und ab. Um neun Uhr verkünden Trompeten die Ankunft seiner königlichen Hoheit im Ballhaus mit Gefolge – Hofstaat, Ministern, geladenen Fürstlichkeiten. Dort erwartet ihn ein üppiges, elegant arrangiertes Déjeuner, das jeweils von einem der vornehmen Kurgäste gestiftet wird, dessen Name auf einer an der Wand hängenden Tafel steht. Nach dem Frühstück wird getanzt. Der streng verordneten Mittagsruhe folgen bei gutem Wetter Ausfahrten in die Umgegend. Fast jeden Tag besucht er das Theater, das um halb sechs beginnt. Die französischen Stücke mit den hervorragenden Schauspielern amüsieren ihn, jedesmal flechten sie eine Huldigung für den Monarchen ein, die immer lebhaft applaudiert wird. Zum Abendessen um neun Uhr spielt sein Kammerquartett, das er aus Berlin mitgenommen hat, oder man geht wiederum ins Ballhaus, wo leichte Musik mit Tanz und heitere Geselligkeit bis spät in die Nacht geboten wird, von der der König sich allerdings frühzeitig verabschiedet.

Friederike fehlt es nicht an Kavalieren. Die trauernde Schwester, die Luise in ihren Briefen erwähnt, hat sich gewandelt in eine charmante Dame von Welt, und seit der Herzog von Cambridge, jüngster Sohn der Tante Charlotte und König Georgs III. von Großbritannien, aufgetaucht ist, ist sie verliebt – und er in sie. Der attraktive junge Mann von dreiundzwanzig

Jahren und die bildhübsche neunzehnjährige Prinzessin sind ein Paar, das alle Blicke auf sich zieht. Der König hat seinen Spaß daran.

Der Flirt macht schnell die Runde. Ein willkommenes Gesprächsthema für Offiziere, die sich in ihrer Kantonierung langweilen. So die Regimentskameraden von Prinz Louis Ferdinand, die ahnungslos über sein persönliches Attachement, ihre manchmal recht derben Scherze machen über die schnell getröstete Witwe. Überraschend erscheint er in Pyrmont, ein Ereignis, das Friederike keineswegs aus der Fassung bringt. Sie begrüßt ihn herzlich wie einen guten Kameraden, den sie sich freut wiederzusehen. Intimitäten, die geheim bleiben müssen, sind in den überbesetzten Logis riskant, und ein Risiko einzugehen, dürften beide zu diesem Zeitpunkt nicht für opportun halten. Offenbar kommt es auch nicht zu einer Aussprache. Friederike gelingt es stets, sich drohenden Unannehmlichkeiten mit Grazie zu entziehen. Das meint Fürstin Radziwill wohl, wenn sie in ihren Erinnerungen von den «kleinen Falschheiten der Prinzessin» spricht, die die Leidenschaft ihres Bruders für sie noch mäßigen.

In Pyrmont zeigt sich sehr deutlich, daß die Zeiten seit der französischen Revolution sich geändert haben. Der König, der der bürgerlichen Gesellschaftsform mehr zugeneigt ist als der strengen Etikette, verstößt unbedenklich täglich gegen die strikten Vorschriften der Rangordnung. Redet man ihn auf der Promenade an, läßt er sich gern in eine Unterhaltung ziehen, die dem Bürger – ein einmaliges Erlebnis – unvergeßlich bleiben wird bis an sein Lebensende. Sein joviales Verhalten beeindruckt besonders diejenigen, die sich noch an den Aufenthalt Friedrichs des Großen in den Jahren 1744 und 1746 erinnern, der völlig isoliert zu bleiben wünschte, sich jede Annäherung verbeten hat.

Erstaunt sind die Pyrmonter, daß der König und auch der später eintreffende Kronprinz ganz unmilitärisch gekleidet sind. Der König trägt «gewöhnlich einen kurzen englischen Überrock von gemeinem oder blauen Tuch, gelbe Pantalons

Luise (1776–1810), Prinzessin von Mecklenburg-Strelitz, als Kronprinzessin von Preußen.

(lange Hosen) und einen runden Hut». Nur der Landgraf von Hessen-Kassel stolziert in voller preußischer Uniform die Allee entlang, da er preußischer Generalfeldmarschall ist. «Auch die Damen des Hofes... erregten durch ihre schlichte und unauffällige Kleidung immer wieder Aufsehen, und zwar ganz besonders nachmittags nach fünf Uhr, wenn die übrigen Damen der Pyrmonter Gesellschaft ihren Putz... zur Schau vorführten.» Sehr sorgfältig werden alle diese Einzelheiten in dem berühmten «Journal des Luxus und der Moden» aufgezeichnet, das sich in ganz Deutschland großer Beliebtheit erfreut. Es sei noch erwähnt, daß man in allen deutschen Zeitungen Tag für Tag Berichte über den Verlauf des königlichen Aufenthaltes in Pyrmont lesen kann.

Das größte gesellschaftliche Ereignis findet am Geburtstag des Kronprinzen statt, am 3. August. Er ist mit der Kronprinzessin und dem Hofstaat am 23. Juli angekommen. Zu diesem Fest hat der König eingeladen.

Ein lukullisches Déjeuner bildet den Auftakt, am Abend trifft man sich zu einem «großen Theaterball» mit «riesiger Festtafel». Die Einwohner der Stadt haben Häuser und Straßen illuminiert, ein prächtiges Feuerwerk begeistert die Gäste und selbst der König nimmt bis Mitternacht an der Festlichkeit teil.

Am 10. August verläßt der König Pyrmont, zwei Tage zuvor hat sich die kronprinzliche Reisegesellschaft verabschiedet, der sich Friederike anschließt, ferner Ernst von Mecklenburg-Strelitz, der Onkel der Prinzessinnen, der in Hannover lebt, und Herzog Adolf von Cambridge, der dort stationiert ist. In der Leinestadt wird übernachtet, die Schwester sehen das «Alte Palais» wieder, in dem sie geboren wurden. Der Urgroßvater und Großvater des Herzogs von Cambridge, König Georg I. und König Georg II. von Großbritannien, sind ebenfalls in dem Palais zur Welt gekommen und erst sein Vater, König Georg III., wurde in London geboren.

Dr. J. Lulvès behauptet in seiner Abhandlung über beide Prinzessinnen Luise und Friederike, die Begegnung Friederikes mit Herzog Adolf in Pyrmont sei mit der Hoffnung auf eine eheliche Verbindung von der königlichen Familie absichtlich herbeigeführt worden. Man kann nur bedauern, daß es dazu nicht gekommen ist, diese Ehe hätte Friederike viel Kummer erspart, allerdings auch keinen Königsthron beschert.

Die Beziehung zwischen Prinz Louis Ferdinand und Friederike wird noch eine zeitlang in einem Briefwechsel fortgesetzt. Die Memoiren der Fürstin Radziwill berichten, Friederike hätte ihrem Bruder schließlich mitgeteilt, sie habe «die gewünschte Einwilligung des Königs nicht...» erlangen können und wäre daher genötigt, sich zu fügen. «Im Herbst», fährt die Fürstin fort, «ließ Louis mir ein Paket zustellen (die Korrespondenz zwischen ihm und Friederike), das er mich nach

Kenntnisnahme des Inhalts persönlich der Prinzessin zu überbringen bat. Da ich Louis Vertraute gewesen war, hielt er es für seine Pflicht, mich über das Ergebnis zu unterrichten... (Friederike) ist mir gegenüber niemals auf diesen Bruch zurückgekommen, und ich hielt mich ihr bei jeder unumgänglichen Begegnung so fern, wie es ohne Verletzung der Schicklichkeit möglich war.»

Prinz Louis Ferdinand war Friederikes erstes außereheliches Erlebnis. In dem Ungestüm seiner Leidenschaft erfüllte sich ihre Sehnsucht nach Hingabe und Zärtlichkeit. Nach dem ersten Überschwang der Gefühle und nach dem für sie gewiß unerwarteten Wunsch des Prinzen, das Verhältnis zu legalisieren, stellen sich Überlegungen ein, mit denen sie nicht gerechnet hat: wird der unruhige Geist je ein Ehemann werden, wie sie ihn sich nunmehr wünscht, wird er ein liebevoll sorgender Vater ihrer Kinder sein? Vielleicht hat Mimi sie gewarnt, die mehr über den Tollkopf weiß, über seine Aventüren und seine Verschwendungssucht. Steuert sie etwa mit ihm in ein neues Ehedebakel? Gedanken wie diese mögen sie schon vor Pyrmont beschäftigt haben. *Nach* Pyrmont ist sie mit Sicherheit nicht mehr gewillt, Prinz Louis Ferdinand zu heiraten. Mit dem Argument, der König habe die Einwilligung verweigert, zieht sie sich aus der Affaire. Eine nicht nachzuprüfende Behauptung, der König ist sterbenskrank, und von seinem Nachfolger ist eine Zustimmung nicht zu erwarten. Mit dem Kronprinzen hat Louis Ferdinand über seinen Heiratsplan gesprochen. Er glaube nicht, daß diese Ehe ihn glücklich machen werde, hätte Friedrich Wilhelm geantwortet. Die Wiedergabe der Aussage klingt nicht ganz echt. Ist schon von Glück die Rede, wird dem Kronprinzen das seiner Schwägerin vor allem wichtig sein, und diese Sorge wäre berechtigt.

Wie weit fortgeschritten die Krankheit des Königs ist, kann man den Berichten der «glanzvollen Kursaison 1797» nicht entnehmen. Hermann Engel, Herausgeber der «Kulturgeschichtlichen Streifzüge durch das Pyrmonter Tal», fügt daher einen Brief der Fürstin Pauline zu Lippe bei, der erkennen läßt, wie es in Wahrheit um die Gesundheit des Monarchen steht:

«Der König ist so äußerst schlecht und abgezehrt, daß sein Leben wohl nur noch Wochen dauern kann. Es fällt auf zu sehen, wie die sonst aufgespannte, ausgefüllte Haut umher schlottert, doch geniert sich der König noch sehr, will nach Möglichkeit seinen Zustand verbergen, läßt sich alle Welt präsentieren, geht täglich ins Schauspiel, giebt Tafel, bekommt aber bisweilen an derselben die heftigsten Ohnmachten.»

Friedrich Wilhelm II. leidet an Wassersucht, woran auch sein Onkel Friedrich der Große gestorben ist. Noch qualvolle Monate stehen ihm bevor, starke Schmerzen, Atemnot, Herzbeschwerden. Gräfin Lichtenau ist ständig um ihn. Am 16. November morgens neun Uhr stirbt er im Marmorpalais in Potsdam. Der Kronprinz erfährt es mittags, als er auf dem Weg nach Potsdam den Vertrauten des Vaters General Bischoffwerder trifft. Luise ist im Kronprinzenpalais geblieben; bei ihr befinden sich Friederike sowie Fürst und Fürstin Radziwill, als sie die Nachricht erhält, Königin von Preußen zu sein.

«Ich bin nicht zur Königin geboren, das glaube mir», schreibt sie am 1. Oktober 1797 an den Bruder Georg, «doch will ich gerne das Opfer werden, wenn nur sonst in der Zukunft mal dadurch was Gutes gestiftet werden kann.»

Das Ende des Jahrhunderts beendet auch ein Zeitalter, das neunzehnte Jahrhundert beginnt mit lebhaften Erwartungen. Nicht zur Königin geboren zu sein, ist ein Glück. Luise wächst in ihre Aufgabe hinein, unbelastet von falschen Vorstellungen. Es ist der richtige Augenblick, eine neue Ära einzuleiten, ohne die alte zu zertrümmern, wie es in Frankreich geschah. Luises ehrliches, schlichtes Denken, ihr im Religiösen verankerter Gerechtigkeitssinn, ihre menschliche Wärme vermitteln eine Atmosphäre des Vertrauens, räumen vielen fortschrittlichen Maximen der französischen Revolution eine Berechtigung ein im Rahmen der bestehenden Ordnung. Luise und auch Friederike strahlen ein Fluidum des Zeitgeistes aus, natürliche Reaktionen ihrer von enger Schablone

König Friedrich Wilhelm III., Schwager Friederikes, dessen verantwortungsbewußter Güte sie viel verdankt (1770–1840).

losgelösten Erziehung in Darmstadt – dank der freisinnigen Großmutter.

Noch am Todestag des Vaters läßt Friedrich Wilhelm III. Gräfin Lichtenau verhaften, ihr Vermögen, ihre Liegenschaften beschlagnahmen. Zur Last gelegt wird ihr, Geld, Kronjuwelen, Staatspapiere veruntreut zu haben. Drei Jahre emsigster Prüfung fördern keine Schuld zutage, die die Anklage rechtfertigt. Sie erhält ihr privates Eigentum zurück. In der Öffentlichkeit bewundert man das Urteil der ehrenhaften, unbestechlichen Richter.

Friedrich Gentz, zur Zeit der Thronbesteigung Friedrich Wilhelms III. ein junger Journalist, der in Berlin lebt und der später einer der glühendsten Verehrer Friederikes wird, erregt die Aufmerksamkeit des Zeitung lesenden Publikums durch einen offenen Brief, in dem er seiner Majestät zum Regierungsantritt Ratschläge gibt. Ein Unterfangen, das widersprüchliche Aufnahme findet, so schreibt Goethe in einem Brief an Schiller über die «Zeiten der Freiheit..., da Herr Gentz mit der liberalsten Zudringlichkeit einem neuen Könige eine unbedingte Preßfreiheit abtrutzt...» Der König hingegen vermerkt den neuen Stil der Meinungsäußerung nicht einmal übel, denn er enthält Hinweise auf Mängel in dem bürokratischen Verwaltungssektor, die er auch beanstandet, und nicht zuletzt betont Gentz die Wichtigkeit, den Frieden aufrecht zu erhalten und trifft damit das Kernproblem der politischen Tendenz des neuen Monarchen.

Das Erbe, das König Friedrich Wilhelm III. vorfindet, beläuft sich auf ungefähr dreißig Millionen Taler Schulden. Sparen fordert er von den Ministern, Abbau der Schulden so schnell wie möglich. Da die Hofhaltung im Schloß kostspieliger ist, wohnt er weiterhin im Kronprinzenpalais und ändert die einfache Lebensweise der Familie nicht. Doch wenn es sich um das Ansehen Preußens bei Empfängen und Festlichkeiten handelt, geizt er nie, bewilligt beachtliche Summen.

Eine der letzten Verfügungen König Friedrich Wilhelms II. hat die Trauerzeit für königliche Familienmitglieder auf sechs Wochen beschränkt. Der Fasching, am 6. Januar 1798 beginnend, kann also uneingeschränkt genossen werden. Schon im ersten Winter gelingt es Königin Luise, die Repräsentation des Hofes zu großem Erfolg zu führen. Auf allen Bällen ist Friederike, eine der begehrtesten Partnerinnen, beim Tanz stets umworben. «Jeder will sie haben», eine lakonische Bemerkung der Gräfin Voß in ihrem Tagebuch. Der Herzog von Cambridge hält sich öfters, von Hannover kommend, in Berlin auf und in Schönhausen. Im engsten Familienkreis wird eine Ehe zwischen ihm und «Prinzessin Louis», wie Friederike meist genannt wird, erwogen.

Der Herzog hat offenbar eine tiefe und echte Zuneigung für diese Cousine, ob es bei ihr tatsächlich Liebe ist oder nur eine sicherlich herzliche Sympathie, darüber mag sie vielleicht selbst noch nicht im Klaren sein. Sie zeigt sich einer Heirat nicht abgeneigt, verlangt jedoch Bedenkzeit. Verständlich: Sie, eine zärtliche Mutter, muß ihre drei Kinder verlassen, sie sollen am preußischen Hof mit den königlichen erzogen werden. Auch dürfte es ihr nicht leicht fallen, sich von Berlin zu trennen, und eine gewisse Angst mag mitgespielt haben vor dem fremden Land, der fremden Umgebung und Sprache. Viel Betrübliches mußte sie schon durchstehen, sie weiß, daß die Nähe vertrauter Menschen ihr wohlgetan hat, wenn sie der rauhen Wirklichkeit zu entfliehen suchte. Niemand konnte damals ahnen, daß der Herzog von Cambridge als Statthalter und Vizekönig von Hannover nach den Befreiungskriegen 22 Jahre auf dem Kontinent verbringen würde.

König Friedrich Wilhelm III. legt schon im ersten Winter nach seinem Regierungsantritt Wert darauf, daß überall in Deutschland und im Ausland die großzügige Gastfreundschaft des preußischen Hofes und seine Festlichkeiten gepriesen werden, ferner die Talente der Königin stilvoll zu repräsentieren. Mit diesem spektakulären Glanz demonstriert er Frieden, Sicherheit und Zuversicht, denn er ist fest entschlossen, nach den mißlungenen Feldzügen seines Vaters einen neutralen Kurs zu steuern. Politik ist kein Thema, das diskutiert wird, und wen interessiert schon im Fasching, ob man sich in Rastatt vergebens streitet um eine Entschädigung für die Verluste der deutschen Fürsten durch Abtretung des linken Rheinufers an Frankreich? Aufsehen erregten die militärischen Erfolge, die ein gewisser Bonaparte in Italien erzielte, jetzt ist er in Ägypten mit der von ihm inszenierten Expedition hinreichend beschäftigt. Seine Absicht, Englands Herrschaft am Mittelmeer einen vernichtenden Schlag zu versetzen, gelingt nicht, doch die Erkenntnisse über das Land, über Ägyptens Geschichte, Baukunst, Geographie, die die Wissenschaftler, die sich dem Unternehmen angeschlossen haben, mit nach Frankreich bringen, sind ein immenses Material von unerhörtem Wert, der einzige Sieg der Waffen.

Gegen Ende März beginnen die «schrecklichen Manöver» in Potsdam, wie die Gattin Prinz Wilhelms – ein Bruder des Königs – seufzend gesteht. Sie, eine homburgsche Prinzessin, fühlt sich in ein Heerlager versetzt und kann Luises Geduld nur bewundern, mit der sie all den kriegerischen Aufwand erträgt, den König sogar noch gelegentlich zu den Paraden begleitet.

Karl, der jüngere Sohn Friederikes, kränkelt seit einiger Zeit. In Schönhausen fehlt rasche ärztliche Hilfe. Die Mutter fährt mit ihm ins Palais Unter den Linden, dort kann sie zu jeder Tag- und Nachtzeit Dr. Brown rufen.

Luise an den Bruder Georg am 11. April 1798:

«...Ich ging nach Berlin, um zu sehen, wie es ihr und dem in Gefahr kranken Kinde ginge. Und denke Dir meine Empfindung, da ich ihn in Agonie fand. Ich war ohne meinen Mann gegangen, hatte ihm mein Wort gegeben, denselben Tag wiederzukommen; war also gebunden und hatte nicht den Trost, sie im Augenblick des Todes ihres Kindes zu trösten, das erst vierundzwanzig Stunden später verschied. Doch ihre Briefe sprechen laut von ihrem Gram. Mein Mann hat sie gleich hergebeten..., sie hat es ausgeschlagen und will lieber ihren Schmerz allein tragen und (erst) die zukünftige Woche Zerstreuung in Postdam suchen. Und darin hat sie recht..., denn wenn es schön warm ist, ist Potsdam ein Paradies...»

Karl ist am 6. April 1798 gestorben, zweieinhalb Jahre alt. Friederike will lieber ihren Schmerz allein tragen, schreibt sie der Schwester – hier beginnt das Lügennetz, in das sie sich verstrickt, das so gut gesellschaftlich und auch in den Archiven getarnt wurde, daß fast zweihundert Jahre vergangen sind, bis ein Zufall die Spur wies, die nach langen Recherchen zur Klärung führte. Es kann mit Sicherheit angenommen werden, daß sie nicht allein geblieben ist. Sie erwartet den Herzog von Cambridge, um sich an seiner Schulter auszuweinen. Später behauptet sie allerdings, als sie ihr Jawort immer weiter hinauszögert, der Tod des Sohnes sei ihr wie eine Strafe des Himmels erschienen für die Absicht, ihre Kinder zu verlassen.

Im Frühjahr, während sich das Königspaar auf einer Huldigungsreise nach Königsberg befindet, macht Prinz Friedrich zu Solms-Braunfels seinen Antrittsbesuch in Schönhausen. Er gefällt und ist alsbald ein gern gesehener Gast im Schloß. Seine Aufmerksamkeit gilt vor allem Friederike. Und Friederike ist dankbar, daß sich jemand ihrer annimmt, sie vermißt Schwester und Schwager, und der Verlust des Kindes schmerzt noch. Trotzdem, sie weiß, daß sie in nicht allzu ferner Zukunft sich mit Sehnsucht an diese Zeit erinnern wird, das ist es, was sie am meisten quält. Prinz Solms versteht zuzuhören, ihm gegenüber kann sie sich aussprechen, ihre Bedenken äußern. Inoffiziell sei sie verlobt mit dem Herzog Adolf von Cambridge, bekennt sie vertrauensvoll, sicherlich würde er ein verläßlicher, treuer Ehemann, er liebe sie, daran zweifle sie gar nicht und hoffe auch, daß sie sich im Laufe der Zeit an die neue Umgebung gewöhnen werde und an die fremden Menschen mit ihren Eigenarten, aber was müsse sie dafür aufgeben, alles was ihr das Leben lebenswert mache! Das sei ihr erst jetzt klar geworden und bedrücke sie mehr und mehr. Die Trennung von beiden Kindern werde ihr schwer genug, doch die Vorstellung, Abschied zu nehmen von Berlin, von dem vertrauten Kreis der Verwandten und Freunde, «gefesselt» an England zu sein für immer, die Vorstellung beginne sie mit jedem Tag angstvoller zu verfolgen. Ein unerschöpfliches Thema zwischen ihnen, das sie einander näher bringt, bis die Freundschaft wie selbstverständlich in eine intime Beziehung hinübergleitet.

Da entdeckt Friederike plötzlich, daß das Treffen mit Herzog Adolf nach dem Tod des Sohnes nicht ohne Folgen geblieben ist: sie ist schwanger. Sie zieht sich von jeder Geselligkeit zurück. Als Prinz Solms schließlich auf eine Erklärung für dieses Verhalten drängt, gesteht sie ihm die fatale Situation und daß sie die Verlobung mit dem Herzog lösen werde, da er nie verzeihen würde, hintergangen worden zu sein. Angaben über den Vater des Kindes weigere sie sich zu machen. Keineswegs neugierig, überlegt Prinz Solms nicht lange, nimmt die Chance wahr, bietet ihr seine Hand an, erklärt sich bereit, den Fauxpas mit seinem Namen zu legitimieren. Eine einmalige Gelegenheit die Misere seines Daseins zu überwinden. Wunschbilder gaukelt seine Phantasie ihm vor: Mitglied der königlich preußischen Familie, er, ein armer nachgeborener Prinz ohne Erbansprüche, Beförderung in der Garde, ein sorgloses Leben, verschont von dem lästigen Zwang sich anzustrengen, um eine standesgemäße Existenz zu führen – vorausgesetzt Friederike willigt ein. Unglücklicherweise hat sie sich in diesen Prinzen ernsthafter verliebt als in irgendeinen seiner Vorgänger, ist sich aber der Schwierigkeiten voll bewußt, auf die sie bei König und Königin mit der Heirat stoßen wird. Ohne den zwingenden Grund, das uneheliche Kind, würden sie nie ihre Zustimmung erteilen. Nach reiflichen Überlegungen mit Mimi, der Erbstatthalterin der Niederlande, entschließt sie sich dem Drang ihres Herzens nachzugeben und um das, was sie für ihr Glück hält, rückhaltlos zu kämpfen.

Am 29. Juni kehrt die Königin von der Huldigungsreise zurück und am 13. Juli wird Prinzessin Charlotte geboren. Der Sommer ist ungewöhnlich heiß. Luise hat die Freude, ihren Bruder bei sich zu haben, Prinz Georg verbringt einige Wochen in Charlottenburg. Ein reger Verkehr entwickelt sich mit Schönhausen. Georg betont mehrmals in Briefen, wie munter und fröhlich Friederike sei, «munterer denn je». Auf ihren Wunsch hin erfährt niemand, was sich bei ihr hinter den Kulissen zugetragen hat, auch nicht der Herzog von Cambridge, der weiterhin liebevolle Briefe erhält. Mag kommen, was da will, eins ist sicher, sie entrinnt dem Alptraum, auf die englische Insel für immer verbannt zu sein. In einem Brief an Schwester Therese Thurn und Taxis schildert sie, leicht ironisierend, den Tagesverlauf in Schönhausen und Charlottenburg: «Um neun Uhr versammeln wir uns im Garten oder einer kühlen Galerie zum Frühstück und bleiben beieinander bis ein Uhr, plaudernd, auch wohl gemeinsam lesend... Um ein Uhr kleidet man sich für das Mittagsmahl an, das um zwei Uhr beginnt und wobei man mich gewöhnlich mit langweiligen Holländern bewirtet. Um fünf Uhr fahren wir anderthalb Meilen in arabischem Wüstensand nach Charlottenburg. Dort wird mit dem Königspaare, seiner Umgebung und seinen Gästen Tee getrunken und zu Abend gespeist, so daß wir nie vor ein Uhr nachts zurück sind.» Stets ist Friederike umgeben von ihrem Hofstaat und meist befindet sie sich in Begleitung des Prinzen Solms. Gerede entsteht schnell.

Die Königin wird mehrfach gewarnt von wohlmeinenden Freunden und Hofdamen, eine Liaison bahne sich an zwischen ihrer Schwester und Prinz Solms. Sie lehnt alle derartigen Verdächtigungen entrüstet ab als Verleumdungen und häßlichen Klatsch. Im Herbst 1797, als der Prinz mit seinem Regiment in Potsdam war, wurde er ihr vorgestellt. Damals schrieb sie ihrem Bruder Georg: «Prinz Solms zu Braunfels ist seit dem Manöver hier. Er ist ein guter, angenehmer junger Mann. Er hat viel Unglück gehabt, das macht ihn ein wenig verschlossen. Schade, daß er keinen Freund hat. Seine besten Freunde sind tot, sowie seine liebsten Schwestern.»

Friedrich Wilhelm lernte als Kronprinz vor zehn Jahren auf seiner ersten größeren Reise mit seinem Vater nach Holland den Prinzen kennen. Er war Kornett in der dortigen Garde, verkehrte im Haag am Hofe des Statthalters der Niederlande und gehörte zu den jungen Offizieren, die sich um die deutschen Gäste scharten. 1795, fünfundzwanzig Jahre alt, quittierte er den Dienst. Auf Empfehlung des Kronprinzen trat er 1797 in das Ansbacher Husarenregiment ein. Nach der Thronbesteigung berief ihn König Friedrich Wilhelm III. nach Berlin ins Gardedukorps, was einer Beförderung glich.

Die etwas forcierte Munterkeit, die Georg erwähnt, ist Friederikes Schutz und Schirm gegen das Hin und Her der Gefühle, die sich hinter der Fassade verbergen. Sie spielt ein gewagtes Spiel mit hohem Einsatz, ist aber überzeugt, mehr zu gewinnen als zu verlieren. Sie ist gezwungen, die Schwangerschaft so lange irgend möglich geheim zu halten. Von etwa Mitte November bis Mitte Dezember ist sie im achten Monat. Aber erst im Juni fand die erste Begegnung mit Prinz Solms statt. Sechs Monate Schwangerschaft ist also das Äußerste, was sie im Dezember zugeben kann, wenn er als Vater des Kindes gelten soll. Und diese Version ist wünschenswert, um den Skandal einer überstürzten Heirat wenigstens in Bahnen zu lenken, die so weit wie möglich ein gewisses Dekorum wahren.

Endlich Anfang Dezember entschließt Friederike sich zur Beichte. Das Königspaar unvorbereitet mit diesem Geständnis zu konfrontieren, wagt sie nicht, sie schickt Mimi, die Schwester Friedrich Wilhelms III., zur Königin. Mimi ist gewandt, heiter, unkompliziert, hat das Herz auf dem rechten Fleck und lebt nach der Devise: «tout s'arrangera!», mit der Friederike gelernt hat, ihre Nerven zu beruhigen.

Die Königin vergießt Ströme von Tränen und muß ihren Mann, den König, informieren. Seit dem Regierungswechsel der erste Makel, der auf dem moralisch so vorbildlichen Hof lastet. Auch Mimi hat Friederike nicht verraten, wer der Vater des Kindes ist, den Namen soll nur das Königspaar erfahren. Am Tag darauf erscheint Friederike. Nach der Besprechung, in der sie wenig Reue bekundet, um so mehr das Glück ihrer Liebe zu Prinz Solms preist, handelt der König kühl und umsichtig, offenbar vor allem erbost über den Gardeoffizier, der ihm zu Dank verpflichtet, ihn stattdessen in eine verteufelte Situation lanciert hat. Ohne sein Zutun hätte Friederike sich früher der Schwester anvertraut und eine Reise mit längerem Aufenthalt im Einvernehmen mit dem Herzog von Cambridge hätte den nunmehr drohenden Skandal vermieden. Der König durchschaut leicht das Kalkül dieses nachgeborenen, unbemittelten Prinzen, der erwartet, daß man sich erkenntlich erweist dem Retter in der Not. Informationen über den Prinzen, die der König von den Vorgesetzten anfordert, klingen unbefriedigend: er verfüge nicht über solide Kenntnisse, zeige weder Ehrgeiz, noch habe er anscheinend Freude an seinem Beruf.

Der Entschluß des Königs ist schnell gefaßt, er versetzt ihn ins Ansbacher Regiment zurück. Mit dieser Reaktion hat der Prinz nicht gerechnet. Ein empfindlicher Schlag für ihn, schon wegen der ehemaligen Kameraden, die ihn beneideten, als er nach Berlin befohlen wurde, und vor denen er sich mit der Freundschaft des Königs brüstete.

Die Eheschließung erfolgt am 10. Dezember 1798.

Friederike muß auf den Titel königliche Hoheit, auf das preußische Wappen und ihren Hofstaat verzichten, was sie ohne Bedauern tut. Auf flehentliche Bitten Königin Luises darf sie die Tochter bis zum 8. Lebensjahr unter Vorbehalt des Widerrufes mitnehmen, der Sohn jedoch muß in Berlin bleiben, wird mit den königlichen Kindern erzogen. Luise verspricht, ihm eine liebevolle Mutter zu sein. Gelassen nimmt Friederike alles hin, was ihr an Opfern und Demütigungen auferlegt wird. Tatsächlich ist sie in diesen Mann so verliebt, daß sie, die im allgemeinen kritisch ist, seine Schwächen, seine Indolenz gar nicht wahrnimmt. Geistig ist sie ihm weit überlegen, ist vitaler und aktiver, weder bei Prinz Louis Ferdinand noch beim Herzog von Cambridge war das der Fall. Vielleicht mindert gerade die Erkenntnis die Stärkere zu sein, ihre klare und oft strenge Urteilskraft.

Die Trennung von der Schwester, die bisher ihr Leben begleitete, fällt ihr nicht so schwer wie Luise der Abschied von ihr.

Luise an den Bruder Georg am 11. Januar 1799:

«Sie ist fort! Ja, ist auf ewig von mir getrennt. Sie wird nun nicht mehr die Gefährtin meines Lebens sein. Dieser Gedanke, diese Gewißheit umhüllen dermaßen meine Sinne, daß ich auch garnichts anderes denke und fühle. ... Der Himmel allein weiß, was ich die Zeit über litt, und wieviele Tränen heimlich des Nachts mein Lager netzten. ...»

Der Königin bleibt überlassen, den Vater, die Großmutter, die Geschwister zu verständigen und – keine angenehme Aufgabe – den Herzog von Cambridge. Luise an Bruder Georg:

«...aus Schonung für ihn (habe) ich an O(nkel) E(rnst von Mecklenburg-Strelitz – Bruder des Vaters –, der ebenfalls in

Hannover ist) eine Stafette geschickt, damit er es nicht gleich auf einen Schlag erfährt...»

Der Herzog soll tief betroffen gewesen sein, völlig ahnungslos. Fast zwei Jahrzehnte bleibt er Junggeselle. Erst 1818, mit vierundvierzig Jahren, heiratet er die zweiundzwanzigjährige Prinzessin Augusta von Hessen-Kassel, mit der er einen Sohn und zwei Töchter hat.

Am 10. Januar 1799 geleiten die jüngeren Brüder des Königs, die Prinzen Heinrich und Wilhelm, Friederike zum Reisewagen und verabschieden sie dort. Prinz Solms darf sich erst in Potsdam zu seiner Frau in den Wagen setzen. So befahl es der König.

4.

In den frühen Morgenstunden des 17. Januar 1799 eilt die mit Gepäck beladene Dienerschaft durch den dunklen Hof des Palais Radziwill zum Ausgang nach der Wilhelmstraße. Dort warten die Kutschen, die die Fürstin und ihr Gefolge – der Fürst ist schon vorausgefahren, da er unterwegs jagen will – nach Rheinsberg bringen werden, wo der Bruder Friedrichs des Großen, Prinz Heinrich, ihr Onkel, residiert und am 18. Januar dreiundsiebzig Jahre wird. In der noch nächtlichen Stille ist ein klägliches Weinen zu hören. Ein Lakai wird beauftragt, die Fürstin zu verständigen, die ihre Kammerfrau auf die Suche schickt. Diese findet einen mit Wachstuch bedeckten Kasten, an dem Stricke hängen, als sei er aus einem der Fenster heruntergelassen. Sie bringt den Kasten der Fürstin. Er wird geöffnet, ein Neugeborenes liegt darin, ein Mädchen, notdürftig in Seidenreste und Spitzen gehüllt, die einer Frau aus dem Volke nicht gehören können. Bei näherem Betrachten entdeckt die Fürstin ein gesticktes Monogramm: S. v. B. (Solms von Braunfels). Unter dem Köpfchen befinden sich drei in Papier gewickelte Doppel-Louisdors, aber kein Hinweis auf die Herkunft.

Den Memoiren der Fürstin verdanken wir diese Einzelheiten. Doch kein Wort verrät, daß sie nicht daran zweifelt, wen sie, wimmernd und noch immer vor Kälte zitternd, in den Armen hält: das Kind Friederikes, das sie auf diese Weise insgeheim ihrer mütterlichen Obhut anvertraut. Die Fürstin, intimste Freundin der Königin im Kreise der Familie, ist eingeweiht; sie weiß, daß die Geburt kurz bevorstand, als die Prinzessin

Luise Fürstin Radziwill (1770–1836),
Schwester des Prinzen Louis Ferdinand

abreiste. Sie berichtet weiter, daß das Schicksal des Kindes sie und ihren Mann so lebhaft interessiert, daß sie beschließen, es zu adoptieren und mit ihren Kindern zusammen aufzuziehen. Sie lassen es auf den Namen Malvina S. v. B. taufen, sobald sie aus Rheinsberg zurückgekommen sind.

Nach der Schlacht von Jena und Auerstedt, die die preußische Armee gegen die hervorragend geschulten, kriegsgewohnten Truppen Napoleons am 14. Oktober 1806 verliert, verlassen auch Radziwills, als die französischen Truppen sich Berlin nähern, die Stadt. Bei dieser Gelegenheit erwähnt die Fürstin in den Memoiren das Kind ein letztes Mal: «Meine arme kleine Malvina (damals sieben Jahre alt) blieb bei ihrer Bonne.»

Warum? Die Aussage stimmt nachdenklich.

Die Hoffnung, daß nach Herausgabe des Buches über Königin Luise von Preußen im Jahre 1979 sich Enkel oder Urenkel melden, in deren Erinnerung Malvina weiterlebt, erfüllte sich nicht.

Stattdessen erhält die Autorin drei Jahre später einen Brief von Frau G. aus M., die, wie sie schreibt, mit Interesse das Buch gelesen hat, und kürzlich fiel ihr «beim Kramen in Familien-Papieren» die Geburtsurkunde des Urgroßvaters in die Hände. «Ich schicke eine Fotokopie. Sie ersehen daraus, warum ich Ihnen schreibe. Wegen der Taufpaten und dem Fehlen von Angaben über die Mutter, das wird Sie vielleicht interessieren. Könnte Johann Georg Heinrich Kleinecke der Sohn der Prinzessin Friederike von Preußen sein?»

Der Taufschein ist allerdings verblüffend:

Abschrift.

Auszug aus dem Taufregister der ev. Kirchengemeinde Silkerode Jahrgang 1799, Seite 7, Nr. 2. Alle für die Abstammung wichtigen Angaben, die in dem vorbezeichneten Eintrag enthalten sind, müssen wiedergegeben werden; auf andere Einträge darf jedoch zur Ausfüllung nicht zurückgegriffen werden.

Täufling:	Name; Vornamen: Johann Georg Heinrich Kleinecke Geburtstag: 19. Januar 1799 Geburtsort: Silkerode Tauftag usw: 22. Januar 1799 in der Kirche zu Silkerode
Eltern:	Name (Geburtsname der Mutter), Vornamen: Vater: Johann Caspar Kleinecke Paten: Ihro Köngl. Majestät der jetzt regierende König von Preußen Friedrich Wilhelm, Ihro Köngl. Majestät der König von England Georg III., Ihro Fürstl.

	Durchl. unser gnädigst regierender Fürst von Schwarzburg-Sondershausen Günther Friedrich Carl, Georg Urban und Meister Seidenstückers Ehefrau.
Sonstige für die Abstammung wichtige Angaben:	z. B. Abgaben über den Erzeuger eines unehelichen Kindes, über Paten, die als Verwandte des Täuflings erkennbar sind, usw.
	Die Mutter und der Beruf des Vaters sind in dem alten Kirchenbuch nicht angegeben. Silkerode, den 24. Juli 1943 Das evangelische Pfarramt gez. Hintzsche, Pfarrer.

Silkerode: heute befindet sich Silkerode (Harz) in der DDR, nahe der Grenze zur Bundesrepublik. Das Dorf mag auf dem Weg von Berlin nach Ansbach gelegen haben, je nach der damaligen Straßenführung. Möglich auch, daß man einen Umweg eingeschlagen hat, weil der Aufenthalt dort aus irgendeinem Grund eingeplant war.

Vater: Johann Caspar Kleinecke dürfte für die Zukunft ausgesorgt haben, nachdem er sich bereit erklärt hat, den Täufling mit seinem Namen auszustatten.

Mutter: unbekannt.

Paten: König Friedrich Wilhelm III. für das Kind seiner verwitweten Schwägerin Prinzessin Friederike von Preußen, in zweiter Ehe verheiratet mit Prinz Friedrich zu Solms-Braunfels.

König Georg III. von Großbritannien für den jüngsten seiner Söhne, Herzog Adolph von Cambridge.

Die Patenschaft des Landesfürsten könnte infolge von Vorschriften erforderlich gewesen sein, ebenso diejenige Georg Urbans, als Vorsteher des Standesamtes der Gemeinde.

Meister Seidenstückers Ehefrau ist vermutlich die Amme, die sich als Patin ihr Scherflein verdient.

Der Täufling: Johann Georg Heinrich Kleinecke am 19. Januar 1799 in Silkerode geboren. Seine Jugendjahre verbringt er in der Dorfgemeinschaft, offenbar ein aufgeweckter, kluger Junge, zielstrebig und ehrgeizig, wie man aus seinem späteren Verhalten schließen kann. Er erlernt das Handwerk des Webers. Nach Abschluß der Lehre begibt er sich, den Taufschein in der Tasche, nach Berlin. Die Zahlungen, die «Vater» Kleinecke in regelmäßigen Abständen erhält, weisen ihm den Weg.

Man kann mit Sicherheit annehmen, daß er nie ein Mitglied der königlichen Familie kennenlernte und daß er vollkommen zufrieden war mit den finanziellen Zuwendungen, die ihm von den königlichen Paten gewährt wurden. Gewiß hegt Friedrich Wilhelm III. im Laufe der Jahre immer mehr Sympathie für diesen bürgerlichen Neffen seiner Frau, der sich so zurückhaltend verhält, daß kein Gerede aufkommt, daß das Geheimnis seiner Geburt gewahrt bleibt. Wie es die Gewohnheit des Königs ist wenn jemand ihn interessiert, hat er sich vermutlich auch über Heinrich Kleineckes persönliche und berufliche Entwicklung auf dem laufenden halten lassen und seine stille Freude an dem Schützling, der, ohne es zu ahnen, der unbekannten Mutter noch schweren Kummer bereiten wird.

Mit vierundzwanzig Jahren heiratet Heinrich Kleinecke am 6. April 1823 Friederike Sophie Naumann, mit der er mehrere Kinder haben wird. Am 12. August 1838 meldet er, der zu dieser Zeit seinen Berufsstand als Baumwollfabrikant angibt, die Geburt einer Tochter Marie Albertine an. Der Urgroßvater von Frau G. wird ihr Ehemann.

Heinrich Kleinecke, tüchtig, strebsam, versteht gut zu wirtschaften, die ganze «Sippe», wie Frau G. sich in ihrem Brief ausdrückt, hat immer als wohlhabend gegolten. Die nach den napoleonischen Kriegsjahren sich nur langsam bessernde Wirtschaftslage in Preußen und der Mangel an geschulten Fachkräften – sie sind auf den Schlachtfeldern gefallen – ist sicherlich ein aussichtsreicher Start gewesen für einen jungen Mann, der mit Energie und Sachkenntnis darangeht, seine Existenz aufzubauen.

Die Erziehung in Silkerode konnte ihm wohl kaum mehr mitgeben als eine grundanständige Gesinnung. Von Natur begabt mit sicherem Auftreten und einem klugen Anpassungsvermögen – das beweist sein allem Anschein nach problemloser Übergang vom Dorf in die Großstadt – gelingt es ihm, diskret und taktvoll, Aufsehen zu vermeiden. Er achtet genau auf das, was ihm von Rechts wegen zusteht, trachtet jedoch nicht nach «Höherem», wie so mancher Sprößling adligen Geblütes, der das Pech hat, nicht in den Kreisen aufzuwachsen und zu leben, die ihm, seiner Meinung nach, gebühren. Er ist ein Selfmademan, der seine Chance vernünftig nutzt. Es ist sehr wahrscheinlich, daß er vor Frau und Kindern den ominösen Taufschein niemals erwähnt hat. Falls bei der Heirat oder sonstigen Gelegenheiten eine Urkunde vorgelegt werden mußte, beschränkt sie sich auf die in Silkerode ansässigen Paten. Jedenfalls war, wie Frau G. bestätigte, unter den Nachkommen nie die Rede von einer außergewöhnlichen Abstammung dieses Ahnherrn, so weit man zurückdenken kann. Erst als die Schwester von Frau G. während des nationalsozialistischen Regimes für die Anstellung im Staatsdienst als medizinisch-technische Assistentin den Ariernachweis bis zurück zu den Urgroßeltern benötigte und auf Anweisung der zuständigen Dienststelle sich an das Standesamt von Silkerode wandte, tauchte das Dokument auf. Es verschwand alsbald wieder in einer Schublade mit anderen Akten, bis Frau G. auf den Gedanken kam, die Geburt Heinrich Kleineckes mit dem Fauxpas der Prinzessin Friederike von Preußen in Verbindung zu bringen und diese Kombination weiterzuleiten.

Wie recht sie hatte! Das irrlichtelierende Kind nahm plötzlich Gestalt an. Ein Junge also. Die Gründe, die für ihn sprachen, waren zwingend:

1. Das Datum der Geburt: 19. Januar 1799.

2. Silkerode: Eine Entfernung, die man mit Wagen und Pferden auf dem Weg von Berlin nach Ansbach in einer Woche bequem erreichen kann. (Abfahrt Potsdam 10. Januar).

3. Der Name der Mutter wird nicht genannt.

4. Die Paten: Die Patenschaft König Friedrich Wilhelms III. bedarf keiner Erklärung.

Die Patenschaft König Georgs III. von Großbritannien kann lediglich auf einer ihm von dem preußischen König zugestellten Nachricht beruhen, die ihm mitteilt, daß einer seiner Söhne, und zwar der Herzog von Cambridge, so gut wie verlobt mit der Prinzessin, der Vater ist.

Zurück zu der «armen kleinen Malvina», die gänzlich von der Bildfläche verschwunden ist: Eine der Hofdamen der Prinzessin Friederike hat sich wohl die einmalig günstige Konstellation nicht entgehen lassen, die unliebsame Frucht zärtlicher Stunden in ein vergoldetes Nest zu legen. Wann Fürstin Radziwill das Täuschungsmanöver entdeckt hat, ist in dem veröffentlichten Teil des Tagebuches nicht erwähnt. Die Hofdame hatte nichts zu befürchten, da sie über den bevorstehenden Zeitpunkt der Niederkunft ihrer Herrin Bescheid wußte und durch diese Kenntnis auch, daß Malvina niemals ein Nachkomme des Prinzen zu Solms-Braunfels sein kann. Ein Druckmittel, das ausreichte, um Malvina jahrelang aufwachsen zu lassen in einem herrschaftlichen Milieu, inmitten einer Schar von Geschwistern, die sie später sicherlich schmerzlich vermißte.

Bleibt noch die Frage nach dem Kind, das Friederike gebären soll, um ihren lädierten Ruf aufzuwerten durch ihre Liebe für den Prinzen Solms. So seltsam es klingt: Königin Luise zeigt diese Geburt ihrem Bruder Georg in dem Brief vom 7. März 1799 an:

«...ich eile Dir die gute Nachricht von Friederikes glücklicher und schleuniger Entbindung zu geben. Ich war äußerst verlegen, bis ich diese erhielt, denn jetzt darf ich es sagen, daß ich mit sehr vielem Kummer diesem Augenblick entgegensah, weil ihre Gesundheit durch die heftigen Gemütserregungen gelitten hatte...»

Was man ins Ansbach praktizierte oder nicht praktizierte, bleibe der Phantasie des Lesers überlassen, jedenfalls mußte das (nicht vorhandene) Kind sterben und starb laut Eintragung im Solmsschen Stammbaum: Caroline, geb. 27. Februar, gest. 20. Oktober 1799. Wann diese Eintragung vollzogen wurde, ist vermutlich nicht mehr feststellbar. Möglich, daß sie erst auf

Drängen des Herzogs von Mecklenburg-Strelitz erfolgte, als durch Friederikes dritte Heirat mit dem Herzog Ernst August von Cumberland, dem Bruder des Herzogs Adolf Friedrich von Cambridge, unvorhergesehene Komplikationen das endlich gefundene Eheglück seiner Tochter zu zerstören drohten.

An dieser Stelle sei noch erwähnt, daß sich in den «Hannoverschen Geschichtsblättern» Heft 8, 1905, eine Lebensbeschreibung des Herzogs Adolf Friedrich von Cambridge befindet, die bestätigt, daß sich Prinz Adolf zur Zeit des Todes von Friederikes jüngerem Sohn Karl am 6. April 1798 in Hannover aufhielt. Berlin konnte er also schnell und bequem erreichen, als Friederike ihn bat, ihr in ihrem Schmerz beizustehen. Der Autor der biographischen Skizze, Dr. Fr. Göbel, schreibt in diesem Zusammenhang:

«1796 (wurde) im nordwestlichen Deutschland eine combinierte Preußisch-Hannoversche Observationsarmee errichtet unter dem Oberbefehl des preußischen Feldmarschalles Herzog Carl Wilhelm Ferdinand von Braunschweig, welchem König Georg III. (von Großbritannien) auch die von Wallmoden kommandierten Hannovraner unterstellte. Diesem Observationscorps wurde im Oktober 1796 ebenfalls der General-Major der Infanterie Prinz Adolf zugeteilt... mit Hauptquartier zu Hoya... Zu Beginn des Jahres 1798 wurde eine Änderung in den Cantonnements vorgenommen, infolgedessen der Prinz wieder seinen Wohnsitz in dem ihm liebgewordenen Hannover aufschlagen konnte. ...»

Dr. Göbel spricht hier mit Recht von «Prinz» Adolf. Herzog wurde er erst im November 1801 während seiner Anwesenheit in England. Unter diesem Titel ist er in die Geschichte eingegangen und so wird er in den Stammtafeln geführt. Da es für den Leser ohnehin schwierig ist, sich in der zahlreichen Nachkommenschaft König Georgs III. von Großbritannien zurecht zu finden, und um Verwechslungen zu vermeiden, schien es gerechtfertigt, der Unstimmigkeit von vier Jahren den Vorzug zu geben und «Prinz Adolf» bei seinem Erscheinen in Bad Pyrmont als Herzog von Cambridge vorzustellen.

5.

König Friedrich Wilhelm III. hat seine Schwägerin Friederike zeitlebens als eine Prinzessin des preußischen Herrscherhauses betrachtet und geachtet. In der von ihm persönlich aufgezeichneten Akte erklärt er bereits am Tag der Abreise Friederikes, am 10. Januar 1799, «aus Liebe zu Ihrer Majestät der Königin, Unserer Gemahlin, die obgedachte, voreilige, heimliche und ohne Unsere Genehmigung vollzogene Heirat zu vergeben.» Er gewährt ihr eine jährliche Pension von 22500 Talern, «in Unseren Landen, jedoch außerhalb Berlins, zu verzehren.»

Die «voreilige, heimliche» Eheschließung erscheint mehr als fraglich. Welcher Pfarrer einer protestantischen Kirche Berlins hätte es gewagt, in Kenntnis seiner Vorschriften, die Schwester der Königin ohne königliche Genehmigung mit einem nicht erbberechtigten Prinzen, der als Hauptmann in der Garde dient, zu trauen? Vermutlich hat der König diesen Passus aus wohlerwogenen Gründen eingefügt, um künftigen Berichterstattern die Angelegenheit als banale leidenschaftliche Liebesgeschichte hinzustellen, die kein Geheimnis birgt. Friederike weigerte sich konsequent, das Problem auf andere Weise zu lösen. Keinesfalls sollte Herzog Adolf von Cambridge in die Affaire einbezogen werden, sie liebe ihn nicht, sie liebe den Prinzen Solms. Die Mesalliance öffentlich billigen wollte der König nicht – auf keinen Fall in einem offiziellen Schriftstück – so wählte er diesen in jeder Hinsicht vorteilhaften Ausweg.

Friederike wird von der Regelung ihrer Pension sofort in Kenntnis gesetzt. Im Laufe der Zeit gewinnt die ihr jährlich ausgezahlte Summe als Existenzgrundlage eine immer wichti-

Karl August Freiherr von Hardenberg
(1750–1822)
Preußens bedeutendster Minister in schwerer Zeit.
1810 Staatskanzler. Nach den
Friedensverhandlungen in Paris 1814 in den
Fürstenstand erhoben.

gere Bedeutung für sie. Was sie zunächst nicht erfährt, betrifft die Vorsorge des Königs für die Nachkommen aus ihrer zweiten Ehe mit dem besitzlosen, vom Offizierssold lebenden jüngsten Sohn des regierenden Hauses Solms-Braunfels, das sich damals schon in finanziell schwierigen Verhältnissen befindet. Der König hinterlegt ein Kapital für die Erziehung der Kinder, das nach sechzehn Jahren durch Zinsen auf 104000 Taler angewachsen ist.

Nach dem geistig regen, gesellschaftlich amüsanten Leben in der preußischen Hauptstadt, in Potsdam, Charlottenburg und Schönhausen mit Verwandten und Freunden muß es Friederike schwer gefallen sein, sich in der provinziellen Garnisonsstadt Ansbach einzuleben, angewiesen nur auf ihren Mann und das dreijährige Töchterchen aus erster Ehe. Zwar ist Freiherr Karl August von Hardenberg, Freund ihres Vaters, in Ansbach der mit den Regierungsgeschäften betraute oberste Verwaltungschef. Er führt ein großstiliges Privatleben, lädt gelegentlich zu üppigen Diners ein, doch all das ist nicht zu vergleichen mit der höfischen Repräsentation, an die Friederike gewöhnt ist. Hardenberg war es, der 1786 König Friedrich Wilhelm II. das Testament überbrachte, das Friedrich der Große bei dem Herzog von Braunschweig hinterlegen ließ. Es handelte sich darin um eine Absprache Friedrichs mit dem Markgrafen von Ansbach und Bayreuth über die Abtretung seiner Fürstentümer an Preußen nach seinem Tode.

Dieser Markgraf Christian Friedrich Carl Alexander, geboren 1736, vermählt mit einer Prinzessin von Sachsen-Coburg, kühl und gebrechlich, hatte keine Kinder. Seine Pflichten als Landesfürst nahm er selten wahr, da er meist auf Reisen seinem Vergnügen nachging. In Paris wurde die berühmte Schauspielerin Mademoiselle Clairon seine Geliebte, die zweiundzwanzig Jahre das Publikum zu Beifallsstürmen hinriß. Sie spielte Rollen wie die der Phädra, Zenobia, Dido und insbesondere mit großem Erfolg die Medea. Voltaire bewunderte sie, Edmund Goncourt schrieb ihre Biographie. Als sie mit dem Theater in eine unerfreuliche Auseinandersetzung geriet, gab sie 1773 ihre Karriere auf und folgte, fünfzig Jahre alt, einer Einladung des Markgrafen nach Ansbach. Die Clairon war, nach Aussagen von Zeitgenossen, stolz und selbstbewußt. Als sie beobachten konnte, daß der Markgraf sich für eine sehr viel jüngere Engländerin, überdies eine Dame seines Standes, interessierte und sie seine Maitresse wurde, verließ sie Ansbach 1791 und kehrte nach Paris zurück, wo sie 1803 starb.

Die Engländerin, die nun das Feld beherrschte, war Lady

Berkeley, seit 1767 verheiratet mit Lord Craven, Mutter von sechs Kindern. Sie hatte den ungetreuen Gatten 1780 mit dreißig Jahren verlassen und sich auf weite Reisen begeben durch ganz Europa, die sie anschaulich und sachkundig zu beschreiben vermochte, damals eine beliebte Lektüre und noch heute von Wert für Historiker. Sie landete in Ansbach und residierte im Schloß, in dem der Markgraf und die Markgräfin wohnten. Mit eiserner Energie und weltgewandtem Charme, dem der Herzog hilflos ausgeliefert war, überredete sie ihn, sich schleunigst von seinen Fürstentümern zu trennen, einen Ballast, der nur Scherereien verursache, während er sich in England mit der ansehnlichen Rente, die König Friedrich Wilhelm II. zu zahlen bereit war, den Rahmen für einen feudalen Lebensabend schaffen könne. Der Markgraf soll, nach deutschen Angaben, jährlich von Preußen eine halbe Million Gulden erhalten haben.

Da unterdessen die Markgräfin und auch Lord Craven gestorben waren, heiratete Lady Craven den Markgrafen, und Kaiser Franz II. tat ihr den Gefallen, sie zur Reichsgräfin zu erheben, womit sie die Aussicht verband, am englischen Hof empfangen zu werden. In London jedoch erlebte sie eine schwere Enttäuschung. Die sittenstrenge Königin Charlotte, Gemahlin Georgs III. und Tante der Prinzessin Friederike zu Solms-Braunfels – im Beginn ihrer dritten Ehe auch ein Opfer der unumstößlichen königlichen Grundsätze –, ließ ihr mitteilen, sie werde weder als Markgräfin noch als Reichsgräfin am englischen Hof empfangen. Hinter dem Affront steckten ihre Töchter von Lord Craven, die, wohlunterrichtet über die Vorgänge in Ansbach, die tugendhafte Königin gegen die Mutter aufgestachelt hatten.

Die Abtretung von Ansbach-Bayreuth vollzog sich im Laufe des Jahres 1791. Am 25. Januar 1792 übernahm Freiherr Karl August von Hardenberg im Auftrag König Friedrich Wilhelms II. die Regierung der Fürstentümer. Nach der Thronbesteigung bestätigte Friedrich Wilhelm III. Hardenberg in seinem Amt.

Herzogin Charlotte von Hildburghausen (1769–1818), Friederikes Schwester.

Eine Hofhaltung, zu jener Zeit der gesellschaftliche Mittelpunkt einer Residenz, existierte also in Ansbach bei Eintreffen des Solmsschen Paares schon mehrere Jahre nicht mehr. Die Bälle im Offizierskasino sind nicht attraktiv, arten in später Stunde unter dem Einfluß des Alkohols meist in laute und rüde Umgangsformen aus. Prinz Solms, der nach und nach alle optimistischen Erwartungen zerrinnen sieht, ist anfangs noch bemüht, seine Enttäuschung zu verbergen. Doch unfähig, das Schicksal mutig mit Elan anzupacken, um durch Disziplin und Leistung die Achtung der Vorgesetzten – vielleicht sogar die des Königs – zurückzugewinnen, versinkt er immer tiefer in Selbstmitleid, Verbitterung und Menschenfeindlichkeit. Friederike, gewohnt schlechte Laune des Ehemannes gelassen hinzunehmen, gibt lange die Hoffnung nicht auf, mit Geduld und Nachsicht werde die Gereiztheit des Gatten sich allmählich legen, der zärtlich heiteren Atmosphäre weichen, die sie in Schönhausen so innig verband.

Überglücklich macht sie die Erlaubnis des Königs, an dem Familientreffen im Frühjahr 1799 in Hildburghausen teilnehmen zu dürfen. Eine Großzügigkeit, die viele Verwandte und Freunde heftig kritisieren. Insbesondere wird der Entschluß des Königspaares beanstandet, Friederike auf die Reise durch Westdeutschland mitzunehmen, die anschließend geplant ist. Eine längere Verbannung aus dem Kreis der Angehörigen wäre ihrer Meinung nach eine durchaus angemessene Strafe.

In Hildburghausen, bei Herzogin Charlotte, befinden sich bereits die Großmutter, der Vater, Schwester Therese, Bruder Georg und Stiefbruder Karl als Friederike ankommt. Dieser ersten Begegnung nach dem schockierenden Skandal vor wenigen Monaten, der eifrig nach jeder Ankunft besprochen wurde, sehen alle mit gemischten Gefühlen entgegen. Die Stimmung gedämpften Schweigens empfängt die Sünderin. Doch als die Großmutter als erste das enfant terrible liebevoll in die Arme schließt, ist der Bann gebrochen, löst er sich in der Freude des Wiedersehens. Nur Luise fehlt noch, sie trifft ohne den König, der nach Westfalen zu Truppeninspektionen gefahren ist, am 2. Juni in Hildburghausen ein.

Eine schmerzliche Erkenntnis für Friederike ist die zwar kaum merkliche, aber für einen sensiblen Menschen wie sie doch deutlich fühlbare Zurückhaltung Luises ihr gegenüber. Die Königin, gerade in einer Phase, die den Wunsch in ihr weckt, die in der Jugend vernachlässigte Bildung zu intensivieren, bevorzugt die Nähe Thereses, Gespräche mit ihr, deren wache Intelligenz sich von früh auf ernsthaft mit Literatur und Kunst beschäftigt hat. Dazu kommt, daß das Verhalten Friederikes, die Unaufrichtigkeit, mit der sie sie täuschte, Luise tief gekränkt hat. Sie hat schwer daran getragen, daß gerade diese Schwester, der sie restlos vertraute, die sie gegen Gerüchte und, wie sie glaubte, häßliche Anfeindungen verteidigt hat, sie so lange hintergehen konnte. Eine traurige Erfahrung, eine Wunde, die nur langsam verheilt. Wir wissen nicht, ob schon damals eine Aussprache zwischen den Schwestern stattgefunden hat oder ob überhaupt. Auch nicht durch Briefe. Luises Briefe sind kommentiert und nach sorgsamer Prüfung des vorhandenen Materials von Malve Gräfin Rothkirch 1985 herausgegeben worden. Lediglich ein einziger Brief Luises an Friederike aus dem Jahr 1806 wurde gefunden. Es ist bekannt, daß der König, nach dem Tod seiner Frau, einen großen Teil ihrer Korrespondenz vernichtete, der in allzu intime Details Einblick gewährte. Hierzu gehörten auch Mitteilungen über die sorgsam geheim gehaltene Geburt und Existenz Heinrich Kleineckes. Diese Vorsicht gewinnt gravierende Bedeutung vor und während der Ehe Friederikes mit dem Herzog von Cumberland, und auch Friederike wird alle schriftlichen Zeugnisse dieser Art in den Briefen, die sie von der Schwester erhielt, verbrannt haben. Denn daß über diesen konfliktreichen Vorfall in den ersten Monaten der Trennung zwischen den Geschwistern ein lebhafter Briefwechsel entstand, kann als sicher angenommen werden. Eingeweiht in vollem Umfang über alle Einzelheiten ist von der Familie nur der Vater von Friederike und Luise, der Herzog Karl von Mecklenburg-Strelitz.

Friederike findet sich mit den unabänderlichen Gegebenheiten ihres neuen Lebens ohne zu klagen oder anzuklagen ab. Ihre Liebe zu dem Gatten sieht lange geduldig über vieles, was sich in ihrer Beziehung zueinander durch sein Verhalten ändert, hinweg, doch allmählich muß sie ihren Irrtum einsehen. Was sie erhoffte, wird sie bei ihm nicht finden: geliebt zu werden. Dazu gehört mehr, als er je zu geben vermag. In einem Brief an Gräfin Brühl gesteht sie später, nach sieben Ehejahren habe sie den Mann nicht wiedererkannt, den sie geheiratet habe. 1801 wird ein Sohn geboren, Prinz Friedrich Wilhelm, drei Jahre darauf eine Tochter, Prinzessin Auguste Luise.

Innerlich fängt sie wohl damals an, sich von dem Gatten zu lösen – wie weit sie eigene Wege sucht und geht, ist schwer zu entscheiden. Eduard Vehse, der das Pikante mit Vorliebe in schillernden Farben malt und Gerüchten entnimmt, die über bekannte Persönlichkeiten kursieren, schreibt in seiner «Geschichte der deutschen Höfe»:

«Als Prinzessin zu Solms hatte die schöne Friederike eine Menge Liaisons; nächst der Herzogin von Sagan und der Fürstin Bagration war sie die galanteste Löwin des Jahrhunderts... Sie war ebenso ungemein gut als reizend und liebenswürdig, aber von passionierter Complexion, daß ihre Abenteuer selbst der Schauspielerwelt nicht ganz fremd blieben...»

Worauf Vehse mit dieser Behauptung anspielt, läßt sich nicht klären. Ferner wäre zu berücksichtigen, daß das leichtsinnig Frivole einer Sagan und Bagration nicht zu vereinen ist mit dem Charakter Friederikes, mit ihrem weichen anschmiegsamen Wesen, daß im Älterwerden eher zu leichter Melancholie neigt. Von ihren «Verehrern» nennt Vehse außer den bereits angeführten nur Metternich und Friedrich Gentz. Von Letzterem wird noch ausführlich die Rede sein.

Im Frühjahr 1803 treffen sich wiederum die vier Schwestern in Hildburghausen. Weiter führt die Reise gemeinsam mit dem König nach Wilhelmsbad, wohin Luise Frau Rat Goethe einlädt. Im Hause der Frau Rat in Frankfurt wohnten Luise, Friederike und Georg im Herbst 1790 während der Kaiserkrönung Franz II. Ein auch für Friederike bedeutungsvolles Wiedersehen, denn bald darauf wird sie in den Bädern Karlsbad und Teplitz die nähere Bekanntschaft mit Goethe schließen. Auf dem Rückweg verbringt die Reisegesellschaft mehrere Tage in Ansbach, wo Hardenberg sie empfängt. Der König ist nicht nur interessiert, die Truppen zu inspizieren, man hat ihn in Berlin unterrichtet, der Provinzialminister Karl August von Hardenberg habe das Schloß, in dem er wohne, mit Geldern aus Einnahmen des Landes prachtvoll renoviert und ausgestattet, und man bezweifle, ob er das aufwendige Leben, das er führe, aus eigenen Mitteln bestreiten könne. Die Anklage persönlich zu prüfen, hielt der König für nötig. Daß Hardenberg keine Schuld trifft, davon kann er sich überzeugen. Er hat durch Verkauf eines Teiles seines Familienbesitzes den Umbau und die Einrichtung des Schlosses finanziert und sich außerdem für den Rest Tempelberg gekauft, ein Gut, unweit der preußischen Hauptstadt, was dem König nur recht sein kann. Daß er während der Anwesenheit des Königspaares seine neue Geliebte – zwei Ehen und manches Abenteuer hat er schon hinter sich – dort untergebracht hat, davon erzählt Hardenberg nichts.

Fürst de Ligne hat es vorgezogen, König und Königin, die ihn nach Berlin eingeladen haben, in Ansbach zu überraschen, das auf seinem Wege liegt. Es spart ihm Reisekosten. Der einstmals reiche Fürst ist unverschuldet durch Beschlagnahme und Mediatisierung in finanzielle Schwierigkeiten geraten, die ihm allen Lebensmut nehmen könnten, wenn er nicht «der froheste Mann des Jahrhunderts» wäre, wie Goethe ihn nennt. «Er zeigt sich immer heiter, geistreich, allen Vorfällen gewachsen, und als Welt- und Edelmann ist er überall willkommen...» Elegant, humorvoll und bildhaft ist der Stil seiner zahlreichen Briefe.

Fürst de Ligne an Gräfin Palffy, Ansbach, 20. Juni 1803:

«... Ich habe... Edelstetten (sein Wohnsitz) verlassen, um mich zu Göttinnen zu begeben, denn anders kann man die Königin von Preußen, die Fürstin Thurn und Taxis und die Fürstin Solms nicht nennen. Welche Schönheit und überdies welche Liebenswürdigkeit! Hättet Ihr sie nur neulich gesehen, als sie in vollem Galopp eine Höhe hinaufsprengten, die der höchste Aussichtspunkt von ganz Franken ist. Hinterdrein kamen der König, alle Fürsten und Generale, die Mühe hatten, den Damen zu folgen. Auf diesem Hügel fanden wir eine Frühstückstafel, Versteinerungen, Mineralien, römische Überreste, Spuren einer Tempelritterburg und besonders zahlreiche Erinnerungen an den Dreißigjährigen Krieg, zum Beispiel einen großen Stein, auf dem sich Gustav Adolf ausgeruht haben soll...

Ein Abendessen bei der entzückenden Fürstin Solms konnte nicht traurig sein. Ich schlug vor, daß jeder ein Lied singen solle... Die drei königlichen Prinzessinnen singen herrlich... Der König ist die Güte und Leutseligkeit selbst. Seine Würde, gepaart mit einer merkwürdigen Zurückhaltung, verhindert ihn nicht, ein sehr guter Sprecher zu sein...»

Zwei Jahre später, im Juni 1805, verbringt das Königspaar wiederum einige Wochen im fränkischen Land, dieses Mal in Franzensbad, das damals Sichersreuth hieß. Friederike darf sich auf dem Reiseweg anschließen. Die Königin hat auch Anna Feodorowna eingeladen, die ihr während eines Besuches in Berlin gut gefiel. Die Coburger Prinzessin lebt mit Zustimmung Zar Alexanders getrennt von seinem jüngeren Bruder, der die grausamen Instinkte des ermordeten Vaters, Zar Paul, erbte, die seiner Frau das Zusammenleben mit ihm zur unerträglichen Qual machten. So ist sie, dem Schwager dankbar, in die Heimat zurückgekehrt.

Hardenberg, vom König beauftragt, die Regie der Ferienfreuden zu übernehmen, bewährt sich als einfallsreicher und zuverlässiger Führer. Er kennt die Schönheiten der Gegend und liebt sie. Täglich reitet man über neue Wege zu Aussichtspunkten oder Sehenswürdigkeiten, picknickt im Gras sitzend auf Anhöhen mit weiter Rundsicht über Täler und Ebenen. Friederike genießt das Zusammensein mit der Schwester. Sie fühlt nach und nach die alte Vertrautheit, die sich zwischen ihnen wieder einstellt. Wenn sie es auch nicht ausspricht, zutiefst sehnt sie sich immer nach ihr.

Der König ist erneut verärgert über Prinz Solms. Er hat den Militärdienst quittiert – aus Gesundheitsrücksichten, wie er angibt, so daß nunmehr die Finanzierung sämtlicher Ausgaben zu Lasten Friederikes geht. Sie ist schließlich gezwungen, Schulden zu machen, aber daß sie überhaupt in Zukunft das für sie lebenswichtige und ziemlich kostspielige Niveau aufrechtzuerhalten vermag, ist eine bemerkenswerte Leistung.

Als Goethe 1806, nach einer Pause von elf Jahren, zum erstenmal wieder Karlsbad aufsucht, trifft er am frühen Nachmittag des 2. Juli ein. Er hat kein Quartier vorbestellt und entschließt sich nach einigem Hin und Her, in den «Drei Mohren» zu wohnen, das das berühmte Goethe-Haus von Karlsbad wurde, da er während neun Sommeraufenthalten dort logierte.

Goethe schätzte Prinzessin Friederike. Er unterhielt sich gerne mit ihr, las ihr in Karlsbad aus seinen Werken vor.

Ein schönes Barockhaus am oberen Ende des Marktes, heute nicht mehr vorhanden bis auf die Eingangstüre des Neubaus mit der Inschrift: «Durch diese Türe schritt Goethe.» Immer wurden die gleichen Zimmer für Goethe reserviert im zweiten Stock mit Blick auf die «Alte Wiese».

Am 5. Juli, laut Eintragung im Tagebuch, sucht er Fürstin Solms auf. In den Kreisen, in denen Friederike verkehrt, wird sie stets «Fürstin» genannt, vermutlich als Schwester der preußischen Königin und der fürstlichen Haltung, die ihr angeboren ist. Von ihrem Gatten spricht man nie anders als vom «Prinzen Solms».

Der Kurgast lebt dank der Inflation angenehm in Karlsbad, er kann sich für sein Geld mehr leisten als zu Hause, die Einwohner hingegen stöhnen, kämpfen mit steigenden Preisen vergebens gegen die Entwertung des Papiergeldes an. Für die einheimischen Erzeugnisse wie Spitzen, Bordüren, Seidenstrümpfe, Schmuck, aber auch für die kunstvoll geschliffenen und in Farben schillernden Gläser, die in den berühmten Glasbläserwerkstätten Böhmens hergestellt werden, fehlt es nicht an Käufern. Im Gegenteil, oft genug mangelt es an Ware, aber der Verdienst der Ladeninhaber ist durch die Kursverluste betrüblich gering.

Karlsbad bietet Feinschmeckern delikate Spezialitäten: geräucherte Rinderzunge, Krebse, Forellen, Wildbret und als Dessert die köstlichen Mehlspeisen – der unvermeidliche gelegentliche Verstoß gegen die Diätvorschrift, worauf sich der gewissenhafte Patient, wie vom Arzt verordnet, bereits um fünf Uhr morgens am Brunnen einstellt, um bösen Folgen vorzubeugen.

Politik ist das Thema des Tages von früh bis spät, ob man sich auf der Straße trifft oder beim Wein sitzt in einer der urigen Kneipen. Jeder weiß, die Situation ist kritisch, wird es Krieg geben oder nicht? Anfang August erfolgt in Preußen die zweite Mobilmachung des gesamten Heeres in Jahresfrist, Meldungen von Verstärkungen der französischen Truppen in Süddeutschland treffen gleichzeitig ein. Jeder ist erpicht auf Nachrichten, die die neu ankommenden Gäste mitbringen. Eifrig wird debattiert, werden Meinungen ausgetauscht, Ereignisse kritisiert wie die Kapitulation Ulms im vergangenen Jahr, die Napoleon den Weg nach Wien öffnete. Fürst Heinrich XIII. von Reuß, ein fast täglicher Gesprächspartner Goethes, versucht dem Dichter klarzumachen, wie bedrohlich die Situation des Herzogtums Sachsen-Weimar ist, das mit Preußen verbündet und dessen Herzog obendrein als preußischer General am Kampf beteiligt sein wird.

Goethe zeigt sich nicht sonderlich beeindruckt, Politik interessiert ihn nicht, und die Vorstellung, daß das friedliche Weimar in eine Auseinandersetzung hineingezogen werden könnte, die es sicherlich nicht heraufbeschworen hat, erscheint ihm absurd.

1796: Beethoven am Klavier als Gast des Prinzen Louis Ferdinand, der, ein leidenschaftlicher Musiker, das Instrument selbst virtuos beherrscht.

Eine Schlägerei seines Dieners mit dem Kutscher auf dem Heimweg beunruhigt ihn weitaus mehr als die gerade aktuellste

Neuigkeit vom Hinscheiden des Heiligen Römischen Reiches Deutscher Nation: der Verzicht Franz II. auf die deutsche Kaiserkrone.

Die Ungewißheit der Zeitläufe mag daran schuld sein, daß viele Kurgäste früher als in vergangenen Jahren Karlsbad verlassen. Friederike mit Gatten und Kindern reist Ende August ab. Am 6. September, vermerkt das Diarium von Gentz, ist sie in Dresden:

«Abends tritt Prinz Louis Ferdinand von Preußen bei mir ein. Kurz zuvor war die Fürstin Bagration gekommen, die mit dem Prinzen gleich eine Liebesgeschichte anknüpfte. – Merkwürdige Tage zwischen den Vorbereitungen zu den größten Ereignissen und tausenfältige Gespräche darüber und dem zugleich ewigen Umhertreiben in der Gesellschaft, wo die Fürstin Bagration, Fürst de Ligne, die Gräfin Lanckoronska und unzählige Fremde und Durchreisende figurieren. Die Prinzessin Friederike zu Solms, Schwester der Königin von Preußen, vermehrt noch die Bewegung.»

Prinz Louis Ferdinand ist mit seinem Regiment unterwegs, laut Order zu dem Bestimmungsort im Kriegsfall. Er benutzt die Gelegenheit, seinen in Dresden anwesenden Freunden und Freundinnen ein festliches Diner im Badesalon Tharandt zu geben. Friederike, seine einstige Geliebte, sein neuester Flirt die Fürstin Bagration und Friedrich Gentz sind die Hauptpersonen an der «wohlbestellten Tafel. Doch alle Freude war verbannt bei dem gemessenen Benehmen der beiden Damen gegeneinander.» (Vehse)

Offenbar befindet sich Friederike mit ihren Angehörigen bereits auf der Flucht. Schon im August haben 30000 Mann der Rheinbundtruppen an den Grenzen Thüringens Aufstellung genommen, Anfang September erhielt die Grande Armée Marschbefehl, ein hervorragend ausgerüstetes und gedrilltes Heer, 175000 Mann, Kampf gewohnt, ein leicht bewegliches Instrument in den Händen eines genialen Feldherrn. Das preußische Heer, 143000 Mann, selbstgefällig ruhend auf den Lorbeeren Friedrich des Großen, ein vorbildliches Manöverspiel-

Napoleon I. Kaiser der Franzosen (1769–1821. Kaiser: 1804–1814/15). Friederike haßt ihn, den Emporkömmling, den Zerstörer der Dynastien und ihrer heiligen Rechte von Gottes Gnaden.

zeug mit überaltertem Offizierskorps unter dem Oberkommando des einundsiebzig Jahre alten Herzogs von Braunschweig, der bereits bei dem Feldzug 1792 versagte, ist dieser Übermacht preisgegeben. Der König ahnt es, ja man kann sagen, er weiß es. Jahrelang hat er Zeit gehabt, das Militär von Grund auf zu reorganisieren, statt dessen hat er sich auf seine Neutralitätstaktik verlassen. Daß er schicksalhaft in einen Krieg hineingedrängt werden könnte, damit hat er nicht gerechnet. Vielleicht hätte er sogar mit diplomatischem Geschick den Frieden erhalten können, denn Napoleon hegte damals keinerlei Eroberungsgelüste gegen Preußen, er nahm die Chance nur sozusagen en passant mit. Doch ohne das Fegefeuer der Niederlage bei Jena und Auerstedt wäre Preußen nie erstarkt zu der Bedeutung, die es befähigte, das deutsche Reich zu einigen.

Der König verlangt, daß die Königin ihn ins Hauptquartier begleitet. Sie verlassen Berlin am 20. September 1806, übernachten in Charlottenburg, um die Kinder noch einmal zu sehen. Am nächsten Vormittag, als Luise gerade im Wagen Platz genommen hat, kommt Friederike an. Eine kurze Begrüßung, ein Abschied, ist alles. Am selben Tag schreibt Luise den einzigen Brief an die Schwester, der bisher von dieser sicherlich regen Korrespondenz aufgefunden werden konnte,

«Magdeburg, den 21. September 1806

Liebe Friederike, den Schmerz, den ich empfunden habe, als ich Dich sah, um Dich im gleichen Augenblick wieder zu verlieren, läßt sich nicht beschreiben. Erst als ich mich Brandenburg näherte, habe ich... mich von meiner Bestürzung ein wenig erholt. Nun fühle ich mich hundeelend... Der König, der die Befestigungen besichtigt, hat mir die Zeit gelassen, diese Zeilen an Dich zu schreiben... Adieu, meine zärtlichen Grüße an Mimi, Marianne (Gattin Prinz Wilhelms, ihres Schwagers) und die Cousine (Luise Radziwill). Der König fühlt sich Gott sei Dank wohl. Deine getreue

Luise

(Am Rand des Briefbogens): Warum habe ich Dich nicht gesprochen, wärest Du doch die Nacht gekommen, Dein Bett war fertig.

Ich umarme Deine lieben Kinder und die meinigen sehr zärtlich wie auch der König, der Dir viel Schönes sagt. Schreibe mir bald... Adieu, adieu, heute fahren wir bis nach Halle, morgen bis nach Naumburg.»

In Naumburg ist das Hauptquartier. Am 23. September treffen sie dort ein.

Die Schlacht von Jena und Auerstedt beginnt am 14. Oktober und endet am gleichen Tag nachmittags fünf Uhr. Die Königin befindet sich bereits auf dem Rückweg nach Berlin. Eine kurze Nachricht des königlichen Adjutanten, auf dem Schlachtfeld geschrieben, erreicht sie in Brandenburg:

«Der König lebt, die Schlacht ist verloren.»

Sobald an dem totalen Sieg Napoleons nicht mehr zu zweifeln ist, will der König sich nach Weimar begeben, doch der Weg ist blockiert durch französische Truppen. Er schlägt die Richtung nach Magdeburg ein, noch ist die Festung in preußischen Händen. Sechsundzwanzig Stunden im Sattel, dann muß er sich erschöpft in einen Wagen setzen und fährt quer durch den Harz. Schon ist Magdeburg bedroht durch Umzingelung. Er verläßt die Stadt nach zwei Tagen, wendet sich ostwärts und gelangt über Tangermünde nach Küstrin.

6.

«Der König hat eine Bataille verloren. Jetzt ist Ruhe die erste Bürgerpflicht. Ich fordere die Einwohner von Berlin dazu auf. Der König und seine Brüder leben.»
Berlin, den 7. Oktober 1806

Graf von der Schulenburg-Kehnert
Gouverneur von Berlin»

Kaum hat sich die Nachricht von der Rückkehr der Königin verbreitet, verlangt eine ungeheuere Menschenmenge vor dem Palais, sie zu sehen. Sie weigert sich, reist am 18. Oktober morgens gegen sieben Uhr ab nach Schwedt, wohin man Söhne und Töchter gebracht hat. Friederike mit der Familie schließt sich an. Am nächsten Tag in Stettin nimmt Luise Abschied von den Kindern und der Schwester, die nach Königsberg fahren, während sie nach Küstrin weiterreist, wo der König sie erwartet.

In Königsberg fühlt man sich einstweilen sicher vor den Gefahren des Krieges, doch ist es ein ungemütlicher Aufenthalt, in der Stadt herrscht Typhus. Der fünfjährige Sohn des Königspaares, Prinz Karl, erkrankt wenige Tage nach der Ankunft. Der Arzt Hufeland, den Luise aus Berlin mitgenommen hat, ist in Danzig geblieben, um der Schwägerin des Königs, Prinzessin Wilhelm, beizustehen, die mit einer Tochter niedergekommen ist. Herbeigerufen, rettet er durch ein Kräuterbad den schwerkranken Jungen, der so entkräftet ist, daß es Wochen dauert, bis er ganz gesundet. Eine Qual für die abwesende Mutter, die von der Oberhofmeisterin Gräfin Voß mit Stafetten auf dem laufenden gehalten wird. Die Gräfin erwähnt in ihren Erinnerungen zwei Briefe der Königin an ihre Schwester, «... furchtbar traurige Briefe, ... herzzerreißend», ferner am 23. November den Prinzen Solms: «er ist auch da und ist immer derselbe, um nichts gebessert», am 9. Dezember: «Die Königin kam an. Sehr leidend.» Schon wenige Tage später fiebert sie, muß sich zu Bett legen, Typhus diagnostiziert Hufeland. In der Nacht vom 22. Dezember fürchtet er für ihr Leben, doch sie übersteht die Krise, ist Weihnachten außer Gefahr.

Am Neujahrstag gibt der König ein Diner für hohe Offiziere, Beamte, Verwandte; Friederike, ihr Gatte und die Radziwills nehmen daran teil. Durch russische Erfolge, die gerade gemeldet werden, verläuft das improvisierte Fest in bester Stimmung. Doch zwei Tage danach müssen die Russen sich zurückziehen, so daß Königsberg bedroht ist. Memel ist der letzte Zufluchtsort der königlichen Familie auf preußischem Territorium. Die Königin wird auf ihren Wunsch trotz des geschwächten Zustandes, in dem sie sich noch befindet, durch eisige Kälte nach Memel gebracht.

Friederike ist nicht gewillt, die Flucht fortzusetzen, nicht nur weil sie im siebten Monat schwanger ist. In dem kleinen Städtchen wäre sie ausschließlich angewiesen auf ihre nächsten Angehörigen, bei denen Prinz Solms durch seine Unverträglichkeiten sich weidlich unbeliebt gemacht hat, vor allem kann ihm der König den Austritt aus dem Heer nicht verzeihen. In Königsberg wie in Karlsbad und später Teplitz fällt er nicht auf, geht seiner Wege, meidet die Kreise, in denen Friederike eine Rolle spielt. Geistig und körperlich ist er nicht in Ordnung.

Friederike ist es gelungen, komfortabel unterzukommen. Sie wohnt mit Mann, Sohn und Dienstpersonal im Haus des Grafen Schlieben. Nach der Schlacht von Preußisch-Eylau am 7./8. Februar 1807, die unentschieden endet – eine der verlustreichsten der Weltgeschichte –, sind auch Napoleons Kräfte erschöpft, er zieht die Armee ins Innere des Landes zurück, Königsberg ist nicht mehr unmittelbar bedroht.

Am 12. März 1807 kommt ein Sohn zur Welt, Alexander Friedrich Ludwig zu Solms-Braunfels, derjenige der Söhne, der Friederike zeitlebens am nächsten steht. In der neuen Umgebung hat sie in Kürze verstanden, Mittelpunkt eines geselligen Kreises zu werden. Mit General L'Estocq und seiner Frau verbindet sie eine herzliche Freundschaft. Durch sie lernt Friederike den Geheimen Kriegsrat Scheffner kennen, einen klugen, gebildeten Mann, den sie immer wieder aufsucht, wenn sie zu Besuch in Königsberg ist, und mit dem sie regelmäßig korrespondiert. Nahe steht ihr auch der Oberkonsistorialrat von Boronsky, der als Prediger und Seelsorger in der Stadt tätig ist. Sie diskutiert mit ihm religiöse Fragen und Erziehungsprobleme, die sie intensiv beschäftigen.

Offenbar hat sie schon damals beschlossen, nicht nach Ansbach zurückzukehren. Der Vater hat ihr angeboten, bei ihm in Strelitz zu wohnen, solange der Krieg dauert. Nachher, so hofft sie, wird der König genehmigen, daß sie wieder nach Berlin zieht. Berlin hat sie immer als Heimat empfunden.

Unterdessen ist in Memel am 2. April Zar Alexander I. eingetroffen im strahlenden Glorienschein eines Retters und Trösters. Mit Hardenberg analysiert er eingehend die politische Situation und lädt ihn und das Königspaar nach Kydullen zur Truppenschau ein. Dort ernennt König Friedrich Wilhelm III. am 10. April Hardenberg zum Ersten Minister Preußens. Mit den Monarchen fährt er am selben Tag ins russische Hauptquartier nach Bartenstein. Der Königin, die nicht nach Memel zurückkehren will, ohne die Schwester wiedergesehen zu haben, beschert die weit über die Ufer sich ergießende Arge die «schrecklichste Reise ihres Lebens». In Königsberg muß sie sich ein paar Tage erholen. Sie gesteht dem König in einem Brief, sie habe keine Lust weiterzureisen, sich noch einmal in Gefahr zu begeben. Die Kurische Nehrung ist weithin vom Meer überspült. Sie bleibt in Königsberg, bleibt fast zwei Monate zur großen Freude Friederikes, denn seit der Heirat haben sie nie ein Zusammensein genossen frei vom Zwang der Etikette, wie sie es nun führen können, da Luise nicht im Schloß wohnt, sondern bei Friederike ganz privat.

Und ganz privat ist die Geselligkeit. Abends ab sieben Uhr

zu einer Tasse Tee «kann kommen wer will», schreibt sie der Schwägerin nach Memel. Es erscheinen Friederikes Bekannte, es taucht Madame Krüdener auf, Luise und Friederike kennen sie aus Berlin, damals eine leichtlebige Dame, verheiratet mit dem russischen Gesandten, der 1802 starb, nunmehr bekehrt zu einem Dasein christlicher Nächstenliebe. Gemeinsam mit ihr werden Krankenhäuser aufgesucht, in denen die Schrecken des Krieges sich tief in das Bewußtsein eingraben. Frau von Berg, die Freundin der Königin, kommt zu Besuch. Friederikes herzliche Beziehung zu ihr nach dem Tode der Schwester begann wohl damals sich zu vertiefen. Ein gerngesehener Gast am abendlichen Teetisch ist der hervorragende Chirurg Johann Goercke, dem viele preußische und russische Verwundete ihr Leben verdanken. Völlig ungeniert bringt er Freunde mit, die die vielfältigen Gespräche noch beleben, die sich oft bis nach zehn Uhr hinziehen.

Durch die Anwesenheit der Schwester lernt Friederike auch manche bekannten politischen Persönlichkeiten kennen, die sich bei der Königin melden lassen, um empfangen zu werden. Am meisten interessiert sie der schöne, elegante Pole Fürst Adam Czartoryski, von dem man munkelt, er sei der beste Freund des Zaren und gleichzeitig der Liebhaber seiner Frau. Ein Preußenhasser übrigens, dem es recht wäre, Preußen würde von der Landkarte verschwinden. Das Thema führte zu heftigen Meinungsverschiedenheiten zwischen ihm und dem Zaren. Die Ehrerbietung, die er mit diesem Besuch der preußischen Dynastie erweist, wird der Zar zu schätzen wissen – und nur darauf kommt es ihm im Moment an.

Gegen Ende April läßt eine Erkrankung des Prinzen Solms das Schlimmste befürchten, ein Nervenzusammenbruch, dem er sich hemmungslos hingibt. Er weint, schreit, spricht irre vor sich hin, dann wieder bringt er kein Wort heraus. Die Hände verkrampfen sich, Krämpfe auch im Kopf plagen ihn Tag und Nacht, er fällt in eine starre Apathie, so daß man glaubt, er stirbt. Nach Ansicht der Ärzte kann nur eine Badekur helfen. Der Erzieher von Friederikes Sohn aus erster Ehe, Reimann, in richtiger Erkenntnis der Ursache all dieser Beschwerden – Minderwertigkeitskomplexe, Schuldgefühle, Lebensangst –, rät, ihm eine Auszeichnung zukommen zu lassen, die er sich brennend wünsche. In Anbetracht seiner Unzulänglichkeit äußert er einen nicht gerade bescheidenen Anspruch: militärische Rangerhöhung außer der Reihe oder den Pour le mérite. Nachdem Luise in einem Brief an den König den Ernst der Situation geschildert hat, teilt sie ihm in einem ihrer nächsten Schreiben auch den Rat Reimans mit, «das wäre ein Trost für ihn in seinem jetzigen traurigen Zustand, da es ein Beweis Deiner Anerkennung und Deines Gedenkens wäre».

Der Orden Pour le mérite existiert seit 1740, Friedrich der Große bestimmte ihn für Militär- und Zivilpersonen, die Außerordentliches geleistet haben, was man von Prinz Solms wirklich nicht behaupten kann. So wählt der König, was ihm bei seinem streng korrekten militärischen Ordnungssinn auch nicht leichtgefallen sein mag, die Rangerhöhung: Er ernennt ihn zum Oberstleutnant. Das unverdiente Prestige wirkt Wunder, er sei «im siebenten Himmel», meldet Luise ihrem Gatten am 20. Mai und dankt ihm für sein Verständnis.

Die Genesung, die rasche Fortschritte macht, beschwört neue Probleme für Friederike herauf. Nun drängt ihr Mann fort von Königsberg, nur in Karlsbad könne er vollkommen gesunden laut ärztlichem Urteil. Sein gesteigertes Selbstbewußtsein verlangt von der Umgebung die erdenklichste Rücksicht auf seine Forderung, da er beabsichtige, wieder in die Armee einzutreten, ein Argument, das zu Hoffnungen berechtigt, die Friederike bereits endgültig aufgegeben hat. Völlig verzichtet auf die Freuden der Sommersaison in Karlsbad hätte sie sicherlich nur im äußersten Notfall, doch wäre sie lieber einen Monat später gefahren, schon wegen des Babys, aber vor allem wegen der Kosten. Sie muß mit dem auskommen, was sie an Pension von Preußen erhält, denn im Hintergrund hat sie nichts als ein kleines Vermögen, das bei der Dauer von etwa drei Monaten, die man dem Gatten empfohlen hat zu bleiben und der kostspieligen Kur weitgehend verbraucht sein wird. Das fürchtet

Luise und fügt in dem Brief an den Vater hinzu, sie sei sehr unzufrieden mit dem Prinzen.

Am 12. Juni 1807, zwei Tage nach dem Abschied von der Schwester, die nach Memel zurückkehrt, verläßt Friederike mit Mann, Kindern und in Begleitung einer Tochter der L'Estocqs, die sie als Hofdame deklariert, Königsberg. Die Reise ist nicht ungefährlich, im ganzen Land wimmelt es von Deserteuren und Marodeuren der russischen, preußischen und französischen Armeen. Hungrig und beutegierig verunsichern sie die Straßen, ein Risiko, das die aus allen Himmelsrichtungen anreisende Prominenz nicht hindert, die beliebten Bäder Böhmens aufzusuchen. An der Grenze teilen die Beamten ordnungsgemäß den Fremden mit, es sei verboten, in Österreich über Politik zu sprechen. Niemand nimmt das Verbot ernst, nicht einmal die Polizei, sie hütet sich, die Ausländer zu verjagen, die das Geld bringen, das die Kurorte dringend brauchen.

Unter den Gästen der Hocharistokratie in Karlsbad befindet sich als glänzendste Erscheinung der zweiundsiebzigjährige Fürst de Ligne, immer noch ein unübertrefflicher Charmeur. Die zarte, reizvolle, schlagfertig witzige «Fürstin» Friederike zu Solms-Braunfels hat es ihm angetan, ebenso die schöne, bezaubernd leichtfertige Fürstin Bagration, Rivalinnen schon im vergangenen Jahr in Dresden, wenige Wochen bevor ihr Held – Prinz Louis Ferdinand – bei Saalfeld gefallen ist. Komplikationen dieser Art jongliert der Fürst mit Grazie und Geist, indem er seine unwiderstehliche Anbetung nobel zu verteilen weiß.

Goethe und de Ligne, die schon geraume Zeit miteinander Briefe wechseln, lernen sich während des Aufenthaltes endlich persönlich kennen und sind entzückt voneinander. Gleich nach der Ankunft besucht Goethe «Fürstin Solms», vermerkt das Tagebuch. Sie wäre «immer sehr freundlich und anmutig», teilt er Frau von Stein mit. Die Bitte, ihr dann und wann aus seinen Manuskripten vorzulesen, erfüllt er gern. Er arbeite mit großer Intensität und Freude an «kleineren Geschichten», erzählt er, «die alle, durch einen romantischen Faden unter dem Titel ‹Wilhelm Meisters Wanderjahre› zusammengeschlungen, ein wunderlich anziehendes Ganzes bilden sollen».

Sein Herzog Karl August von Weimar verläßt Karlsbad nach einer Woche, fährt zu einer von ihm erbetenen Besprechung mit Napoleon, um ihm zu danken, daß der Kaiser sein Land schonend behandelt. Das habe er nur seiner Frau, der Herzogin, zu verdanken, erklärt Napoleon mit grober Offenheit. Ihr Mut, ihre Gelassenheit und vornehme Haltung nach der Schlacht von Jena und Auerstedt hätten ihm Respekt und Achtung abgenötigt.

Auf dem Rückweg reist der Herzog über Karlsbad nach Teplitz, wohin Fürst de Ligne ihn und die Solms eingeladen hat. Friederike würde am liebsten sofort der Einladung folgen, doch weigert sich ihr Mann, die Kur zu unterbrechen, da der Erfolg der Heilbehandlung in dem anderen Bad fraglich sei.

Die Anwesenheit von Friedrich Gentz in Karlsbad, dem bekanntesten Publizisten Europas, fordert politische Gespräche – trotz des Verbotes – geradezu heraus. Nachrichten, Gerüchte – morgen vom Tisch gefegt durch Dementis, die sich übermorgen als ebensowenig stichhaltig entpuppen – verbreiten sich mit Windeseile in dieser spannungsreichen Phase der Entscheidungen. Dem französisch-russischen Waffenstillstandsvertrag folgt der französisch-preußische, und seit dem 25. Juni konferieren Napoleon, Zar Alexander I. und König Friedrich Wilhelm III. mit ihrem jeweiligen Stab auf einem Floß inmitten der Memel. Die journalistische Ausbeute ist gering, beschränkt sich auf das Drum und Dran der Show, um so mehr wird vermutet, spekuliert, befürchtet und erhofft. Die sensationelle Meldung der herbeizitierten Königin Luise erregt die Gemüter, hält Skeptiker in Atem. Hitzige Debatten über die Tilsiter Beschlüsse sind an der Tagesordnung. Das katastrophale Ergebnis der Verhandlungen für Preußen ist hinreichend bekannt.

Goethe erhält einen Brief seines Herzogs, der Teplitz in höchsten Tönen preist, insbesondere die überraschend gute Wirkung des Wassers und der Bäder. Unter dem Eindruck dieser vielversprechenden Auskunft verlangt Prinz Solms umgehend, nach Teplitz zu übersiedeln. Nichts kommt Friederike gelegener als dieser Wunsch ihres Gatten, denn die kostenlose Unterkunft in einem der hübschen Kavaliershäuser am Rande der berühmten Parkanlagen in der Nähe des Schlosses bedeutet für sie eine erhebliche finanzielle Entlastung. Man kann gewiß sein, daß sie nie de Ligne ihre schwierige pekuniäre Lage auch nur andeutete. Sehr dezent vermeidet sie alles, was ihren Stolz verletzen könnte. Der feinfühlige Fürst jedoch, der selbst in Geldnöten steckt, dürfte diese Sorgen, auch wenn sie gut kaschiert waren, durchschaut haben. Und welch treffliches Arrangement für sie und ihn, den Flirt in einem Ambiente fortzusetzen, das nur die lichten Seiten des Daseins kennt. Friederikes gesellschaftliche Brillanz, ihre geistige Regsamkeit sind bestechend für den Schloßherrn und seine Gattin, de Ligne zweifelte nicht daran. Eine Einladung für das nächste Jahr wird gastfreundschaftlichst alsbald vereinbart.

In der Sommersaison 1808 ist Teplitz der bevorzugte Kurort Böhmens, im östlichsten Zipfel des Landes gelegen, entrückt den Kriegsschauplätzen, den verwüsteten und geplünderten Gegenden, den militärischen Aufmarschgebieten.

Friedrich Gentz in seinem Tagebuch:

«Eine zahlreiche Gesellschaft von Preußen, Exilierten und Napoleonhassern, an deren Spitze die vortreffliche Prinzessin Solms, belebt in diesem Sommer Teplitz.»

Das freundliche Städtchen, die Wälder, Felder und Gehöfte gehören der Familie Clary-Aldringen, die weitläufige Liegenschaften in Polen und Böhmen besitzen. Das Schloß stammt aus dem 15. Jahrhundert, erbaut von den Grafen Kinsky, gelangte es durch Erbschaft und Heirat zuerst an die Aldringen, dann an die Clarys, die, wiederum miteinander verschwägert, sich Clary-Aldringen nannten. Der derzeit regierende Fürst des Geschlechtes Johann Nepomuk, sechsundfünfzig, verheiratet mit der Tochter des Fürsten de Ligne, Prinzessin Christine, ist umgeben in den prachtvoll ausgestatteten Räumen des Schlosses von einer großen Familie mit Kindern und Kindeskindern und einer noch größeren Schar von ständig anwesenden Gästen. Die europäische Hocharistokratie trifft sich hier mit Staatsmännern, Politikern, Diplomaten, Schriftstellern, Künstlern. Niemand ist zu etwas anderem verpflichtet, als zur Erheiterung der Anwesenden beizutragen. Schwiegervater de Ligne verfaßt humorvoll geistreiche Einakter zu Festtagen, die mit Verve aufgeführt und beklatscht werden. Man tanzt, singt, malt, schreibt Verse und philosophiert. Das Sprachgewirr an der Abendtafel im großen Saal rauscht wie ein über Felsen springender Strom. Die Schloßherrin Christine spricht nur französisch.

In diesem Milieu blüht Friederike auf und erobert schnell einen festen Platz im Freundeskreis. Nicht nur ihre Schönheit, ihre schlanke elegante Erscheinung ist ein ästhetisch reizvoller Anblick, auch die Unterhaltung mit ihr fesselt anspruchsvolle Persönlichkeiten wie den Fürsten Clary-Aldringen, den Herzog von Weimar, die Herzogin von Kurland und die von Sagan, den Freiherrn von Ompteda und vor allem Friedrich Gentz. Wird ihr Esprit herausgefordert, wie Gentz das gerne tut, pariert sie wortgewandt, nie um eine Antwort verlegen.

Prinz Solms hält sich im Hintergrund, meidet den Kontakt mit Menschen ihrer Umgebung. Er kurt mit Eifer und Erfolg, denn er kehrt tatsächlich zur Armee zurück. Am 10. März 1809, am Geburtstag der Königin, ernennt der König ihn zum Kommandanten des 2. Ulanenregimentes in Breslau. Im Breslauer Schloß will der König eine Wohnung für Friederike herrichten lassen, doch sind die Zeiten so unsicher, daß er ihr rät, einstweilen zu bleiben, wo sie ist, nämlich in Strelitz bei Vater und Bruder, da man gar nicht wissen könne, wie es jetzt in der Welt weitergehe. Friederike teilt diese Ansicht, auch hat sie wenig Lust, abermals eine neue Existenz in einer fremden Stadt zu beginnen. Alle ihre Hoffnungen konzentrieren sich auf die Rückkehr nach Berlin. Luise, die die Schwester gern wieder nahe bei sich haben möchte, bittet inständig ihren Mann, die strenge Verbannung aufzuheben. An Frau von Berg schreibt sie am 27. Februar 1809:

«Friederike ihr Schicksal liegt mir wohl sehr am Herzen; ich tue alles mögliche, ich bitte, ich flehe, ich stelle vor und bekomme immer – abschlägige Antwort.»

Auch *ihre* Sehnsucht nach Berlin und Charlottenburg muß sich in Geduld fassen. Als man Anfang des vergangenen Jahres Memel verließ, um sich wieder in Königsberg zu etablieren, ahnte niemand, daß noch eine fast zweijährige Exilzeit bevorstehen würde. Dazwischen liegt die Reise des Königspaares nach St. Petersburg, die Luise mehr Anstrengungen und Enttäuschungen beschert als echte Freude.

Im Frühjahr 1809 wird Österreich Kriegsgebiet, es hat Frankreich den Krieg erklärt. Nach mehreren Siegen zieht Napoleon am 13. Mai in Wien ein, am 21./22. desselben Monats wird er in der Schlacht von Aspern von Erzherzog Karl geschlagen. Doch läßt man ihm Zeit, Verstärkungen herbeizuschaffen, so daß er am 5. und 6. Juli bei Wagram einen glänzenden Sieg über die österreichische Armee erringt und der Erzherzog um Waffenstillstand bitten muß.

Goethe verspürt keine Lust, nach den Erfahrungen von 1806 in Weimar sich durch eine Reise in die böhmischen Bäder mutwillig Gefahren auszusetzen. Friederike bleibt wohl aus den gleichen Erwägungen in Strelitz, wo Frau von Berg sich mehrere Wochen aufhält. Herzog Karl von Mecklenburg-Strelitz hat die stille, ernste, kluge Frau gern um sich. Sie fühlt sich zu Hause bei ihm und seinen Kindern, dem Erbprinzen, Friederike und Carl. Königin Luise korrespondiert häufig mit dem Bruder Georg, an dem sie sehr hängt, gesehen aber hat sie ihn seit September 1806 nicht. Sehnlich wünscht sie, er möge nach Königsberg kommen. Der Vater gibt ihn nur widerwillig frei, da er ihm insbesondere die Repräsentationspflichten teils abnimmt, teils erleichtert. Endlich beurlaubt ihn der Vater für drei Monate, und am 6. Juni trifft Erbprinz Georg in Königsberg ein.

Luise erkrankt zehn Tage nach seiner Ankunft und kränkelt weiter acht Wochen, obgleich sie außerhalb der Stadt in den «Huben» ein kleines Häuschen mit dem König, dem Bruder und der Voß bewohnt, um in Ruhe und frischer Luft sich zu erholen. Der Erbprinz, erfreut über die Anwesenheit Wilhelm von Humboldts, dem er in Rom begegnet ist, nutzt die Gelegenheit, ihn näher kennenzulernen, seine Pläne und Gedankengänge zu verfolgen.

Humboldt hat am 20. Februar 1809 die Ernennung zum Direktor der Sektion für «Kultus und Unterricht» im Ministerium des Innern erhalten. In Königsberg, dem jetzigen Regierungssitz, führt er Verhandlungen über die Gründung einer Universität in Berlin und über die Reform des preußischen Schulwesens. Beides Aufgaben, die man keinem fähigeren Repräsentanten hätte anvertrauen können, einer der letzten Ratschläge Steins, bevor er auf Befehl Napoleons entlassen wurde. Die Erkenntnis hat sich langsam durchgesetzt, daß der totale Zusammenbruch eines morsch gewordenen Staates das Ende einer Epoche bedeutet, daß ein neuer Zeitabschnitt beginnt, dessen Geistesleben geprägt werden muß von Kräften, die unvoreingenommen und fortschrittlich gesonnen, richtungsweisende Impulse geben für einen den Erwartungen der Jugend entgegenkommenden Bildungsweg. Die Kabinettsorder vom 16. August 1809 genehmigt die Gründung der Berliner Universität. Hervorragende Professoren, unter ihnen Fichte, Schleiermacher, Savigny, werden auf Empfehlung Humboldts berufen.

Die Trennung vom Bruder Anfang September fällt Luise schwer. Sie erwartet ein Kind, Friederike hat versprochen, zur Entbindung bei ihr zu sein, und taucht plötzlich mit Stiefbruder Carl an einem der letzten Septembertage zur großen Freude der Schwester auf. Am 4. Oktober wird Prinz Albrecht geboren. Noch ist Humboldt in Königsberg, von dessen Tätigkeit der Bruder Friederike erzählt hat. Daß er beabsichtigt, die Schulreform auf den Methoden Pestalozzis aufzubauen – mit dessen Schriften sie sich eingehend beschäftigt hat –, begeistert sie. Falls sie wieder in Berlin in das kleine Palais neben dem Kronprinzenpalais ziehen darf – was sie insgeheim hofft –, wird sie ihre Söhne in die Plamannsche Anstalt schicken, die vollkommen auf den Erziehungsprinzipien Pestalozzis basiert. Auch Humboldt hat dort seinen zwölfjährigen Sohn Theodor untergebracht.

Im November erhält Friederike, immer noch in Königsberg, die niederschmetternde Nachricht, ihr Mann scheide aus dem Militärdienst als Generalmajor endgültig aus – krankheitshalber. Lediglich acht Monate hat seine Gesundheit standgehalten oder besser gesagt sein Charakter, seine Nerven, die Veranlagungen, die es ihm unmöglich machen, sich anzupassen, sich an Zucht und Ordnung zu gewöhnen, die man vor allem von einem Vorgesetzten erwartet. Auch diese Chance, die der König ihm großmütig gewährte, ist verspielt. Die unerwartete Verabschiedung verdüstert die Zukunft Friederikes. Die letzte Aussicht schwindet, je wieder in Berlin ansässig zu werden. Es wird schwer genug werden, ihren Mann zu überreden, die von dem Schwiegervater zur Verfügung gestellte Wohnung im Strelitzer Schloß zu akzeptieren. Er verabscheut dort alles, die Verwandtschaft, Freunde, Gäste, die Mecklenburger überhaupt, und das kleine Städtchen, noch eintöniger als Ansbach, ist ihm zuwider.

Ein Trost nicht nur für Friederike, für alle, der König hat sich endlich entschlossen, wieder in seiner Hauptstadt zu residieren. Friederike wird mit der Schwester reisen und an den Festlichkeiten des Empfanges teilnehmen. Am 23. Dezember, einem strahlend sonnigen Tag, begleitet das Läuten aller Glocken und der Donner der Geschütze den spektakulären Einzug in Berlin: der König, beide ältesten Söhne, seine Brüder zu Pferde, die Königin mit drei Kindern und der Voß in dem Prunkwagen, den die Stadt ihr schenkte, angeführt von der Gardedukorps, umgeben von einer dicht gedrängten jubelnden Menschenmenge und von flatternden Fahnen im leichten Wind.

Friederike ist sich klar darüber, daß es wiederum nur ein kurzes Wiedersehen ist mit der so vertrauten Umgebung. Prinz Solms, in Breslau entlassen, macht keinen unheilbar kranken Eindruck, eher einen mit sich selbst und der Welt zerworfenen. Die Diskussionen über das Domizil in Strelitz sind ermüdend, führen stets zu demselben Ergebnis, daß die pekuniäre Situation zu dieser Lösung zwingt.

Am Jahrestag der Gründung des preußischen Königsreiches, am 18. Januar 1810, zeigt es sich, daß der König dem Schwager den letzten Funken von Achtung entzogen hat. Die Feier findet im Rittersaal des Schlosses statt. König und Königin stehen unter dem Thronhimmel; die Söhne, die Brüder des Monarchen und die verwandten Prinzen des Hauses rechts – «Prinz Solms kam nicht in diese Cathegorie», notiert Gräfin Voß im Tagebuch. Links vom Thron, neben der Königin, Prinzessin Charlotte, beide Schwestern des Königs, die Schwester der Königin, Prinzessin Solms, und ihre Tochter aus erster Ehe. Friederike muß das völlige Übergehen ihres Gatten durch den König in Gegenwart aller Familienmitglieder bitter empfunden haben. Vorwürfe jedoch hat sie ihrem Mann nie gemacht. Ihr Vater hingegen, der Herzog von Mecklenburg, der ebenfalls anwesend ist, beginnt nun auf Scheidung zu dringen. Eine Forderung, die Friederike ablehnt. Sie weigerte sich auch, die Ehe mit Prinz Ludwig durch gesetzliche Trennung zu beenden. Religiöse Gründe mögen mitgespielt haben und die Liebe zu den Kindern, denen sie die unerfreulichen Prozeßauseinandersetzungen ersparen möchte, vielleicht auch braucht sie einen Halt im Hintergrund, da keine Aussicht besteht, eine neue sie überzeugend tangierende Verbindung einzugehen.

In Strelitz am ersten Abend beim Essen stöhnt Prinz Solms in Gegenwart von Gästen:

«So soll ich *alle* Tage leben, alle Tage meines Lebens!»

Friederike überhört den Seufzer. Im Grunde ist sie erleichtert, er neigt jetzt dazu, streitsüchtig zu sein und allenthalben zu klagen über seine Leiden, die niemand ernst nimmt. In diesem Milieu hat sie ihn besser unter Kontrolle und bleibt verschont von Klatsch und gutgemeinten Ratschlägen.

7.

Das gesellige Leben in Berlin wird mit genau dem gleichen Rhythmus und Luxus wiederaufgenommen, als seien nicht unvergeßlich schwere Jahre über Preußen hinweggezogen. Der Neujahrsempfang hat an Glanz nichts eingebüßt, ihm folgt der Fasching mit Bällen, Redouten, Audienzen, Konzerten, Theateraufführungen. Man amüsiert sich, doch eine unbelastet frohe Stimmung kommt nicht auf, die Zeiten sind zu ernst und, wie Fürstin Radziwill feststellt, die Berliner sind auffallend kritischer geworden.

Napoleon mahnt ärgerlich die geforderten Kontributionszahlungen an, sie wurden nicht, wie vereinbart, rechtzeitig überwiesen. Er droht mit Landabtretung, will Schlesien annektieren. Die Bemühungen um eine holländische Anleihe schleppen sich ergebnislos durch Monate, das Ministerium Altenstein versagt kläglich. Der König wendet sich an Hardenberg, trotzdem Napoleon ausdrücklich untersagt hat, ihn zur Mitarbeit heranzuziehen. Er wäre der einzige, davon ist auch die Königin überzeugt, der kurzfristig einen für alle Teile befriedigenden Finanzplan ausarbeiten und durchführen könnte.

An den Hochzeitsfeierlichkeiten, die Napoleon inszeniert, als er am 2. April 1810 Erzherzogin Marie Louise von Österreich heiratet, nimmt Fürstin Therese Thurn und Taxis, Schwester der Königin Luise von Preußen, teil. Seit die Fürstin Regensburg und ihren Gatten verlassen hat, lebte sie zusammen mit Maximilian Graf von und zu Lerchenfeld in Paris, der am 9. Oktober 1809 gestorben war. Sie hat fünf Kinder von ihm, die vom österreichischen Kaiser geadelt wurden. Dieser

Herzog Karl von Mecklenburg-Strelitz (1741–1816), Friederikes Vater.

Kaiser, Franz I., beauftragte, als er sich entschloß, seine Tochter Napoleon zur Frau zu geben, seinen Außenminister Graf Clemens Lothar von Metternich, der mehrere Jahre unter Napoleons Herrschaft österreichischer Botschafter in Frankreich war, die Erzherzogin nach Paris zu begleiten. Auf Empfängen und Bällen begegnen sich Fürstin Therese und Graf Metternich. Sie klagt ihm ihre Befürchtungen um das Schicksal Preußens, das wieder auf Messers Schneide steht. In seiner Eigenschaft als Außenminister nimmt Metternich die Gelegenheit seiner Anwesenheit in der französischen Hauptstadt wahr, mit dem Kaiser die politische Situation eingehend zu erörtern. Bei dem Thema Preußen zeigt sich Napoleon, infolge schlechter Berichte aus Spanien, zugänglicher als Metternich erwartete. Die Nachrichten zwingen ihn, Truppen aus Deutschland abzuziehen. Gegen die noch vorhandenen Dynastien in Mitteleuropa habe er keinerlei kriegerische Absichten, erklärt er, und mit der Berufung Hardenbergs in die preußische Regierung sei er einverstanden, da dieser, wie man ihm mitteilte, Sorge tragen werde, die erforderlichen Mittel für die überfälligen Kontributionszahlungen zu beschaffen. Metternich verständigt umgehend Fürstin Therese.

König Friedrich Wilhelm III. nimmt, nach mancherlei Enttäuschung, die Nachricht mit Skepsis auf. Doch sie bestätigt sich schneller als erwartet. St. Marsan, Bevollmächtigter Napoleons in Berlin, bittet Hardenberg zu sich und überrascht ihn mit der gleichen Auskunft. Das Ministerium Altenstein wird entlassen, dies die Bedingung, die Hardenberg stellt. Am 4. Juni ernennt ihn der König zum Staatskanzler.

In Strelitz sind Vater und Geschwister ebenso erfreut über die friedliche Regelung wie die Königin, deren Besuch seit Monaten mit Ungeduld erwartet wird. Immer mußte er verschoben werden, immer wieder sagte sie ab, am 14. März an den Vater:

«Ich kann und darf in dieser Krisis den König nicht verlassen, er ist sehr unglücklich und braucht eine treue Seele, auf die er bauen kann.»

Endlich ist es soweit. Am 19. Juni berichtet sie, sie käme am Montag, dem 25. Juni, am Donnerstag folge der König, der den Wunsch äußerte, die Tage seines Aufenthaltes in Schloß Hohenzieritz, dem nicht weit entfernten Sommersitz, zu verbringen.

Auf der Rückseite des Briefbogens ist hinzugefügt: «Wir bringen keinen Arzt mit; wenn ich den Hals breche, so klebt mir ihn Hieronymi wieder an.» Hofrat Hieronymi, Leibarzt des Herzogs von Mecklenburg-Strelitz, hat einen ebenso guten Ruf wie Hufeland, den der König kürzlich nach Holland schickte, um die Lähmungserscheinungen König Louis Napoleons zu behandeln.

Der Vater, Erbprinz Georg, Prinz Karl und Prinzessin Friederike fahren der Königin bis Fürstenberg entgegen. Auf ihre Bitte ist nichts Aufwendiges zu ihrem Empfang vorbereitet, die Einheimischen haben nur die Straße, durch die sie nach dem Schloß fährt, mit Blumen und grünen Zweigen aus den Gärten geschmückt, und der Bürgermeister hat es sich nicht nehmen lassen, sie mit einer kurzen Ansprache willkommen zu heißen. Die Großmutter, die sie seit vor dem Kriege nicht mehr gesehen hat, empfängt sie in Strelitz an der Eingangstüre des Schlosses. Liebevoll schließt sie die einundachtzigjährige Mabuscha in die Arme. Einen einzigen Tag muß sie – contre cœur – der Öffentlichkeit widmen. Als der König am Donnerstag eintrifft, ist man ganz en famille, zu der auch Frau von Berg zählt.

Während die übrigen die Schloßkirche besichtigen, bleibt Luise im Arbeitszimmer des Vaters zurück. Sie setzt sich an den Schreibtisch. Auf einem Blatt Papier, das erst nach ihrem Tode entdeckt wird, stehen die letzten Zeilen, die sie in ihrem Leben geschrieben hat:

«Mon cher père, je suis bien heureuse aujourd hui comme Votre fille, et comme l'épouse du meilleur des époux! Louise Neustrelitz, ce 28. Juni 1810.»

(«Mein lieber Vater, ich bin sehr glücklich heute als Ihre Tochter und als die Frau des besten Gatten! Louise, Neustrelitz, den 28. Juni 1810.»)

Schon am nächsten Tag muß der Ausflug nach Rheinsberg unterbleiben, Luise fiebert. Die Nächte sind schlecht, das Fieber steigt, eine Lungenentzündung. Doch der Arzt des Herzogs, Hofrat Hieronymi, beruhigt den König, die Krankheit verlaufe normal, so daß Friedrich Wilhelm nunmehr alleine nach Rheinsberg fährt und anschließend nach Charlottenburg. Ende der Woche will er wiederkommen, seine Frau abzuholen. Auch er fühlt sich nicht wohl und muß sich in Charlottenburg mit hohem Fieber zu Bett legen.

Friederike ist Tag und Nacht um die Schwester, die vom Fieber sehr geschwächt ist. Geheimrat Heim, der Leibarzt des Königs, trifft ein. Während seiner Anwesenheit öffnet sich ein Geschwür in der Lunge, der Auswurf ist stark, aber Luise fühlt sich erleichtert. Sind keine weiteren Geschwüre vorhanden, ist sie gerettet nach Ansicht beider Ärzte. Zurückgekehrt kann Heim dem König versichern, daß er mit Hieronymi übereinstimme, die Krankheit wäre im Abklingen.

Tatsächlich bessert sich das Befinden der Königin. Friederike und Frau von Berg übernehmen abwechselnd die Pflege. Aber am 16. Juli beginnen plötzlich erneut Brustkrämpfe, die lange andauern mit qualvoller Atemnot. Nach diesem Anfall gibt Hieronymi die Hoffnung auf, daß die Königin lebend Hohenzieritz verläßt, da es sich um die Folge eines organischen Fehlers am Herzen handeln müsse. Geheimrat Heim, umgehend benachrichtigt, fährt noch in der Nacht zum 17. mit Goercke, dem bedeutendsten Chirurgen Deutschlands, nach Hohenzieritz. Als er die Königin sieht, weiß er, daß sie in Lebensgefahr schwebt und verständigt mit Eilkurier den König, dessen Wagen am 19. Juli um vier Uhr morgens vor dem Schlosse hält. Er hat beide ältesten Söhne mitgebracht.

Alle Angehörigen sind um das Bett der Königin versammelt. Tief erschreckt den König die Veränderung in dem Gesicht Luises. Es ist gezeichnet von der Atemnot der letzten Stunden, aber ihre Freude, ihn um sich zu wissen, ist groß – bis die Totenblässe und der Angstschweiß das nahe Ende künden. Friedrich Wilhelm, rechts neben dem Bett knieend, Friederike links, halten ihre Hände. Nach Luft ringend, fleht sie: «Herr Jesus mach es kurz.»

Nach wenigen Sekunden entspannen sich ihre Züge, sie liegt da, als schliefe sie, den Kopf ein wenig zur Seite geneigt. Die Uhr schlägt neun, jene Uhr in ihrem Sterbezimmer, die der Herzog später Hofrat Hieronymi als Beweis seiner Dankbarkeit schenkt, daß er die Leiden der Kranken, der nicht mehr zu helfen war, unablässig sich bemühte zu lindern. Die Uhr existiert noch, ein selten schönes Kunstwerk aus der damaligen Zeit. Es befindet sich im Besitz der Nachkommen des Arztes.

Die Obduktion der Leiche bestätigt die von Hieronymi geäußerte Vermutung, es läge ein organischer Fehler vor. Das Ergebnis: «polypenartige Gewächse am Herzen, die mit zwei dikken Ästen eingewachsen sind.»

Der König und die königliche Familie, der sich Friederike anschließt, fahren am 20. Juli nachmittags ab, am 25. folgt der

Trauerzug, der an der Grenze von hundertzwanzig Mann der Gardedukorps empfangen und nach Berlin eskortiert wird.

Nach den Trauerfeierlichkeiten ist Friederike geistig und körperlich erschöpft. Die Ärzte raten dringend zu einer Kur in Karlsbad. Es wird beschlossen, über Teplitz zu reisen, da Prinz Solms das dort für ihn bekömmlichere Wasser vorzieht, während Friederike sich anschließend nach Karlsbad begeben soll. Zwei Tage nach der Ankunft in Teplitz bricht sie zusammen.

Bemerkenswert sind die Tagebuchnotizen von Friedrich Gentz über diesen fast drei Monate dauernden Aufenthalt:

«Am 22. Juli erhielt man in Teplitz die traurige Nachricht von dem Tode der Königin von Preußen... Am 10. August traf Prinzessin Solms ein, nach meinem Geschmack die *schönste* Frau, die je mein Auge gesehen, nach Meinung aller eine der liebenswürdigsten... Sie verfiel in eine gefährliche Krankheit. Bis zum 28. August war ich des Glückes beraubt, sie zu sehen. Der Monat September verging in einem ständigen Wechsel von Gesellschaften und Promenaden. Die Prinzessin blieb immer die Hauptfigur. Als aber in den ersten Tagen des Oktober die Familie Clary sich zerstreute, die Fremden nach und nach verschwanden,... der brutale Solms fast nie zum Vorschein kam und selbst der Zirkel der Prinzessin sich zuletzt auf sie und die geistreiche Frau von Berg beschränkte, da wurden mir drei genußreiche Wochen zuteil. Mein Gemüt erhebt sich, wenn ich an diese Herzogin denke (das Tagebuch wurde Jahre später aus Aufzeichnungen zusammengestellt zu einer Zeit, in der Friederike bereits Herzogin von Cumberland war), und das Wohlwollen, womit sie meine aufrichtigen Huldigungen lohnte, rechne ich mir als eine der schönsten Dekorationen meines Lebens an.»

Am 21. Oktober 1810 schreibt Gentz an Rahel Lewin (1814 Rahel Varnhagen von Ense):

«Seit dem 8. (Oktober) blieb ich ganz allein mit und wegen der Prinzessin Solms und der Frau von Berg hier. Diese vierzehn Tage waren ein stilles Paradies. Ich liebe die Prinzessin bis zur Leidenschaft so stark, wie ich irgend noch lieben kann; es ist auch unbegreiflich, wie vollständig schön, wie harmonisch schön sie ist und *von welchen unendlichen Ressourcen.* Glauben Sie mir, ich bin höllisch blasiert, habe soviel von der Welt gesehen und genossen, daß man mit Illusionen und Schaugepränge nichts mehr ausrichtet bei mir. Es muß jetzt schon arg kommen, wenn ich von einer Frau so spreche. Diese verdient es...»

In einem Brief vom selben Tag an den schwedischen Gesandten Karl August von Brinckmann dämpft er seine Begeisterung für Frau von Berg, sie sei «mit all ihren trefflichen Eigenschaften doch nur eine Art von stillem Akkompagnement zu der wahrhaft erhabenen Liebenswürdigkeit dieses mit nichts zu vergleichenden Engels... Wenn die Prinzessin sich morgen auf einen Thron setzen könnte, würden Sie es auch noch lebendiger inne werden.»

Daß der «Engel» nach mehr als einem Vierteljahrhundert sich tatsächlich auf einen Thron setzt, hat Friedrich Gentz nicht mehr erlebt, er ist 1832 gestorben.

Die Gentzsche Lobes-, man kann fast sagen, Liebeshymne berührt seltsam, da er Friederikes Schmerz über den Verlust der Schwester mit keinem Wort erwähnt. Als Gentz Friederike Ende August, er datiert genau am 28. August, wiedersieht, sind erst knapp anderthalb Monate seit dem Tod der Königin vergangen. Fast unvereinbar mit dieser wiedererstandenen, lebensfrohen Friederike ist jene, die zurückgekehrt nach Strelitz, ihren Gefühlen in einem Schreiben an Scheffner freien Lauf läßt, als Antwort auf seinen Kondolenzbrief.

«Strelitz, den 17. November
Lieber guter teilnehmender Freund!
Wie soll ich Ihnen sagen alles, was Ihr lieber teilnehmender trauervoller Brief mich empfinden ließ? Mein Herz ist so tief verwundet, mein ganzes Gemüt so gewaltig erschüttert, daß jede Mitklage, jede Thräne, die sich mit der meinigen mischt, nur wohltuend für mich wirken. Denn nichts kann wieder aufreißen, da noch nichts geheilt ist. *Sie*, die geliebteste, die Gefährtin meiner Jugend und meiner Kinderjahre *sterben zu se-*

hen! Dies erwartete ich nicht von der Vaterhand dort oben, nichts Schrecklicheres hätte mir widerfahren können; da es aber doch einmal Gottes bestimmter Wille war, so danke ich ihm noch, daß ich auf meinem traurigen Lebensgang die beruhigende Gewißheit in mir trage, ihr noch nützlich gewesen zu sein... Von meiner Trauer, von meinem Schmerz kann ich Ihnen weiter nichts sagen, als daß ich beynah daran gestorben bin... Sie aber, lieber Scheffner, Sie haben uns zwei Monate in Königsberg zusammen gesehen... Ihrem Auge kann es nicht entgangen seyn, wie fest und treu das Band unserer Liebe geknüpft war? Sie können sich also vielleicht einen Begriff machen von dem Schmerz, der sich immer tiefer und tiefer in meine Seele senkt...

Ihr Brief und die Verse, die Sie, lieber Freund, *ihr* und mir zum Gedächtnis niederschrieben, habe ich sehr spät erhalten. Ich war auf Anraten und dringende Bitten der Ärzte nach Teplitz gegangen,... wo mich am zweiten Tag... eine tödliche Krankheit befiel ...So lag ich fünfzehn Tage sehr gefährlich krank, und erst nach sechs Wochen genas ich. Während dieser Zeit hat man mir alle Briefe vorenthalten. Die physischen Leiden sind nun meist alle besiegt,... aber die Leiden des Herzens und der Seele sind es nicht... Lieber Scheffner! an dem 19. Julius wird noch sterbend mein Herz bluten... Sie war mir das Liebste und Beste auf der Welt, und nichts kann mich wundern, als daß ich nicht wirklich gestorben bin... Sie glauben nicht, lieber Freund, wie ernst mir mein Leben geworden ist und wie dunkel es vor mir liegt, jetzt, da ich weiß, daß sie mir auf diesem Kreise nicht mehr begegnen wird...»

Der Brief wurde im Hohenzollern-Jahrbuch 5, 1901, von Bogdan Krieger veröffentlicht. Ein erschütterndes Dokument im Stil der Zeit – ohne Kenntnis der Aufzeichnungen von Gentz wäre man tief betroffen von der Leidenschaft ihres Schmerzes. Das Intermezzo Teplitz verblüfft, weckt Mißtrauen, schockiert je nach der Mentalität des Lesers. Rekonstruieren wir:

Die Weiterreise nach Karlsbad wird aufgegeben. Unwillkürlich drängt sich die Vermutung auf, Friederike deklariere die «tödliche» Erkrankung, um ihren Wunsch, in Teplitz zu bleiben, zu rechtfertigen und gleichzeitig einen triftigen Grund zu haben, sich in eine Isolierung zurückzuziehen, in der sie Kräfte sammeln, Abstand gewinnen kann von den sie bedrängenden Erinnerungen. Die zwei nach der Ankunft noch gesund verbrachten Tage haben ihr genügt festzustellen, daß in dieser Saison nicht Karlsbad, sondern Teplitz der Treffpunkt der High Society ist. In diesem Freundeskreis hat sie sich ein Renommee erobert, das zu verlieren sie nicht willens ist.

Tränen und Trauer sind nicht gefragt.

Nach sechzehn Tagen fühlt sie sich fähig, den Erwartungen zu entsprechen, die man in sie setzt. Ihr Erscheinen wird mit Enthusiasmus begrüßt und wie je und eh wird sie zum strahlenden Mittelpunkt, zur «Hauptfigur».

Sie ist abhängig von ihrer Umgebung wie von einer Droge. Kaum in Strelitz zurück, verfällt sie der Melancholie. Jetzt erst, am 17. November 1810, vermag sie das Kondolenzschreiben Scheffners zu beantworten, unterbricht den Brief mitten in einem Satz – ohne den Grund anzugeben – und beendet ihn erst einen Monat später. Mit Luises Tod hat sie mehr verloren als nur die Schwester, den Brennpunkt, um den ihr Wünschen und Denken kreiste, ihre wichtigste Stütze am preußischen Hof. Sie vermißt die regelmäßige Korrespondenz, die sie auf dem laufenden hielt, ihr Trost zusprach, wenn sie Heimweh hatte. Und was ihr Sorge machte, teilte sie Luise mit. Sorgen macht Prinz Solms, er wird immer schwieriger, versteht sich mit keinem der Verwandten und Freunde, sucht Händel, wo er kann. Frönt er auf dem einsamen Schloß Braunfels seiner Lieblingsbeschäftigung, der Jagd, atmet die Familie auf. Doch nie kommt ein Wort des Vorwurfs über Friederikes Lippen. Sie widmet sich den Kindern, ist eine liebevolle und zärtliche Mutter, aber viel zu nachgiebig gegen die Söhne.

Für die Scheidung der Ehe plädiert nun auch, wie der Vater Friederikes, der regierende Fürst zu Solms-Braunfels, ihr Schwager, der sich schon früher in allen strittigen Fragen für sie eingesetzt hat – gegen den Bruder. Doch statt endlich mit Mut und Entschlossenheit die Trennung durchzuführen, kommt am 27. Juli 1812 noch einmal ein Sohn zur Welt. Er wird auf die Namen Carl Ludwig getauft. Friederike ist am 2. März vierunddreißig Jahre alt geworden.

8.

Politik, ein brisantes Thema während des französischen Feldzuges in Rußland und den Vorbereitungen für die Befreiungskriege, verdüstert die Atmosphäre im Schloß zu Strelitz. Prinz Solms hat sich in eine fanatische Verehrung Napoleons hineingesteigert und bricht bei jeder Gelegenheit Streitgespräche vom Zaun zur Verteidigung seines Idols. General Yorck von Wartenburgs kühne Tat, die Konvention von Tauroggen am 30. Dezember 1812 – ohne königliche Genehmigung schließt er einen Neutralitätspakt mit dem russischen General Diebitsch für das Hilfskorps, das Preußen Napoleon hat stellen müssen –, verdammt Prinz Solms als unverzeihliche Mißachtung militärischer Disziplin, und das plötzliche Verschwinden König Friedrich Wilhelms III. aus Berlin, sein Auftauchen am 25. Januar 1813 in Breslau unweit Kalisch, wo sich Zar Alexander I. aufhält, empört ihn. Der König verletze die Bündnispflicht, wenn er nicht wie die Rheinbundfürsten unverzüglich dem in Bedrängnis geratenen französischen Kaiser mit seiner Armee zur Hilfe eile. Niemand in der Umgebung des Prinzen teilt seine Ansichten, wenn irgend möglich überhört man sie, versucht mit alltäglichen Banalitäten ihn abzulenken, denn jeder Widerspruch reizt ihn. Opposition gegen den glühenden Haß Friederikes auf Napoleon mag einer der Gründe gewesen sein, der ihn in das entgegengesetzte Extrem getrieben hat, wie auch das immer gleichbleibend freundliche Verhalten seiner Frau ihm gegenüber seinen Ärger eher schürt als besänftigt.

Alljährlich fährt Prinz Solms im Frühjahr und Herbst nach Böhmen zur Kur und zu Verwandten, so auch 1813 im April.

Die Finanzierung der Reisen überläßt er Friederike, deren Schuldkonto allmählich anfängt sie zu beunruhigen.

Bald nach der Abreise des Prinzen kündet Herzog Ernst August von Cumberland, Sohn des englischen Königspaares, sein Kommen an. Er trifft am 20. Mai in Strelitz ein. Friederike erwartet ihn mit gemischten Gefühlen, wieder ein britischer Vetter, einer der älteren Brüder des Herzogs Adolf von Cambridge.

Dreiundzwanzig Jahre später schreibt Ernst August am 20. Mai 1836 an Friederike:

«Es ist so frisch in Erinnerung, als wenn es gestern gewesen wäre. Ich sehe Dich oben auf der Treppe, die alte Großmutter und die Damen, und in diesem Augenblick spielte die Kapelle im Rosengarten eine Serenade. Welch ein herrlicher Abend! Wie die Blumen dufteten! Ich kann wahrlich sagen, daß dies der schönste und glücklichste Augenblick meines Lebens war.»

Geoffrey Malden Willis in seiner Biographie des Herzogs von Cumberland meint: «Es scheint von beiden Seiten Liebe auf den ersten Blick gewesen zu sein.»

Eine naheliegende Schlußfolgerung, doch sollte man bedenken, daß Friederike, nunmehr eine erfahrene, kühl abwägende Frau, belastet mit dem Hintergrund der Ereignisse von 1798/99 und der abermals fehlgeschlagenen Ehe, sich vermutlich gewappnet hat mit Zurückhaltung und äußerster Vorsicht, bestrebt, neuen Komplikationen aus dem Wege zugehen. Um so mehr, da der vom preußischen König um strikte Diskretion gebetene König von England, Georg III., inzwischen geisteskrank geworden ist. Inwieweit die Königin und der Prinzregent in ihre Affäre mit dem Herzog Adolf von Cambridge eingeweiht sind, entzieht sich Friederikes Kenntnis. Eine prekäre Situation, unter Umständen gefährlich.

Friederikes innere Einstellung dürfte daher schwerlich zu einer spontanen Verliebtheit neigen, wenn auch sicherlich die äußere Erscheinung, das weltmännische Auftreten, die oft gerühmte Liebenswürdigkeit Ernst Augusts ihr gleich bei der ersten Begegnung gefallen haben mag. Mit einundvierzig Jahren

Ernst August. Jugendbild. 5. Sohn König Georgs III. von Großbritannien. 1799: Herzog von Cumberland.

ist er eine in sich geschlossene Persönlichkeit, charaktervoll, integer, seltsamerweise von Schicksalsschlägen verfolgt, teils unverschuldet, teils aber auch als Reaktion auf die kompromißlose Haltung, mit der er seine der Neuzeit nicht angepaßten Grundsätze mit Emphase zu verteidigen pflegt.

Historisch spielt der Herzog von Cumberland erst als König von Hannover eine Rolle, allerdings eine bescheidene im Kreise der europäischen Dynastien. Demonstrativ lehnt er jeden Fortschritt im Sinne der französischen Revolution ab. Ihre Forderungen, ihre Maximen hält er für eine verwerfliche Auflehnung gegen die bestehende Ordnung, einen Angriff auf die herrschende Klasse, Ansichten, die Friederike im Laufe der Zeit voll und ganz teilt.

Um diesen «Hochtory» – so nennt man im britischen Parlament die radikalsten Konservativen – näher kennenzulernen, ist die Schilderung seines bisherigen Lebensweges unerläßlich:

Als fünfter Sohn König Georgs III. von England und seiner Frau Charlotte ist er am 5. Juni 1771 zur Welt gekommen. Fern ab vom Getriebe der Metropole London wächst er in Kew auf wie alle seine Geschwister, insgesamt fünfzehn Kinder, von denen die drei letzten, zwei Knaben und ein Mädchen, im Kindesalter sterben. Kew, damals ein Dorf der Grafschaft Surrey, rechts der Themse, acht Kilometer vom Hydepark, ist heute ein Stadtteil Richmonds. Der botanische Garten in Kew wurde im siebzehnten Jahrhundert angelegt unter der Regierung der Königin Elisabeth. Die Nachkommen König Georg III. vergnügen sich noch fröhlich tollend in den weitläufigen Anlagen. Erst als diese in den Besitz der Regierung 1840 übergehen, werden sie unter der Leitung von Sir William Hooker und dem chinesisch beeinflußten Stil von Sir William Champer zu einer sensationellen Sehenswürdigkeit.

Das britische Königspaar widmet sich der heranwachsenden Kinderschar nach bestem Wissen und Gewissen, Grundsätze, die allerdings geprägt sind von der Eintönigkeit eines Lebens, das sich weitgehend im Familienkreis abspielt, dem ein festes Tagesprogramm vorgeschrieben ist, in dem jede Minute unter Aufsicht steht. Die Eltern demonstrieren das Glück einer ungetrübten Ehe, so oft es die gesellschaftlichen Verpflichtungen zulassen, sind sie in Kew. Hier kann der König seinem Hobby, der Landwirtschaft, nachgehen, ohne die Staatsgeschäfte zu vernachlässigen. Seine absolutistische, konservative Gesinnung mißfällt dem Volk – und seine starrsinnige Außenpolitik. Sie provoziert den Krieg mit den amerikanischen Kolonien und letzten Endes ihre Unabhängigkeitserklärung 1783. Am ausgeprägtesten hat Ernst August die sture Hartnäckigkeit des Vaters geerbt.

Ausgezeichnete Lehrer werden engagiert. Der König selbst überwacht und prüft laufend den Fortschritt der geistigen Entwicklung seiner Söhne, fördert sie, wo er kann. Religion ist eines der wichtigsten Fächer. In Sprachen wird frühzeitig mit Latein und Französisch begonnen. Ernst August zeichnet sich durch schnelle Auffassungsgabe aus, vermeidet – wie er es nennt – «überflüssigen Fleiß» und reagiert oft mit bemerkenswertem Dickkopf. Überzeugt man ihn mit dem Hinweis auf seinen Fehler, gehorcht er, anderenfalls hüllt er sich in Schweigen und stoische Ablehnung. Er spöttelt gern, mokiert sich über den oder jenen seiner Umgebung. Ermahnt, entschuldigt er sich lachend, es sei nicht bös gemeint, doch dauert es nicht lange, bis wieder eine ironische Bemerkung über seine Lippen schlüpft. Eine Veranlagung, die manchen Verdruß auch späterhin verursacht.

Die Mahlzeiten werden im Schloß eingenommen mit den Eltern. Untergebracht jedoch ist die Jugend in der kleinen Ansiedlung rings um die Kirche. Ernst August bewohnt mit beiden jüngeren Brüdern ein Haus, das laut Parlamentsbeschluß 1831 in sein Eigentum übergeht. Wenn er sich in England aufhält, mit oder ohne Familie, kehrt er immer wieder in das ihm vertraute Heim zurück.

Der Thronfolger, der spätere König Georg IV. von Großbritannien, wird mit achtzehn Jahren majorenn erklärt. Er, der Liebling der Mutter, eine blendende Erscheinung, ein labiler Charakter, vergnügungssüchtig und egozentrisch, schlägt alsbald über die Stränge. Nach dem Käfigdasein in Kew, ohne Kenntnis der Gefahren einer Weltstadt wie London, verfällt er schnell den Verführungen und Lastern reicher Lebemänner, dem Glücksspiel der Karten und Wetten, dem Alkohol, den Frauen. Im Handumdrehen steckt er in haushohen Schulden, verliebt sich leidenschaftlich in eine ehemalige Schauspielerin, sieben Jahre älter als er – obendrein katholisch –, heiratet sie heimlich, läßt sich katholisch trauen, eine Trauung, die im Staat der anglikanischen Kirche gesetzlich nicht anerkannt wird. Aus Opposition gegen den Vater schließt er sich den Whigs, den Liberalen, an.

Ein schlechtes Beispiel für seine Brüder, finden die Eltern, die offenbar eingesehen haben, was sie bei der Erziehung des Ältesten versäumten: Er vermochte weder Erfahrung zu sammeln im Umgang mit gleichaltrigen Kameraden des öffentlichen Lebens, noch haben sie ihn Halt gewinnen lassen in der Ausbildung einer militärischen Disziplin. König und Königin beschließen daher im Frühjahr 1786 ihre drei Söhne Ernst August (15), August Friedrich (13) und Adolph Friedrich (12) auf die Universität nach Göttingen zu schicken, die von ihrem Vorfahren, König Georg II., gegründet worden ist. Sie sollen auch, im Gegensatz zum Vater, das Land ihrer Ahnen kennenlernen, das einstige Kurfürstentum Hannover, nunmehr mit England in Personalunion vereint.

Am 28. Juni verlassen die drei Prinzen das Inselreich und segeln auf der königlichen Yacht Augusta von Gravesend dem Kontinent entgegen. In Stade verlassen sie das Schiff und sind am 3. Juli in Hannover, dem Stammland ihres Geschlechtes, der Welfen. Seltsamerweise ist Ernst August von früh auf an diesem väterlichen Erbe lebhaft interessiert, trotzdem damals nicht die geringste Aussicht bestand, daß er je einen Herrscheranspruch könnte geltend machen. Lediglich wenn in England die Thronfolge einer Königin zufallen sollte, würde das salische Gesetz in Kraft treten, das die weibliche Regentschaft in Hannover nicht zuläßt, womit die Personalunion aufgelöst wäre. Doch selbst dann gibt es einstweilen noch andere Prätendenten auf den Thron.

Am 3. Juli treffen die Prinzen in Göttingen ein. Es erwartet sie auf Befehl des Königs kein feierlicher Empfang, sie sollen behandelt werden wie jeder Student, der die Universtität besucht. Daher findet schon am Tag darauf die Immatrikulation statt. Sie wohnen in dem für sie hergerichteten Haus Johann Christoph Dieterichs, der um 1760 die Dieterichsche Verlagsbuchhandlung in Göttingen gründete. Oberst Karl von Malortie leitet als Hofmarschall den Haushalt und die Erziehung nach militärischem Maßstab. Einfach, ehrlich, pünktlich ist seine Devise, die nicht immer im Sinn des lebenslustigen und eigensinnigen Prinzen Ernst August ist. Manche heftige Auseinandersetzung bedroht die Erziehung, doch gelingt es Malortie mit großem Geschickt, den oft schwierigen jungen Mann zu zügeln.

Eifrig widmen sich alle drei Prinzen dem Studium der Geschichte, der Philosophie, dem Staats- und Völkerrecht und der Physik und Mathematik. In Göttingen sind die englischen Königssöhne sehr beliebt. Durch die Freimütigkeit ihres Auftretens lockern sie die gesellschaftlich etwas sterilen Formen. Sie selbst haben diese Jahre in bester Erinnerung behalten, Ernst August besonders den Genuß zahlreicher Konzerte, der den Wunsch in ihm weckte, ein Instrument zu spielen. Er lernte Flöte, «denn nur bei der Flöte kann ich mir die Noten so nahe vor die Augen rücken wie ich will». Die erbliche Belastung einer schwachen Sehkraft behindert ihn frühzeitig.

«Nie habe ich eine Stadt mit größerem Bedauern verlassen als Göttingen», schreibt er den Eltern nach Windsor am 11. Januar 1791, er begibt sich nach Hannover zur militärischen Ausbildung. Schon als Siebzehnjähriger schwärmte er: «Meiner Meinung nach ist das Leben eines Soldaten das beste und schönste auf der Welt», der Zusammenstoß mit der Wirklichkeit belehrt ihn eines Besseren. Zunächst jedoch macht der Dienst im 9. Regiment der leichten Dragoner ihm Spaß, im März 1792 wird er zum Obersten befördert. Die Gewalttaten der Revolution in Frankreich verabscheut er, wünscht brennend mit dem preußischen Heer nach Holland gegen die «Sansculotten» zu ziehen. Da auch die hannoversche Armee mobilisiert wird, geht der Wunsch in Erfüllung. Sein verwegener Mut bringt ihn mehrmals in Lebensgefahr. Anfang 1794 wird er zur schweren Artillerie versetzt, dort herrscht ein rüder Ton und Mangel an Disziplin, der ihm das Kommando verhaßt macht. Er bittet den König um Urlaub, seit neun Jahren war er nicht in England. An der abschlägigen Antwort mag das gute Verhältnis Ernst Augusts mit dem Thronfolger schuld sein, das der Vater fürchtet. Der älteste Sohn macht ihm Schwierigkeiten und Sorgen genug.

In der Schlacht bei Tournay am 10. 5. 1794 wird Ernst August durch einen Säbelhieb an der linken Schulter verletzt und muß den Arm in der Schlinge tragen. Endlich erhält er den lang ersehnten Urlaub, darf aber in London nicht bei dem Prince of Wales wohnen, er wird nach Windsor Castle befohlen, dem Sommersitz des Königs an der Themse gegenüber Eton. Zum Generalmajor ernannt, kehrt er im September auf das Festland zurück. Bei der Armee wird er nicht seinem Rang entsprechend behandelt, offenbar absichtlich, man versucht zu erzwingen, daß er sich den Whigs, der Oppositionspartei, anschließt. Der Friede von Basel am 5. April 1795 beendet den Krieg für Deutschland, König Georg III. hingegen fühlt sich verpflichtet, den Kampf weiterzuführen.

Im Winterquartier erkrankt Ernst August an Ruhr, leidet unter starkem Rheuma und ängstigt sich um sein linkes Auge, das ständig an Sehkraft verliert und schmerzt. Sein oberster Vorgesetzter, Feldmarschall Wallmoden, unterstützt das Gesuch Ernst Augusts an den König, in England die bedenklichen Beschwerden unter Aufsicht guter Ärzte auszuheilen. Nach langem Zögern willigt der König ein.

Ernst August verbringt einige Wochen in Kew. Die Streitigkeiten der beiden Parteien sind in vollem Gang. Die Whigs, unterstützt von den reichsten und angesehensten Familien des Landes, preisen die fortschrittliche Entwicklung, die die französische Revolution den Völkern brachte. Ernst August hat gesehen und eindrucksvoll erlebt, daß die Folgen idealistischer Maxime mörderisch sein können, und ist entschlossen, an seinen konservativen Grundsätzen festzuhalten und politischen Rankünen nicht zu gestatten, sich in die privaten Angelegenheiten zwischen ihm und seinen nächsten Angehörigen zu mischen. Nach und nach begreift der König, wie ungerecht er seinen Sohn behandelt hat, der seine beste Stütze wird im Zwist der Parteien, und daß dessen Zuneigung für den ältesten Bruder eine Freundschaft ist, die an seiner Gesinnung nichts zu ändern vermag: Er bleibt ein Tory. Am 27. April 1799 erhält Ernst August, 27 Jahre alt, die Titel: Herzog von Cumberland und Teviotdale und Earl of Armagh, womit ein Sitz im Oberhaus verbunden ist. Er gilt bereits als der vertrauteste Mitarbeiter des Königs. Oft spricht er im Parlament. Er nimmt kein Blatt vor den Mund, besonders dann nicht, wenn er gegen die Willkür Napoleons in Frankreich wettert. In einer seiner bedeutsamsten Reden im Mai 1803 sagt er:

«... Die persönliche Freiheit ist in Frankreich bis zum äußersten verletzt worden. Wer der Herrschaft des Konsuls sich widersetzt, wird verbannt oder nach Guinea deportiert. Man darf deshalb das französische Volk fragen: Welchen Zweck hatte denn die Revolution und was hat es dadurch gewonnen?»

Die von der Landung französischer Streitkräfte bedrohte Südwest-Küste Englands wird unter seinen militärischen Oberbefehl gestellt. Schnell und gründlich organisiert er die Wehrfähigkeit des Gebietes gegen den eindringenden Feind. Ernst August ist der einzige der Brüder, der auf Seite der Torys steht und sich aktiv für seine Überzeugung einsetzt. Geht etwas schief bei der Opposition, verdächtigt sie stets ihn, daran schuld zu sein. Ungern sieht sie ihren Repräsentanten, den Prince of Wales, in ungetrübtem Einvernehmen mit dem suspekten Bruder, was keinen von beiden stört. Mit zahllosen Intrigen versuchen die Whigs, Ernst August das Leben auf der britischen Insel unerträglich zu machen. Er kann die Kabalen nicht verhindern, so bleibt ihm nichts anderes übrig, als sie gleichmütig zur Kenntnis zu nehmen ohne zu reagieren.

Später sagt er einmal: «Nichts, was ich anrühre, bringt mir Glück.» Eine tragische Wahrheit liegt in dem Ausspruch. Ernst August wird im Laufe der nächsten Jahre Führer der Hoch-Torys, die beim Volk wegen ihrer oft asozialen Rückständigkeit unbeliebt sind. Für das Parlament ist er ein unbequemer Gegner, er spricht aus, was man gern unter den Tisch gefegt hätte. Er ist kein guter Redner, aber einer der best orientiertesten. Ein seltsam hinterhältiger Anschlag auf sein Leben macht Furore, eine willkommene Gelegenheit für seine Feinde, ihn zu verleumden. Einer seiner Diener, der Nachtwache hat, ein Korse, der sich zurückgesetzt fühlt, stürzt am 10. Juni gegen

Mitternacht in sein Schlafzimmer. Mit einem Säbel führt er einen so heftigen Schlag gegen den Kopf des im Bett liegenden Herzogs, daß er die Schädeldecke durchschlägt, so daß man das Hirn vibrieren sieht. In der Dunkelheit gelingt es Ernst August aufzuspringen, doch erkennt er den Angreifer nicht. Einen zweiten Schlag wehrt er mit erhobenem Arm ab, fängt die Klinge auf, die in seine Hand schneidet, eine Verwundung, die tiefe Narben hinterläßt. Der Täter entflieht auf den Gang, verfolgt von dem Opfer, das hilferufend ohnmächtig zusammenbricht. So finden ihn herbeieilende Diener. In der Stube für die Wache entdecken sie den Korsen, der sich die Kehle durchschnitten hat. Mehrere Tage schwebt der Herzog durch den ungeheuren Blutverlust in Lebensgefahr, doch die stählerne Gesundheit des Patienten siegt.

Der Fall ist dubios genug, um die Schuld bei ihm zu suchen und in allen erdenklichen Varianten zu konstruieren. Der König ordnet eine strenge Untersuchung an. Dank ehrlicher und einwandfreier Zeugen wird Ernst August als völlig unbelastet freigesprochen. Trotzdem – auch späterhin wird versucht, durch vage Kombinationen sein Image zu schädigen, ihn, wenn möglich, loszuwerden durch eine kompromittierende heimliche Flucht ins Ausland. Er weiß, das würde ihn endgültig zum Missetäter abstempeln, aber diesen Gefallen tut Ernst August seinen Verfolgern nicht.

Als Napoleon, sieggewohnt, den ersten großen Rückschlag nach dem Rußlandfeldzug zugeben muß und Europa die Lethargie, in die es erschöpft durch ständige Verluste flüchtete, abzuschütteln beginnt, sieht Ernst August die Zeit gekommen, sich wieder mit Hannover zu beschäftigen. Die Allianz Rußland–Preußen, der sich ein halbes Jahr später Österreich anschließt, wird von England finanziert, eine gigantische Militärmacht, kalkuliert er, die dem angeschlagenen Imperator gewachsen sein dürfte. Mit dem Sieg der Verbündeten wird auch Hannover von der französischen Besetzung befreit, und seiner Meinung nach sollte sich ein Mitglied der königlichen Familie zur Übernahme der Regierung auf dem Kontinent befinden, wenn dies Ereignis akut wird. Die Statthalterschaft in Hannover würde er gern übernehmen. Das geht aus der Intensität hervor, mit der er sich um die Erblande bemüht, und aus einem Brief an den Prinzregenten, der seit Januar 1811 für den geisteskranken Vater die Staatsgeschäfte führt. Er gesteht darin, daß er sich unbeschreiblich nach einer Tätigkeit sehne. Seit vielen Jahren verwaltet Ernst Friedrich Herbert, Reichsgraf zu Münster-Ledenburg, das hannoversche Ressort. Er hat seinen Sitz in London, ist Kabinettsminister und wurde von König Georg III. sehr geschätzt.

Nach einer stürmischen Überfahrt, gefährdet überdies durch französische Kanonenboote, kommt er nicht fahrplanmäßig in Hamburg an, sondern in Südschweden, das er durchqueren muß. Dort schifft er sich wieder ein und landet am 19. Mai 1813 in Stralsund. Von seinen Adjutanten begleitet, fährt er nach Strelitz zu dem Bruder seiner Mutter, dem Herzog Karl von Mecklenburg-Strelitz. Vor dem Schloßeingang auf der Terrasse empfängt ihn die Familie. Seiner Cousine Friederike, der zukünftigen Herzogin von Cumberland, begegnet er hier zum erstenmal.

9.

Mit leidenschaftlicher Begeisterung verfolgt Friederike den Aufbruch einer neuen Zeit. Daß König Friedrich Wilhelm III. nach Breslau nicht nur seinen ältesten Sohn mitgenommen hat, sondern auch seinen Neffen Ludwig, ihren Sohn aus erster Ehe, der am preußischen Hof erzogen wird, erfüllt sie mit Freude und Dankbarkeit. Sie schreibt ihm: «Wenn ich zwölf Söhne hätte, ich schickte sie Ihnen alle zwölf, um Ihnen zu dienen.» Die Nachrichten, die bis nach Strelitz dringen, sind spärlich und meist lang überholt. Jeder Besuch aus dem Aus- oder Inland ist ein Ereignis, wird mit Spannung erwartet, vor allem ein britischer Königssohn, der Herzog Ernst August von Cumberland, der Nachricht bringt von der Schwester des Herzogs, der Königin von England, und der Krankheit ihres Gatten, ferner von den britischen Prinzen und Prinzessinnen, vor allem vom Prinzregenten, dem schwarzen Schaf der Familie, dem aber der Bruder manches zugute hält und die Eltern verantwortlich macht. Ernst August gefällt allen gut, trotz des vorbildlich formvollendeten Benehmens hat er etwas familiär Sympathisches, eine liebenswerte Zuvorkommenheit, die bestechend ist.

Friederike, ansonsten geneigt, jedem Flirt seine Chance zu lassen, hält sich bewußt zurück. Eine Vertraute hat sie, Frau von Berg, die einst beste Freundin der Königin Luise. Ihr schüttet sie das Herz aus, das oft schwer ist von Kummer und Angst. Sie fühlt wohl zum erstenmal, hier wirbt ein Mann um sie, dessen Persönlichkeit ihr imponiert. Die Übereinstimmung zwischen ihnen in allgemein menschlichen Fragen, in politischer

Freiwillige ziehen in den Krieg. Eine Lithographie von Adolf Menzel.

Hinsicht, wie in der Bedeutung des Pro und Contra der öffentlichen Meinung, in der Verteufelung Napoleons, um nur die für sie wichtigsten Punkte zu nennen, überrascht sie. Und er ist nicht der Mensch, Konzessionen zu machen, um irgendwelcher Vorteile willen, sei es auch nur, um Diskussionen aus dem Wege zu gehen. Wie die meisten in den Kreisen, die Friederike frequentiert, lehnt der Herzog jeden Fortschritt ab, auch den wirtschaftlich industriellen, ganz zu schweigen von freiheitlichen Bestrebungen wie Verfassung, Menschenrechte, die er als gefährliches Gedankengut von Idealisten ablehnt mit einer Sturheit, die ihm teuer zu stehen kommt. Denn schon fürchtet Graf Münster, der seine Absichten auf dem Kontinent durchschaut, mit ihm arbeiten zu müssen, falls er zum Statthalter von Hannover oder gar Vizekönig von Hannover gewählt wird. Er rät ihm in einem Brief, schleunigst nach London zurückzukehren, um seinen

Feinden das Handwerk zu legen, sie würden gegen ihn agieren. Der Herzog erwähnt die Warnung in einem Schreiben an den Prinzregenten und meint, Feinde habe jeder, auf Reisen jedenfalls könnten sie ihm nicht schaden, und in England habe er sie ignoriert, was er auch weiterhin tun werde. Weshalb also heimkommen, er wünsche sich seiner welfischen Abstammung würdig zu erweisen und zum Erfolg der Regierung des Bruders beizutragen. Das Gerücht, daß er ein Freikorps aufstellen wolle, macht schnell die Runde, es melden sich viele junge Leute der Landbevölkerung, doch England winkt ab, es habe sich verpflichtet, am Koalitionskrieg nur finanziell teilzunehmen.

Aus den zwei bis drei Wochen, die Ernst August geplant hat, in Strelitz zu bleiben, werden fast drei Monate. Immer wieder verlängert er den Aufenthalt. Im Schloß hofft man längst, daß Friederike nun endlich in die Scheidung einwilligt. Insgeheim wird eine Ehe mit Ernst August erwogen, der, bisher ledig geblieben, am 5. Juni 1813 42 Jahre wird. Niemand wäre glücklicher über diese Lösung als der Herzog von Mecklenburg, der sich oft Sorgen um die Tochter macht und die Kinder, denen Prinz Solms weder ein Halt noch ein Vorbild ist.

Sehr korrekt von Natur und Erziehung, verrät der Brite mit keiner Äußerung, was er denkt und plant, macht jedoch keinen Hehl aus der tiefen Zuneigung für seine Cousine. Friederike ist ihm gegenüber äußerst vorsichtig, vermeidet alles, was die Vermutung in ihm aufkommen lassen könnte, sie suche ein Abenteuer, nutze die Abwesenheit ihres Mannes, um ein Liebesverhältnis anzuknüpfen. Daß er über den Fehlschlag ihrer Ehe mit Prinz Solms orientiert ist, spürt sie, vor allem wohl durch seine Mutter, die mit dem Bruder – Friedrichs Vater – hin und wieder korrespondiert. Doch hat sich Herzog Karl gehütet, moralische Verfehlungen der gestrengen Schwester zu berichten. Aber was weiß Ernst August über ihre Beziehung zu seinem Bruder Adolf, mit dem er aufgewachsen ist, in Göttingen auf der Universität mehrere Jahre war und später in Hannover, den er oft erwähnt, mit ihm offenbar gut und vertraulich steht? Ein Thema, das sie anfangs meidet, an das sie sich nur langsam herantastet, um zu erfahren, daß er nicht mehr weiß, als daß die nur den nächsten Verwandten bekannt gewordene Verlobung, arrangiert von der Familie, auf ihren Wunsch gelöst wurde.

Sie gesteht die Affäre mit Prinz Solms, sie habe sich in jener Zeit allein gefühlt und sich – unglücklich wie sie war – heftig in ihn verliebt und das unehelich gezeugte Kind gewünscht, um den Widerstand gegen die Heirat, auf den sie bei Schwester und Schwager gefaßt war, zu brechen. In Ansbach sei dann ein Mädchen zur Welt gekommen, das bald nach der Geburt starb. Eine rührende Geschichte, für die er volles Verständnis zeigt, da auch er Vater eines unehelichen Kindes ist von einer Demoiselle Keidel aus Goslar, wohin ihn der Militärdienst einige Monate verschlagen hat. Ein Junge, 1795 geboren, der mit fünf Jahren nach England kam, wo er durch einen schweren Sturz vom Pferd verletzt wurde. Er überstand den Unfall, blieb aber zeitlebens ein Krüppel. In jenem Sommer 1813 studiert er in Oxford Theologie. Es zeigt sich jedoch, daß das Leiden ihn unfähig macht, einen Beruf auszuüben. Ein Geistlicher nimmt ihn zu sich, betreut ihn, bis er 1828 stirbt.

Ebenfalls eine rührende Geschichte mit dem Unterschied, daß sie in allen Einzelheiten der Wahrheit entspricht.

Täglich verbringen Friederike und Ernst August viele Stunden miteinander im Kreis der Familie, bei schönem Wetter die Umgegend durchstreifend zu Fuß, zu Pferd oder auf den holprigen Wegen im Wagen, wenn die Sonne allzu heiß brennt. Beide haben sie ein bewegtes Leben hinter sich, sehnen sich nach einer Gemeinschaft, die Beständigkeit verspricht und nicht alsbald ausartet in Mißverständnisse und Enttäuschung. Mehrmals besuchen sie Hohenzieritz, den herzoglichen Landsitz, das Sterbezimmer der Königin Luise, in dem Friederike jedes Jahr den Todestag der Schwester betend verbringt. Sie erzählt Ernst August von der gemeinsamen Jugend in Darmstadt, von der Verlobung in Frankfurt, von ihrem Schwager König Friedrich Wilhelm III., dessen Güte sie viel verdankt und dem der Herzog von Cumberland bisher noch nicht begegnet ist.

Fern der tumultuösen, schwülen Atmosphäre der Modebäder, in denen Friederikes Liebschaften meist begannen und endeten, lernt man sich besser – anders – kennen und lieben. Noch nie hatte Friederike Gelegenheit, das zu erfahren, und je klarer sie sich über ihre Gefühle für Ernst August wird, umso angstvoller wird ihr zumute. Lediglich mit zwei Menschen kann sie über ihre Befürchtungen sprechen, mit dem Vater und Frau von Berg. Es ist durchaus möglich, daß erst damals die Eintragung in den Solmsschen Stammbaum erfolgte im Einvernehmen mit dem regierenden Fürsten zu Solms-Braunfels, der stets bemüht ist, seiner Schwägerin beizustehen: «Caroline, geboren 27. Februar, gestorben 20. Oktober 1799.» In den schlimmsten Jahren, in England nach der Hochzeit, ist dieser Rückhalt Schutz und zwingender Grund geworden, die steten Anfeindungen zu überstehen, durchzuhalten.

Anscheinend hat Friederikes Gatte es vorgezogen, während der Anwesenheit des Herzogs von Cumberland sich in Strelitz nicht blicken zu lassen, wahrscheinlich hat man ihn vor dem Hochtory gewarnt, dem Napoleonhasser, und vor dem unbeugsamen Widerspruch, mit dem er seine Ansichten verteidigt. Im allgemeinen bleibt Prinz Solms nicht länger als sechs Wochen in Böhmen, dann ist spätestens das Geld zu Ende, neue Schulden für seine Frau. Vermutlich hat er sich nach dem mitten im Wald gelegenen Schloß Braunfels begeben, um zu jagen. Der Keller ist hinreichend mit Wein von Rhein und Mosel versehen, um seinen nicht unbeträchtlichen Durst zu löschen.

Auch Ernst August rät auf Bitten der Verwandten Friederike freundschaftlich, sich scheiden zu lassen. Ein Ratschlag, den sie nicht gerne hört. Sie schweigt grundsätzlich über das Thema, das ihr peinlich ist, und fürchtet Gespräche hinter ihrem Rücken. Doch kann Ernst August geltend machen, daß seine Mutter ihm in London sagte, die Ehe habe ihrer Nichte kein Glück gebracht, ebensowenig wie die erste, was sie sehr bedauert hätte. Friederikes Standhaftigkeit gegen die Trennung beruht nicht einzig auf dem Wunsch, die Kinder zu bewahren vor den unerfreulichen Auseinandersetzungen eines solchen Prozesses, sie fürchtet auch die Reaktion ihres Mannes. Bis jetzt hat er sich geweigert, diese Lösung der häuslichen Probleme auch nur in Erwägung zu ziehen – schon aus finanziellen Gründen, die ganze Familie lebt von den Einkünften seiner Frau. Er müßte also mit der dürftigen Pension seiner abgebrochenen Militärkarriere auskommen. Wenn er sich auch in Strelitz nie heimisch fühlt, es ist immerhin eine standesgemäße Unterkunft. Seltsamerweise hat er sein klägliches Unvermögen und die Großzügigkeit Friederikes, mit der sie alle pekuniären Sorgen regelt, in einem Brief Ende Dezember an seinen Bruder, den Fürsten Solms, gleichzeitig mit Neujahrsglückwünschen für das Jahr 1813, zugegeben. Er schreibt: «...Den anderen Monat kommt mein Sohn Wilhelm von hier weg in die École Militaire nach Berlin für fünf Jahre. Daß dieses meiner Frau viel kostet, kannst Du leicht glauben, denn sie hat nichts wegzuwerfen. Sie hat Schulden, die nicht geringe sind. Sie sorgt für alles, wäre sie nicht so tüchtig, so wäre ich der unglücklichste Mensch von der Welt. Es ist ihr doch nie eingefallen, mir zu verstehen zu geben, daß ich gar nichts für die Kinder tue und daß sie alles tun muß, was sonst sehr leicht im weiblichen Charakter zu Klagen führt...»

Friederike legt den Brief, den der Schwager ihr in Abschrift schickte, achselzuckend beiseite. Ändern wird ihr Gatte sich nicht mehr, dazu fehlt ihm die Energie. Aber nach wie vor hält sie es für gefährlich, ihn wegen der Scheidung unter Druck zu setzen. Gewiß, Silkerode liegt weit zurück, wer der Vater des Kindes war, ahnt er nicht, und der Herzog von Cambridge ist der letzte, den er verdächtigen würde. Damals fühlte er sich als ihr Retter aus einer Situation, die sie wiederum in eine ungeliebte Ehe zwingt. Aber schließlich genügt es, wenn er aus Rache vor Gericht ausplaudert, daß am 19. Januar 1799 in Silkerode ein Junge geboren wurde, den man fremden Einwohnern überantwortet hat, gekauften Adoptiveltern. In dem Kirchengemeindeamt liegt der verräterische Taufschein mit den königlichen Paten, der Verborgenheit entrissen ein Skandal, der unabsehbaren Schaden anrichten kann. Und nicht nur das bedroht ihre innere Ruhe, auch die Nachrichten aus England können verhängnisvoll werden, da König Georg III., nunmehr unheilbar geisteskrank, nicht mehr in der Lage ist, seiner Autorität Geltung zu verschaffen. Hat er die Königin, die selbstgerechte, musterhafte, sittenfeste Tante eingeweiht in den Fauxpas der Nichte oder, rücksichtsvoll wie er war, ihrer Ehrbarkeit diesen Schock erspart? Informiert, wird sie bei der Mitteilung einer möglichen Verbindung alles daransetzen, sie scheitern zu lassen, es sei denn, daß Ernst August selbst sofort nach Erhalt der Warnung auf das verzichtet, was sich so hoffnungsvoll angebahnt hat. Der Gedanke an die Zukunft zehrt an Friederikes Gesundheit und ihren Nerven.

Am 10. August 1813 verläßt Ernst August Strelitz, fährt nach Berlin, bleibt nur über Nacht, da sich der König, wie ihm bekannt, bei den Truppen befindet. Er reist weiter nach Teplitz, wo er am späten Abend des 28. August im Hauptquartier der Verbündeten eintrifft, denen sich nach Ablauf des Waffenstillstandes mit Napoleon am 10. August um Mitternacht auch Österreich angeschlossen hat. Hier erfährt er, daß nach dem mißglückten Versuch der Alliierten, Dresden einzunehmen, die Armee mühselig bei schlechtestem Wetter über das Erzgebirge nach Böhmen zurückmanövriert. Am Tage vor seiner Ankunft hat der von Napoleon nachgesandte General Vandamme den riesigen, in größten Schwierigkeiten befindlichen Militärtransport in der Gegend von Kulm und Nollendorf mit 4000 Mann angegriffen. Der Kampf ist erbarmungslos und wogt am 29. August hin und her. In das Getümmel stürzt sich Ernst August tollkühn und begeistert, froh, wie er seinem Bruder schreibt, auch in diesem Krieg einmal die Kugeln um die Ohren sausen zu hören. Bei Kulm gerät er fast in Gefangenschaft. Bis die Dunkelheit hereinbricht, wird keine Entscheidung erzielt. Am frühen Morgen des 30. wird die Schlacht fortgesetzt, als plötzlich Kanonendonner von den Bergrücken hinter Vandamme die Angreifer in wilde Panik versetzt. Es sind die Preußen unter General Kleist, die das Ende des grausamen Ringens in einen Sieg der Koalitionsarmee verwandeln.

Ernst August kehrt ins Hauptquartier zurück, wird dem Zaren vorgestellt von dem britischen Bevollmächtigten in Preußen, Lord Stewart, der die Tapferkeit rühmt, mit der der Sohn Georgs III. sich in den Gefechten ausgezeichnet habe. Kaiser Alexander verharrt in eisernem Schweigen, zeigt sich abweisend, ärgerlich. Auf dem Schlachtfeld und in seiner unmittelbaren Umgebung ist ihm ein britischer Offizier und ausgerechnet ein Sohn des Königs von England unerwünscht. Das war vorauszusehen aufgrund der vereinbarten Bedingungen. Lord Stewart hat Bedenken dieser Art nach London gemeldet, doch traf die Instruktion erst ein, als der Herzog von Cumberland längst abgereist war, wurde daher unerledigt zu den Akten gelegt. Ernst August registriert gleichmütig den Unmut des «Herrschers aller Reußen», gibt sich den Anschein, nichts zu bemerken, begegnet ihm stets mit devotestem Gruß, auch wenn Majestät ihn zu übersehen geruht. Nie richtet er das Wort an ihn, doch verläßt er Teplitz nicht. Lord Stewart erklärt er, er sehe ein, gegen die Vertragsbestimmungen verstoßen zu haben, er werde an keinem kriegerischen Unternehmen mehr teilnehmen, aber bei der Armee bleiben, bis das Schicksal Hannovers sich entschieden habe. Mit dieser Erklärung hat sich Kaiser Alexander anscheinend zufriedengegeben, denn von weiteren Mißhelligkeiten ist nicht die Rede.

Die böhmische Armee wird in den fünf Wochen der Ruhe auf einen wehrfähigen Stand gebracht, den sie bislang in diesem Ausmaß noch nie besaß. Anfang Oktober überquert sie abermals das Erzgebirge, dieses Mal in Richtung Leipzig, und vereinigt sich vor der Stadt mit den Armeen von Bernadotte, Blücher und Bennigsen. Insgesamt rund 300000 Mann. Napoleon, der Leipzig besetzt hält, verfügt über nicht mehr als 200000 Mann. Am 16. Oktober beginnen die Kampfhandlungen, die am vierten Tag mit dem Einzug der Alliierten in die Stadt enden.

Die «Völkerschlacht von Leipzig», die deutsche Geschichtsschreibung hat dem historischen Ereignis diesen Namen gegeben, befreit Deutschland von dem jahrelangen Zwang französischer Besetzung. Das Kriegsglück Napoleons ist gebrochen, wenn er sich auch noch einmal aufrafft, sein Stern ist im Sinken. Nun will Ernst August sich seiner selbstgestellten Aufgabe widmen, Hannover wird befreit werden. Endlich kann er das Heer verlassen, er atmet auf, «denn die Stellung eines Freiwilligen im Hauptquartier ist von allen Lebenslagen wohl die widerlichste», bekennt er in einem Brief.

Zunächst fährt er nach Strelitz, um abzuwarten, bis die Franzosen die Garnison in Hannover geräumt haben. Friederike findet er überglücklich, die Erfolge der Preußen und Russen kann sie nicht genug loben, die Österreicher erwähnt sie nie, vielleicht wegen Metternich. Vehse behauptet, sie habe in Dresden oder Berlin ein Verhältnis mit ihm gehabt, jedenfalls spricht sie von ihm nicht in hohen Tönen wie von Kaiser Alexander, für den auch Königin Luise vor der Rußlandreise eine Faible hatte, ein freundschaftliches. Friederike freut sich für Ernst August, daß er nun die Erfüllung seiner Pläne in Angriff nehmen kann, eine Arbeit, die, wie er hofft, ihn befriedigen wird. Sie sehnte sich in der letzten Zeit nach ihm, nach der stillen Harmonie ihrer Gemeinsamkeit im Sommer, und der Gedanke, die Ehe mit Prinz Solms zu lösen, erscheint ihr allmählich wünschenswert. Seit seiner Rückkehr läßt er sich nur hie und da sehen, verkriecht sich in seine Gemächer, selten erscheint er bei Tisch. Für die Kinder hat er kaum einen Blick. Ernst August, das ist ein Onkel, der ihnen gefällt, gelegentlich unterhält er sich ganz ernsthaft mit ihnen wie mit Erwachsenen. Für Friederike, eine zärtliche und verständnisvolle Mutter, bedeutet das viel, denn sie hängt abgöttisch an ihnen, viel zu sehr, warnt ihr Vater oftmals.

Während der Anwesenheit des Herzogs von Cumberland läßt Prinz Solms sich nicht blicken, hält sich fern wie in Karlsbad und Teplitz, wenn Freunde und Verehrer seine Frau umgeben. Es sind nur wenige Tage, die Ernst August in Strelitz verbringt; Zeit genug, um den Entschluß in Friederike reifen zu lassen, bald nach seiner Abreise König Friedrich Wilhelm mitzuteilen, sie wünsche sich von Prinz Solms scheiden zu lassen und bitte ihn um seine Zustimmung. Er erklärt sich ohne Zögern einverstanden. Gleichzeitig benachrichtigt sie ihren Schwager, den regierenden Fürst zu Solms-Braunfels, der schon lange für Trennung plädiert. Er erwidert, er begrüße es, daß sie sich endlich dazu durchgerungen habe, er hätte in demselben Sinn an seinen Bruder geschrieben. Dem Fürsten liegt daran, mit der Schwägerin in gutem Einvernehmen zu bleiben, er erhofft ihre Fürsprache beim preußischen König, wenn demnächst die Besitzverhältnisse der deutschen Fürstentümer geregelt werden. Friederike setzt sich, soviel sie vermochte, dann auch später für die Rechte des Solmsschen Hauses ein.

Wann Friederike die endgültige Aussprache mit ihrem Mann führte, ist nicht bekannt, jedenfalls erst nach Erhalt der beiden übereinstimmenden Zusagen. In die Enge getrieben, durch Alkoholgenuß und träge Lebensweise geschwächt, wehrt Prinz Solms sich nicht länger gegen ein Geschick, das er selbst heraufbeschworen hat, und unterzeichnet kurz vor Weihnachten seine Bereitschaft, die Ehe zu lösen. Aus seinem Schreiben an Friederike spricht ein mit sich und der Welt zerfallener Mensch, der trotz Erkenntnis zu schwach ist, sich zu ändern:

«... Habe ich Dich beleidigt, so vergib mir. Ich habe es auf Ehre nie gewollt und habe es nicht verstanden, Dich glücklich zu machen, wie ich es gewünscht hätte ... Erbarm Dich unserer Kinder! ...»

Den letzten Ausruf hätte er sich sparen können, denn wer hat sich bisher der Kinder erbarmt – nur Friederike, und er weiß genau, wie zuverlässig sie gerade als Mutter ihre Pflichten erfüllt und mit welch sorglicher Liebe sie die Kinder umgibt.

Inzwischen hat sich für Ernst August Entscheidendes ereignet.

Er hat Strelitz am 30. Oktober verlassen und ist nach Dömitz gefahren, ein Ort in Mecklenburg an der Elbe gelegen, ins Hauptquartier des Generalmajors Graf Wallmoden, der vom Prinzregenten beauftragt wurde, die für die Befreiung Hannovers bereitgestellten Truppen zu führen. Dieses Korps gehört zur Nordarmee, die unter dem Oberbefehl Bernadottes, des Kronprinzen von Schweden, steht, die sich langsam in westlicher Richtung bewegt, Hannover unbeachtet immer weiter hinter sich läßt, wodurch die Anwesenheit eines britischen Prinzen im Hauptquartier an Bedeutung gewinnt. Ernst August ordnet sofort eine Besprechung an mit Wallmoden und zwei hannoverschen Ministern. Das Resultat: ein Aufruf an die Bevölkerung, der die Wiederaufnahme des kurfürstlichen Regimes ankündigt in Anwesenheit eines Sohnes des Königs von England. Am 3. November fährt eine Wagenkolonne von Dömitz nach Hannover, im Geleit befinden sich Husaren des Wallmodschen Korps.

Die Bürgerwache hat in der Stadt nach Abzug der Franzosen den Ordnungsdienst übernommen. Als Ernst August am 4. November am frühen Morgen eintrifft, ist zu seinem Empfang die Bürgerwache zur Stelle, die im letzten Moment gerade noch rechtzeitig alarmiert werden konnte. Die Nachricht von seiner Ankunft verbreitet sich rasch. Gegen zehn Uhr sind bereits zahlreiche Einwohner vor dem Schloß versammelt. Als der Herzog in englischer Uniform auf dem Balkon erscheint, erkennt ihn niemand, schweigend starrt ihn die Menge an, bis schließlich einer seiner Begleiter das erste Hoch auf ihn ausbringt.

Es dauert jedoch nicht lange, bis die angesehensten Bürger sich im Saal des Palais einfinden, eine Militärkapelle spielt vor den Fenstern, und sobald er sich zeigt, jubelt man ihm zu. Abends ist die Stadt festlich erleuchtet. Als er durch die belebten Straßen fährt, spannen junge Burschen die Pferde aus und ziehen den Wagen.

Am Tag darauf nimmt er am Gottesdienst teil, mit dem die Schloßkirche wieder eingeweiht wird. Nach einem Rundgang durch das Palais ist er tieftraurig, in welchem Zustand es sich befindet, da die Franzosen es als Kaserne benutzt haben. Es wären ihm die Tränen in die Augen gekommen, schreibt er dem Prinzregenten, «denn hier habe ich so viele glückliche Tage verlebt».

Die Vorgänge in Hannover werden im Heer schnell bekannt, worauf Bernadotte umgehend beschließt, sich von der zwar friedlichen, aber eigenmächtigen Besitzergreifung der Stadt selbst zu überzeugen. Als sein Kommen am 6. November gemeldet wird, reitet der Herzog ihm entgegen. Bei der Begrüßung dankt er dem Oberbefehlshaber der Nordarmee für die Befreiung des Landes, was Bernadotte wohlwollend quittiert, da er gar nichts dafür getan hat. Die in Dömitz verfaßte Proklamation hat Ernst August nicht selbst unterschrieben, die beiden noch amtierenden hannoverschen Minister setzten ihre Namen unter das Dokument. Somit erübrigt sich eine offizielle Erklärung Bernadottes, und das ist genau das, was der Herzog bezweckte. Er selbst hat ohne jede Vollmacht die ganze Aktion geleitet, immer auf der Hut, sich keinen Verstoß gegen gesetzliche Vorschriften zu leisten, keine Angriffsmöglichkeit seinen Gegnern in London zu bieten, da man ihn bis zuletzt mehrmals gewarnt hat, sich in eine Angelegenheit zu mischen, die mit einer alliierten Kommission und dem Kabinettsminister Graf Münster geregelt werden müsse. Der schwedische Kronprinz wohnt in der königlichen Sommerresidenz Monbrillant, er ist hierzulande keine Persönlichkeit, die bei den Einwohnern Aufsehen erregt. Nach einem Aufenthalt von zehn Tagen kehrt er zur Armee zurück.

Ernst August, immer bemüht, sich korrekt zu verhalten, hat den Prinzregenten in seinen sehnlichsten Wunsch, Statthalter von Hannover zu werden, eingeweiht. Außer ihm kommt für die Statthalterschaft nur noch Herzog Adolf von Cambridge in Frage, der ebenfalls mehrere Jahre in Hannover verbrachte, jetzt aber wiederholt versichert, er würde lieber weiterhin in England leben. Ernst August bittet den Prinzregenten, falls die Entscheidung *gegen* ihn ausfallen werde, ihm einen persönlich geschriebenen Bescheid zu senden, da er vermeiden möchte, daß die Öffentlichkeit erfährt, er habe sich angeboten und sei abgelehnt worden. Es ist gewiß keine erfreuliche Aufgabe, die der Prinzregent seinem Adjutanten Captain Bloomfield, von dem er weiß, daß er diskret und gewandt ist, überträgt, nach Hannover zu reisen, um seinem Bruder den Beschluß eines Gremiums zu bringen, in dem wohl Graf Münster die treibende Kraft gewesen ist. Akten, die die Besprechungen wiedergeben, sind nicht zum Vorschein gekommen. Doch fest steht, daß Graf Münster beabsichtigt, die Befugnisse des Statthalters stark einzuschränken, selbstherrlich und ehrgeizig wie er ist, will er uneingeschränkte Machtbefugnis haben und dem Herzog nicht viel mehr zubilligen als die Repräsentation. Damit würde Ernst August sich nie einverstanden erklären, während Herzog Adolf, viel konzilanter und bequemer, den Dingen gern ihren Lauf läßt.

Am 9. Dezember 1813 sitzt Captain Bloomfield dem Herzog von Cumberland im Palais an der Leinstraße gegenüber und wartet die sichtliche Erschütterung ab, die die Absage verursacht. Ernst August gibt sich Mühe, Fassung zu bewahren, bricht aber doch in Tränen aus. Schmerz und Enttäuschung kann Bloomfield in seinen Zügen lesen und meint, es wäre besser für ihn, die Ankunft des Bruders und des Grafen Münster nicht abzuwarten. Er werde die Stadt so schnell wie möglich verlassen, erwidert Ernst August. Am letzten Tag, den er dort verbringt, schreibt er dem Prinzregenten:

«Nach dem, was mir Bloomfield sagte, bin ich völlig überzeugt, daß Dir die unangenehme Pflicht, die Du zu erfüllen hattest, sehr zu Herzen gegangen ist und daß nur die Notwendigkeit Dich dazu gezwungen hat, da Du zuviel Güte hast, jemanden zu *verletzen,* am allerwenigsten einen Bruder, dem Du immer eine *besondere* liebevolle Zuneigung gezeigt hast...» Auch gegen Adolf hegt er nie Neid oder Verdacht, er habe sich unfair vorgedrängt, ihre freundschaftliche Beziehung ist stets die gleiche geblieben.

In der frühen Dunkelheit des Abends trennt er sich schweren Herzens von der Stadt, die er als seine Heimat empfindet. Da er Friederike und ihre Familie mündlich informieren will von dem Schicksalsschlag, der ihn getroffen hat, fährt er nach Strelitz, wo er mit großer Herzlichkeit empfangen wird. Auch Friederike ist betrübt über die Wendung, die seine Hoffnung auf eine aktive Existenz zerschlagen hat. Verwirklichen sich die Eheaussichten, muß sie womöglich damit rechnen, nach England zu übersiedeln, verwirklichen sie sich nicht, wird sie ihn wahrscheinlich ganz aus ihrer Nähe verlieren. Und ausgerechnet zu diesem Zeitpunkt kann sie ihm mitteilen, daß ihr Mann sich zur Scheidung bereit erklärt hat, die sogar Tante Charlotte, Ernst Augusts Mutter, in einem Schreiben an ihren Vater gutgeheißen hat und hinzufügte: «Gott gebe, daß Friederike nun ihre Seelenruhe und die Herstellung ihrer Gesundheit wiedererlangt.» Friederike, von Natur zart und labil, leidet oft unter Gemütserregungen, die Kräfte kosten und Nerven. Zu ihrer großen Freude und der aller Verwandten beschließt Ernst August sich in Berlin, zumindest vorübergehend, eine Bleibe zu schaffen. Er mietet das prachtvolle Palais der Herzogin von Kurland «Unter den Linden». Eigentlich gehört es laut Testament ihrer eigenwilligen Tochter Dorothée, der Herzogin von Dino, die sie, maliziös wie sie ist, des öfteren daran erinnert. Mitte März 1814 zieht dort der Herzog von Cumberland ein. Einen Monat später erhält er die Nachricht, daß Prinz Solms auf dem Gut eines Freundes in Schlesien einem Schlaganfall erlegen ist. Man kommt innerhalb der Familie überein, daß Friederike als Witwe gelten soll, eine Absprache, die auch von den Kindern stets eingehalten worden ist. Von der bereits erfolgten Scheidung ist nie mehr die Rede.

Friederike bedarf dringend einer gründlichen Erholung, die sie in Karlsbad findet. Dort erreicht sie Ende Juli der formelle Werbungsbrief Ernst Augusts, der zeigt, wie er in allen Lebenslagen gewissenhaft und taktvoll vorzugehen pflegt:

«...Du kannst nicht zweifeln, teure und geliebte Cousine, daß das Glück, so oft in Deiner Gesellschaft verweilen zu dürfen, die Achtung und Freundschaft, die ich immer für Dich empfunden habe, noch vermehrt hat. Seit der Zeit, da ich Dich als frei betrachten durfte, haben sich aber diese Achtung und Freundschaft in ein zärtlicheres Gefühl verwandelt. Erlaube mir daher, liebe Cousine, Dir meine Hand anzubieten, was ich mit um so größerer Zuversicht zu tun wage, als wir schon über ein Jahr miteinander bekannt sind und Du daher meinen Charakter und meine Denkungsart genügend kennen mußt. Wenn ich mit diesem Schritt Erfolg haben sollte und Du meinen Antrag annehmen würdest, kann ich nur sagen, daß ich der glücklichste aller Menschen wäre und mich immer bestreben würde, Dich glücklich zu machen...»

Falls sie sich zu einem «Ja» entschließt, bittet er sie, sofort ihren Vater zu verständigen und König Friedrich Wilhelm, damit er den Prinzregenten umgehend informieren kann, die für den Heiratsvertrag nötigen Unterlagen vom Parlament anzufordern.

Friederike hat lediglich Bedenken wegen der Kinder, er versichert ihr, daß er als Gatte der Vater ihrer Kinder sein werde und daß er sie sehr liebe. Ferner macht Friederike die Heirat abhängig von der Einwilligung ihrer Tante, der englischen Königin. Ernst August antwortet, seine Mutter werde bestimmt erfreut sein, die Tochter ihres Bruders als Schwiegertochter bei sich zu empfangen.

Der Herzog von Mecklenburg ist ebenso beglückt wie der König von Preußen, endlich sehen sie Friederike in einen sicheren Hafen steuern, der König besteht darauf, daß sie als Prinzessin seines Hauses ihre dritte Ehe schließt. Die Verlobung findet am 26. August 1814 im Strelitzer Schloß statt, auch die Königin von England sendet zu diesem Fest ihre «herzlichsten und aufrichtigsten Wünsche».

Es existiert ein Brief Friederikes an Frau von Berg vom 28. August 1814 in der Mecklenburg-Strelitzschen Briefsammlung, der ihre etwas schwermütige Grundstimmung selbst zu diesem Zeitpunkt kennzeichnet. Die Außenstelle des Bundesarchiv in Frankfurt hat das Schreiben freundlicherweise abgelichtet zur Verfügung gestellt:

«Gott sei gedankt! Die formelle Erlaubnis ist aus England eingetroffen und all die zahlreichen Schwierigkeiten, die wir so oft gefürchtet haben, sind vorbei... Aber wenn man sich auch noch so glücklich fühlt, ist es doch unmöglich, daß man nicht den Eindruck und den Nachklang alles dessen empfindet, was man schon erfahren hat, und so ist natürlich mein Glück, mein Gefühl nicht so unbefangen wie das eines jungen Menschen, der das Leben noch vor sich hat. Wenn man ein Buch liest und ist nun zu dem letzten Teil des Buches gekommen, fühlt man

Herzog Ernst August und

man gelesen hat im Zusammenhang, so geht es mir. Sie wissen, ich glaube immer, daß für mich nicht viele Blätter mehr zu lesen übrig sind...

Meine Kinder von Solms sind ganz entzückt und sagen, sie könnten es gar nicht erwarten, den Herzog Vater zu nennen.»

Das Trauerjahr bis zur Eheschließung soll eingehalten werden, um jede nur mögliche Rücksicht zu nehmen. Anfang März 1815 hat Ernst August noch immer keinen Bescheid aus London über den Beschluß des Parlamentes, der vorliegen muß, um den Ehevertrag rechtsgültig abzuschließen. Der Herzog

Prinzessin Friederike im Jahr ihrer Hochzeit.

von Mecklenburg verlangt diese Formalität vor allem wegen der Versorgung Friederikes und der Solmsschen Kinder. Im Falle der Witwenschaft ist der Vertrag von entscheidender Bedeutung. Der Herzog weigert sich daher, den Hochzeitstermin festzusetzen, bevor die Verhandlungen abgeschlossen sind. Am 12. April läuft das Trauerjahr ab, und für Ernst August wird die Situation nachgerade peinlich. Am 4. März 1815 fleht er den ältesten Bruder an:

«... Um des Allmächtigen willen bringe Lord Liverpool dazu, die Sache zum Abschluß zu führen ...»

Alles was er daraufhin vom Prinzregenten und Lord Eldon, dem Kanzler, hört, ist die Versicherung, es gäbe keinen Grund zur Aufregung, es ginge alles in Ordnung, beanspruche lediglich noch eine gewisse Zeit. Die Antwort befriedigt den Herzog von Mecklenburg nicht, ebenso wenig Ernst August, denn gleichzeitig müssen seine Bezüge neu festgesetzt werden. Das Parlament ist verpflichtet, sobald ein Sohn des Königs standesgemäß heiratet, die Apanage, die er als Junggeselle erhält, zu erhöhen. Es ist nicht einzusehen, weshalb die Regierung die gerechtfertigte Forderung nicht vorlegt und ihre Erledigung energisch betreibt. Der gesamte Antrag wurde ihr vor fast einem Jahr zur Bearbeitung zugeleitet. Das Parlament sucht zwar ständig durch irgendwelche hinterhältigen Machenschaften Unfrieden in der königlichen Familie zu stiften, doch kann Ernst August sich nicht vorstellen, worauf man in diesem Fall abzielen könnte. Den unerfreulichen Zustand hält König Friedrich Wilhelm für eine übertriebene Vorsicht.

Im November 1814 trifft Friederike ihn auf dem Wiener Kongreß, wohin sie ihren Vater begleitet hat. Er beruhigt den Herzog und sie wegen der finanziellen Sorgen. Für die Erziehung der Solmsschen Kinder habe er kurz nach der Heirat ein Kapital festgelegt, das durch Zins und Zinseszins auf 104000 Taler angewachsen sei und Friederike nunmehr zur Verfügung stehe. Sie ist zutiefst gerührt, kann kaum Worte finden, ihm zu danken für die Vorsorge, die sie in dieser Hinsicht unabhängig macht, denn von Solmsscher Seite kann nichts beigesteuert werden. Obendrein findet der König, man habe jetzt lange genug gewartet und die britische Regierung mit Mißtrauen in finanziellen Belangen zu verdächtigen wäre ungerecht, sie habe nie dazu Anlaß gegeben, um so mehr als der Prinzregent und der Kanzler einwandfreie Bürgen sind für die Erledigung der Angelegenheit. Er halte es für richtig, nun den Vermählungstermin festzusetzen und zur Überbrückung pekuniärer Schwierigkeiten erklärt er sich bereit, die für die Prinzessin ausgesetzte Pension weiter zu zahlen, bis die bald zu erwartende herzogliche Apanage ausgezahlt wird.

Friederikes Vater bleibt skeptisch – und behält recht – trotzdem findet die Hochzeit am 29. Mai 1815 in Strelitz statt. Das von Bänken befreite Kirchenschiff ist mit kostbaren Teppichen ausgelegt. Gegenüber dem Altar stehen Sessel, im Halbkreis angeordnet, für die nächsten Angehörigen, die in langer Wagenkolonne – im ersten Wagen der Herzog von Mecklenburg mit seiner Tochter – eskortiert von Mecklenburger Husaren abends um halb sieben vor dem Kirchenportal eintreffen. Die sechsunddreißigjährige Braut, hochgewachsen und schlank, ist immer noch eine bezaubernd aussehende Frau. Der Vater geleitet sie durch das Spalier der Gäste zum Altar, legt ihre Hand in die des Bräutigams, der die rote Uniform des britischen Feldmarschalls trägt. Getraut wird das Paar durch den Seelsorger der fürstlichen Gemeinde, Pastor Glaser. Das Schloß ist seit langer Zeit zum ersten Mal wieder hell erleuchtet, alle Säle sind festlich geschmückt. Friederike ist keine strahlende Braut, aber ihre schönen, regelmäßigen Züge sind geprägt von einer Reife, die viele, die sie lange nicht gesehen haben, überrascht.

Anfang Juni fahren Herzog und Herzogin von Cumberland nach Berlin. Der König ist nicht anwesend, da das jähe Ende des Wiener Kongresses durch die Rückkehr Napoleons von der Insel Elba die drei Herrscher, den preußischen König, den Zaren Alexander I. und den Kaiser Franz I. von Österreich gezwungen hat, sich ins Hauptquartier nach Heidelberg zu begeben, um dort die weitere Entwicklung in Frankreich abzuwarten. Die siegreiche Schlacht bei Waterloo am 18. Juni 1815 zieht den Schlußstrich unter die Aera, die mit der französischen Revolution begann.

Die Berliner Gesellschaft begrüßt die Neuvermählten mit großer Herzlichkeit und feiert sie, auf Wunsch des Königs, mit Empfängen, Diners, Bällen und Theateraufführungen. Ernst August fährt von Berlin weiter nach England, wo, wie in solchen Fällen üblich, die Hochzeit wiederholt werden soll, während Friederike sich in Strelitz auf die Reise nach London vorbereitet.

10.

Am 17. Juni 1815 landet der Herzog von Cumberland in Dover. Ein Adjutant der Königin begrüßt ihn und überreicht ihm einen Brief seiner Mutter. Sie teilt ihm mit, sie könne seine Frau, ihre Nichte, bei Hof nicht empfangen wegen den «aufsehenerregenden Umständen», unter denen sie die Verlobung mit dem Herzog Adolf von Cambridge löste und «dem ungünstigen Eindruck, den das Bekanntwerden dieser Tatsache in diesem Lande gemacht hat.» Ernst August liest den Brief mehrmals, sucht die Zusammenhänge zu erfassen. Schließlich kommt er zu der Ansicht, es könne sich nur um ein Mißverständnis handeln, das er mit einem Besuch und einem Gespräch zwischen der Mutter und ihm schnell und restlos aufklären kann. Aber erschrocken ist er doch, wie vor den Kopf geschlagen, kaum hat er den britischen Boden betreten, fangen die unerquicklichen Hetzereien wieder an. Es kommt ihm vor, als verfolge ihn ein schlechtes Omen, das ihm keine Freude, keinen Erfolg gönne.

Was ist geschehen?

Während der Abwesenheit Ernst Augusts hat sich im Parlament nichts geändert, die Whigs kämpfen verbissen gegen die Torys, sind froh, daß der lästigste, der Anführer der Hochtorys, der Herzog von Cumberland, von der Bildfläche verschwunden ist. Unvergessen ist die beißende Ironie, mit der er sie in seinen Reden lächerlich machte. Bei Ankündigung seines Kommens lodert der Haß gegen ihn wild auf, und plötzlich bietet sich die willkommene Gelegenheit ihn zu peinigen, zu verletzen, ihrem Ärger Luft zu machen, ihn mit der Heftigkeit ihrer Angriffe wieder aus dem Land zu vertreiben. Nie konnte festgestellt werden, wer das Spiel eröffnete, vermutlich einer der engsten Freunde und Mitarbeiter des geisteskranken Königs, als er noch regierungsfähig war. Ihm vertraute Anfang des Jahres 1799 König Georg III. an, sein jüngster Sohn Herzog Adolf von Cambridge hätte eine intime Beziehung mit der Schwägerin des Königs von Preußen, der Schwester der Königin Luise gehabt. Diese Prinzessin Friederike, Witwe des Prinzen Ludwig von Preußen wäre inoffiziell verlobt gewesen mit seinem Sohn Adolf, hätte aber die Verlobung gelöst und einen Prinzen Solms geheiratet, der als Vater des Kindes ausgegeben werde, das sie von Herzog Adolf erwarte, der von der Schwangerschaft nichts erfahren habe. Auch Prinz Solms wisse nicht, von wem das Kind stamme. Lediglich dem Königspaar habe Friederike den Namen gestanden, und er, König Georg, wünsche mit seiner Frau nicht darüber zu sprechen, um sie nicht aufzuregen, da Friederike die Tochter ihres Bruders sei. Er bitte daher um strengste Diskretion.

Der König ist gezwungen, jemand ins Vertrauen zu ziehen, da er, wie der König von Preußen, die Patenschaft des Kindes übernimmt. Die ausgesetzte Summe ist regelmäßig zu überweisen, und die zu erwartende Korrespondenz muß einer seiner Herren führen, auf den er sich verlassen kann. Es ist anzunehmen, daß dieser Geheimnisträger nun, da der König geisteskrank ist, die Gelegenheit genutzt hat – aus politischen oder persönlichen Gründen –, sein Schweigen zu brechen, um eine Kampagne gegen den Herzog von Cumberland zu starten. Dieser Hochtory, der, was er denkt, scharf und deutlich ausspricht, mag auch einem gemäßigten Tory ein Dorn im Auge sein. Längst ist hinter vorgehaltener Hand über diesen Fall getuschelt worden, erstaunlich genug, daß der Königin nichts hinterbracht worden ist. Doch man war vorsichtig, erst *nach* der Hochzeit konnte die Königin eingeschaltet werden, der höchste und wichtigste Trumpf in der Intrige gegen den Herzog. Nicht bei Hof empfangen zu werden, diskriminiert das Paar derart, daß der Herzog gut daran tut, schleunigst England zu verlassen, so kalkulierte man. Mit dieser Schlußfolgerung verrechnen sich die Gegner des Herzogs.

Die Königin, wie vorauszusehen war, bleibt ihren Grundsätzen treu. Sie läßt keine Dame bei Hof zu, der ein nicht einwandfreier Ruf vorausgeht. Schon die Markgräfin von Ansbach wurde ein Opfer dieser starren Prinzipien. Und bei ihrer Nichte wird sie ganz gewiß keine Ausnahme machen, sie bleibt unerbittlich. Wer hat sie genau im richtigen Moment informiert? Aller Wahrscheinlichkeit nach einer der Lords ihrer nächsten Umgebung, der es versteht, die sehr selbstbewußte und seit der Krankheit des Gatten etwas verbitterte Königin, geschickt zu lenken. Der Brief an ihren Sohn Ernst August gerät jedenfalls rechtzeitig in seine Hände.

Hier sei noch eingeschaltet, daß eine andere Quelle erwähnt, ein Schreiben ihrer Tochter Charlotte, die den ältesten Prinzen von Württemberg geheiratet hat, hätte sie veranlaßt, ihre Nichte der Willkür des Parteienhaders auszuliefern. Damit mußte sie rechnen, als sie sie vom Hof verwies. Es ist mehr als zweifelhaft, daß ausgerechnet diese englische Prinzessin detaillierte Kenntnisse besitzt über die Vorgänge, die sich Ende Dezember 1798 am königlich preußischen Hof abspielten. Die Vermutung mag in Zusammenhang stehen mit der Verstimmung, die zwischen den Geschwistern herrscht. Ernst August wünschte von Strelitz aus, seine Schwester Charlotte in Stuttgart zu besuchen, doch sie fürchtete, sein heftiges Temperament führe zu Zusammenstößen mit den russischen Verwandten ihres Mannes. Die Absage kränkte Ernst August, er lehnte es ab, Charlotte je wiederzusehen.

Die Heirat Ernst Augusts ist Wasser auf die Mühlen der Whigs. Wenn sie von der Königin nicht anerkannt wird, glaubt sich ein großer Teil der Abgeordneten berechtigt, die für den Herzog geforderte Erhöhung der Apanage nicht zu gewähren. Aus diesem Grund haben sich der Prinzregent und der Premierminister, Lord Liverpool, bereits verschiedentlich bemüht, die Königin umzustimmen oder zumindest anzuhören, was der Herzog zu ihrer Ehrenrettung zu sagen hat. Das erklärt die Verzögerung der Ausfertigung der Dokumente, auf die Ernst August in Berlin vergeblich wartete. Die finanzielle Abhängigkeit der Mitglieder des königlichen Hauses von einem Parlamentsbeschluß – eine reine Formsache – erfolgte in den ersten Regierungsjahren König Georgs III. Früher setzte der Herrscher die Apanagen und die Erhöhungen für seine Söhne und Töchter selbst fest aus den Einnahmen der riesigen königlichen Liegenschaften. So lebte man nicht auf Kosten des Staates sondern aus eigenen Mitteln. Georg III. trat diese Liegenschaften und ihre immensen Einkünfte an den Staat ab und vereinbarte in einem Vertrag eine Zivilliste für seinen persönlichen Aufwand und den seiner Nachkommenschaft. Der Vertrag gilt als «verfassungsmäßiges Recht», das heißt, die Abmachungen müssen eingehalten werden. Die Parlamentsmitglieder haben sich, infolge der langen Zeit, die der Vertragsabschluß zurückliegt, daran gewöhnt, die Gelder aus dem Landbesitz als Staatseigentum zu betrachten, über die sie nach Gutdünken verfügen können, indem sie ihren für sie bedeutungsvollen Günstlingen Extrazuwendungen gewähren, wie zum Beispiel die Whigs dem ihnen gewogenen Prinzregenten, der ständig in hohen Schulden steckt. Aus dieser Konstellation erklärt sich, weshalb der Prinzregent nicht schon vor Monaten energisch für die Festsetzung der Bezüge seines Bruders eingetreten ist, ein Handikap für ihn, auf den streng rechtlichen Standpunkt zu pochen. Ob sein Bruder diese versteckte, absichtliche Verzögerungstaktik durchschaut hat, ist fraglich, sicher ist, daß ihr gutes Einvernehmen ungetrübt weiterbesteht. Der Prinzregent und Lord Liverpool – sie haben die wahren Hintergründe von der Königin erfahren – befürchten, daß die Verlesung der Forderung vor dem Parlament die Junggesellen-Apanage des Herzogs auf die für einen verheirateten Sohn des Königs festgesetzte zu erhöhen, stürmische Debatten über die Cumberland-Ehe hervorrufen werde und hoffen, daß das üble Gerede sich letzten Endes, wie der Herzog meint, als «Mißverständnis» herausstellt. Es handele sich um ein uneheliches Kind, sagte man ihm, und er bestätigte, daß dieses Kind existierte, doch nur wenige Monate lebte laut Stammbaum der Solms-Braunfelsschen Familie, also eine Tochter des Prinzen Solms sei, des zweiten Gatten seiner Frau, die, als sie ihn kennenlernte, Witwe war. Er meint, es müsse ein Irrtum, vielleicht eine Verwechslung oder sogar eine böswillige Verleumdung vorliegen.

Unverzüglich verständigt der Herzog Friederike. Er schlägt vor, sie solle so bald als irgend möglich, die Reise nach London antreten, er werde ihr entgegenfahren und hoffe, sein Bruder Adolf folge seiner Bitte und komme nach Göttingen, wo sie zu dritt in Ruhe den Sachverhalt klären könnten, damit er nach der Rückkehr im Gespräch mit der Mutter, das sie ihm auf die Dauer nicht abschlagen dürfe, genau Bescheid wisse.

Friederike erleidet einen Nervenzusammenbruch, als sie die Nachricht erhält. In wenigen Tagen muß sie reisefähig sein, nicht nur das, sie muß in den nächsten Wochen eiserne Beherrschung wahren. Ihr Vater und Frau von Berg warnen: nicht nachgeben, keine Geständnisse, eindeutige Beweise, daß der in Silkerode geborene Junge *ihr* Sohn ist, kann niemand in Händen haben, also gilt es durchzuhalten. Außerdem ist die Eintragung des verstorbenen Kindes im Stammbaum des Prinzen eine unumstößliche Tatsache, ein corpus delicti ihrer Aussagen. Nie hätte sie geglaubt, noch einmal mit dem weit zurückliegenden Abschnitt ihres Lebens konfrontiert zu werden. In Träumen überwältigt sie die Erinnerung an jene Zeit, die längst vergessen schien.

Allmählich beruhigt sie sich, ist Ernst August dankbar, daß er ihr entgegenreist. Sie treffen sich in Seesen, erreichen am Tag darauf das nicht weit entfernte Göttingen, wo der Herzog von Cambridge sie bereits erwartet. Befürchtungen vor dieser Begegnung braucht sie keine zu haben, ihre Schwester, die Königin Luise, hat ihr oft versichert, er sei vollkommen ahnungslos gewesen. Aber ein leises Unbehagen fühlt sie, als er vor ihr steht, doch die taktvolle Haltung ihres einstigen Liebhabers, der noch immer nicht verheiratet ist, und ihre Erfahrung in heiklen Situationen, nimmt dem Wiedersehen jede Peinlichkeit. Prinz Adolf sieht noch ebenso gut aus wie damals und verfügt über den heiteren Freimut unverbindlichen Entgegenkommens. Der Brief der Mutter an den Bruder empört ihn, von «aufsehenerregenden Umständen bei der Lösung der Verlobung» könne nicht die Rede sein. Zu jenem Zeitpunkt habe er sich in Hannover befunden, und bis er hörte, was sich in Berlin zugetragen hat, war seine nunmehrige Schwägerin bereits verheiratet mit dem Prinzen Solms, es wäre ihm nichts übriggeblieben, als die Enttäuschung stillschweigend hinzunehmen. Bald gleitet die Unterhaltung über auf die von den Brüdern gemeinsam verbrachten Jahre in Göttingen, sie erzählen von dem fröhlichen Studentenleben und dem strengen Malortie. Sie müssen zugeben, leicht hatte er es nicht mit ihnen, aber ein freundliches Andenken haben sie ihm bewahrt. Nun lebt er in Linden bei Hannover, hat einen elfjährigen Sohn, dem Ernst August als König von Hannover seine Hofhaltung anvertrauen wird und der nach seinem Tod die erste Biographie über ihn schreibt.

Am nächsten Morgen fahren Ernst August und Friederike weiter nach Ostende. Der Herzog wird beim geringsten Wellengang seekrank, doch das Meer ist spiegelglatt und die Sonne scheint. Friederikes erste Seefahrt – mit beklommenem Herzen steht sie an der Reling. Die endlose Wasserfläche, vom fernen Horizont umgrenzt, erschreckt sie, eine bedrückende Angst vor dem bevorstehenden Aufenthalt überfällt sie, nimmt ihr fast den Atem. Noch ahnt sie nicht, wie lange er sich hinziehen wird.

Der Prinzregent hat sie eingeladen bei ihm im Carlton House zu wohnen und erklärt sich sofort bereit, die Wiederholung der Hochzeitsfeierlichkeiten in seiner Residenz stattfinden zu lassen. Eine Ehe ist in England nur rechtsgültig, wenn sie nach den Zeremonien der anglikanischen Kirche geschlossen ist. Die Mutter weigert sich nach wie vor, die Nichte zu empfangen und ihrem Sohn eine Audienz zu gewähren.

Unterdessen hat man sich entschlossen, während der Abwesenheit Ernst Augusts, seine Forderung nach Erhöhung der Apanage infolge der Heirat vor dem Unterhaus verlesen zu lassen, an sich nicht mehr als die übliche Geste, doch, wie erwartet, haben die Abgeordneten sich in wilden Diskussionen ergangen über die Ehe, die von der Königin, der eigenen Mutter, nicht anerkannt werde. Sie erweisen sich als ausgezeichnet informiert, die Herren, die sich brutal und schamlos in die Privatangelegenheiten der königlichen Familie mischen. Erst durch die Streitereien im Parlament wird die Öffentlichkeit hellhörig und horcht begierig auf. Das Ergebnis der Abstimmung: Die Gegner des Herzogs siegen mit einer einzigen Stimme. Ein alarmierender Entscheid, er weckt Sensationslust, Neugier und die Freude am Klatsch. Bisher wußte nur ein enger Kreis von Interessierten Bescheid, jetzt weitet sich die Intrige zum Skandal. Die Meinungen sind geteilt, nicht nur unter den Torys, auch unter den Whigs. Ihnen wirft man vor, wenn es um den Prinzregenten gegangen wäre, hätten sie alles Aufsehen vermieden, wie so oft, wenn er weitaus Schlimmeres auf dem Kerbholz hatte. Und selbst bei den Whigs gibt es Abgeordnete, die prinzipiell dagegen sind, daß Auseinandersetzungen im Parlament sich mit der Intimsphäre der Mitglieder des Königshauses beschäftigen. Einige sind von den Taktlosigkeiten der Kontroversen schockiert. Es war nicht vorauszusehen, daß *eine* Stimme den Ausschlag geben würde, die Vertragsverletzung ist immerhin ein Verfassungsbruch und das stimmt dann doch manchen bedenklich.

All das hat sich Ende Juni, Anfang Juli ereignet. Am 27. Juli landen Ernst August und Friederike in Dover und fahren nach London ins Carlton House. Der Prinzregent erwartet sie. Der Schwägerin, die er bei dieser Gelegenheit kennenlernt, und dem Bruder den Bericht über die vier Parlamentssitzungen und das Resultat der Abstimmung geben zu müssen, bekümmert ihn. Die Quintessenz, die sie zu hören bekommen, verrät nichts von den Einzelheiten, dem Erfolg gründlicher Nachforschungen, die mit wahrem Hochgenuß breitgetreten wurden. Daß die Erhöhung seiner Bezüge abgeschlagen ist, erschüttert Ernst August. Die Forderung ist nicht mehr als recht und billig und wurde in gleichen Fällen bisher immer anstandslos bewilligt.

Auch daß die Königin ihm weiterhin eine Audienz verweigert, verstimmt ihn gründlich. Friederike kommen die Tränen, doch sie bewahrt Haltung und dankt dem Prinzregenten, der bereits die Wiederholung der Trauungszeremonie im Carlton House für den 29. August festgesetzt hat, natürlich ohne Teilnahme der Königin, setzt er schnell hinzu. Er hoffe, sie fühlten sich in der Zwischenzeit bei ihm wohl.

Nach Wohlfühlen ist ihnen nicht zumute. Friederike, geplagt von Gedanken und Vorstellungen, ob sie den bekannten und unbekannten Gefahren im fremden Land wird standhalten können, ohne wie ein gejagtes Wild zu entfliehen, fühlt sich sicher nur in den vier Wänden ihres Zimmers, erschrickt bei jedem Klopfen, auch wenn es niemand anderes ist als ihr Gatte, der eintritt. Hat er neue Nachrichten, weiß er etwas von jenen Verhandlungen im Parlament, die, das hat sie dem Prinzregenten angemerkt, einen peinlichen Eindruck hinterlassen haben, den er mit Stillschweigen übergangen hat? Wie vermißt sie den Vater und Frau von Berg! Nicht ein einziger Mensch in ihrer Umgebung mit dem sie offen reden kann, nicht einmal mit Ernst August! Überdies ist er gereizter Stimmung, wenn er auch versucht, seinen Verdruß niemanden anmerken zu lassen. Er fühlt sich ungerecht behandelt, lediglich weil er anderer Meinung ist, politisch und wohl auch in sozialer Hinsicht. Das Volk, das in den Maximen der französischen Revolution den Lichtblick einer neuen, besseren Zukunft wähnt, haßt ihn ebenso wie die Whigs ihn hassen wegen seiner unbeugsam konservativen Gesinnung. Er hat beschlossen, trotz den inständigen Warnungen seiner Frau, allen denen, die ihn mit Schmähungen verfolgen, nicht auszuweichen, ihnen nicht den Gefallen zu tun, England zu verlassen, bis er und die Herzogin durch Gewährung seiner Forderung rehabilitiert sind. Ein Entschluß, der Friederike hart trifft, da sie verabredet hatten, gleich nach der Hochzeitsfeier auf den Kontinent zurückzukehren und sich in Berlin ein Heim zu schaffen. Ernst August ist überzeugt, alsbald die Erhöhung der Apanage durchzusetzen. Friederike bleibt skeptisch.

Der Prinzregent befürchtet, daß zahlreiche Absagen eintreffen werden für die Festlichkeit am 29. August, da die Königin nicht anwesend sein wird. Doch die Loyalität der Engländer erweist sich stärker als das Kesseltreiben der Parlamentarier. Schließlich ist der Einladende der erste Mann im Staat, der kommende König, und die Königin passé, eben das, was sie nicht wahrhaben will. Man verübelt ihr, daß sie ihrem Ältesten, ihrem Liebling, alles durchgehen läßt, alle Laster verzeiht, ansonsten mit ihrem Sittenkodex das gesellschaftliche Leben in London tyrannisiert. Anfangs hat der Prinzregent sicherlich versucht, die Mutter zu beeinflussen, kein Aufsehen zu erregen und die Nichte bei Hofe zu empfangen, damit hätte sie den Parlamentsdebatten die Basis entzogen. Nun rät er eher ab von einem Gespräch zwischen ihr und Ernst August, denn er ist überzeugt, hieb- und stichfest kann man nicht beweisen, wer das Kind zur Welt brachte, dessen Paten die Könige von England und Preußen sind. Wozu also Zweifel säen, die die Ehe Ernst Augusts gefährden, wenn man nicht überzeugend zu argumentieren vermag.

Fraglos, die Herzogin von Cumberland hat eine gewisse Popularität erlangt trotz oder gerade wegen der Gerüchte, die die Tee- und Abendstunden in den Palästen angenehm bereichern. Vielleicht ist es gerade der etwas fragwürdige Hintergrund, der eine gewisse neugierige Spannung weckt, den Wunsch, die Herzogin kennenzulernen und mitzuerleben, wie sie die schwierige Situation ihres ersten Erscheinens als Mittelpunkt der britischen Hocharistokratie meistert. Wenn Friederike etwas versteht, ist es die Kunst, stilvoll und faszinierend aufzutreten, einen berückenden Charme ausstrahlend. Sie repräsentiert brillant, und doch kann man sich mit ihr seriös unterhalten, sie ist belesen und nimmt lebhaft teil an den Vorgängen in Paris nach der Schlacht von Waterloo. Der Prinzregent, hochintelligent, schätzt gescheite, schlagfertige Frauen, denen er unweigerlich den Hof macht. Lächelnd nimmt Friederike seine Komplimente entgegen, mit einer Eleganz Abstand haltend, die gefällt. Eines lehrte das Leben sie, sich nichts anmerken zu lassen von dem, was sie denkt und fühlt. In Teplitz, bald nach dem Tod der Schwester, hat sie schon einmal die Kraft einer ungeheueren Beherrschung bewiesen. Ernst August kann stolz auf sie sein, ist es wohl auch. Es bestärkt ihn in dem Verdacht, daß all die Machenschaften nur dazu dienen, ihm das Leben in England zu verleiden. Diesem Diktat wird er sich nicht fügen.

Anfang September verlassen die Cumberlands das Carlton House, übersiedeln nach Kew in dasselbe Haus, in dem Ernst August seine Kindheit und frühe Jugend verbrachte – nahe der Kirche, unweit des Schlosses. Welch ein Gegensatz zu dem von geschäftigem Treiben durchfluteten London, den von Menschen überfüllten Straßen und Plätzen der City, dem Hydepark, dem Treffpunkt der Highsociety. Bilder, die Friederike noch in den letzten Tagen in der britischen Hauptstadt begierig in sich aufgenommen hat, als sie sich nach der Hochzeit mit mehr Mut in die Öffentlichkeit wagte. Das Dasein in dem stillen, ländlichen Kew tut ihrer Gesundheit zunächst gut, doch nach und nach beginnt sie, unter dem ununterbrochen gleichmäßigen Tageslauf zu leiden, den nichts belebt, als hie und da ein Spaziergang. Einmal jede Woche sind die Anlagen offen für das Publikum, das in Scharen sich einfindet, so bleibt man bei freundlichem Wetter an jenen Tagen lieber zu Hause. Besuch meldet sich selten. Nachdem die erste Neugier gestillt ist, hält man sich fern, nähere Kontakte würde die Königin vielleicht mißbilligen und man will es mit niemanden im Königshaus verderben.

Friederike kränkelt öfters. Ernst August ist liebevoll um sie bemüht, aber in Gedanken ständig mit Problemen beschäftigt, die ihn nicht gerade heiter stimmen. Immer noch wartet er auf eine Nachricht der Mutter. Er wartet vergebens. Im Dezember endlich versucht er noch einmal, sie schriftlich zu erreichen, ein beschwörender Brief: er wünsche nichts als eine «freundschaftlich offene Aussprache mit ihr ohne Beisein einer dritten Person, wie es nur natürlich ist bei Mutter und Sohn, die einander gut verstehen,...». Es müsse sich um ein «Mißverständnis» handeln, er sei fest überzeugt, sie sei falsch unterrichtet worden, es läge nichts Unehrenhaftes vor. Er versichere ihr, «die Wahrheit brauche das Licht nicht zu scheuen...» Daß sie die Namen der Ankläger nicht preisgeben will, bedauert er, da es ihm deshalb nicht möglich sei, gegen sie etwas zu unternehmen. Sie bezweckten lediglich, Unfriede in seiner Ehe zu stiften, «aber meine Achtung und Liebe für meine Frau hat sich nur vermehrt durch die würdevolle Haltung, mit der sie das grausame und beispiellose Vorgehen erträgt.» Er setzt hinzu, leider könne er sie nicht aufsuchen, solange seine Frau verbannt bleibe vom Hof, denn mit Recht würde jeder anständig Gesinnte eine solche Handlungsweise verurteilen.

König Friedrich Wilhelm III. ist noch in Paris, bereit, das seltsame aber sicherlich kein Unheil im Schilde führende Dokument der «Heiligen Allianz» seines Freundes, des Zaren, zu unterzeichnen, als er vom Herzog von Mecklenburg-Strelitz Nachricht erhält über die Anfeindungen, denen die Cumberlands in London ausgesetzt sind. Der Herzog hofft, daß ein energisches Einschreiten seitens des Königs auch seine Schwester, die Königin, zur Raison bringen werde. Der König reagiert unverzüglich mit einem eindringlichen Schreiben an den Prinzregenten, den unerhörten Affront zu beenden durch eine kategorische Aufforderung an die Mutter, die Schwiegertochter zu empfangen. Gleichzeitig ordnet er an, der preußische Geschäftsträger solle keine Festlichkeit mehr besuchen, wenn die Königin erwartet wird.

Daß die Intervention Friedrich Wilhelms erfolglos bleibt, ist nach Kenntnis der Sachlage, die er nicht überschauen kann, klar. Auch daß Ernst August keine Antwort von seiner Mutter erhält.

Königin Charlotte befindet sich in Windsor mit dem kranken König. Windsor Castle ist ein prachtvoller Besitz der königlichen Familie, dreißig Kilometer von London hoch über der Themse gelegen, gegenüber Eton, berühmt durch sein College. Erst Georg IV., der jetzige Prinzregent, wird das Schloß feudal ausbauen und einrichten. Einstweilen geistert in der weitläufigen Flucht der fünf ihm allein zur Verfügung stehenden Säle der völlig erblindete König umher, Tag und Nacht unter Aufsicht von Ärzten, die beauftragt sind, die Königin zu verständigen, sobald er vorübergehend geistig fast normal wirkt, dann besucht sie ihn. Gesundheitlich befindet er sich in bestem Zustand. Bis in seine letzten Tage kleidet er sich selber an, rasieren kann er sich später nicht mehr, läßt sich daher einen Bart wachsen, der erst wenn er so lang ist, daß er ihn stört, von einem Barbier abgenommen werden darf, da er es nicht liebt, wenn fremde Hände ihm zu nahe kommen. Er spricht gern und viel mit dem und jenem, an den er sich aus der Vergangenheit erinnert, stellt an den Unsichtbaren Fragen, die er selbst beantwortet. Da und dort in den Räumen stehen Instrumente – wegen seiner Blindheit immer an der gleichen Stelle –, er setzt sich an ein Pianoforte, greift in die Saiten einer Gitarre, singt ein Lied, meist ein kirchliches. Gelegentlich scheint er ganz klar denken zu können, doch für Politik und Ereignisse in der Familie ist sein Interesse erloschen. Nicht einer der zahlreichen Diener, die ihn umgeben, hat während der langen Zeit seiner Erkrankung je etwas über sein Befinden verraten. Sie waren verpflichtet, zu schweigen.

Die Königin, fünfundsiebzig Jahre alt, erleidet plötzlich einen heftigen Fieberanfall, an dessen Folgen sie am 17. November 1818 stirbt. Dem König verheimlicht man ihren Tod. Der ganze Vorhof des Schlosses wird mit Stroh ausgelegt, damit der König, der noch ein scharfes Gehör besitzt, das Geräusch der abfahrenden Wagen des Trauerzuges nicht hört. König Georg III., nach zwei Tagen, die er im Bett verbringen muß, beendet das Leben ohne Todeskampf. Er schläft hinüber am Abend des 29. Januar 1820.

11.

Eine festgefahrene Situation, das ist es wohl, was der Herzog von Cumberland bezweckte, als er sich mit seiner Frau nach Kew begab, und sicherlich ist es nicht das, was seine Gegner beabsichtigten. Sie waren überzeugt, er werde weiteren Verunglimpfungen entgehen durch Flucht auf den Kontinent. Man behauptet, er sei schon ein rechter Deutscher mit seinen deutschen Allüren, seiner Art sich zu kleiden. In Wahrheit trägt er meistens Uniform, und bevorzugt die englische. Man bereut jetzt, ihn nicht an Stelle des Herzogs von Cambridge nach Hannover geschickt zu haben, dann wäre er zufrieden und man wäre ihn los. Der Prinzregent fragt vorsichtig bei seinem Bruder, dem Herzog Adolf, an, ob er nicht vielleicht lieber nach England zurückkehren wolle, er habe es doch so ungern verlassen. Ob nun der Herzog von Cambridge Geschmack an der ihm zugefallenen Aufgabe gefunden hat – dank Graf Münster wird er weder an Überanstrengung leiden, noch wird sein Mangel an Eigeninitiative ins Gewicht fallen – oder ob Graf Münster klipp und klar erklärt hat, mit dem Herzog von Cumberland könne er nicht arbeiten, ist nicht genau festzustellen. Jedenfalls schreibt Friederike Anfang Februar 1816 dem Vater:

«Der Prinzregent *wünscht* es eigentlich, und es ist niemand dagegen als Graf Münster.»

Daß eine solche Zusammenarbeit bei zwei Menschen mit derart unverrückbaren und konträren Ansichten nicht einmal einen Versuch wert ist, leuchtet ein. Das Urteil Münsters über den Herzog lautet: Er verstehe nichts von Zivilverwaltung, und was das Militär anginge, das er zu kommandieren hätte, so wäre er durch seine «an Blindheit grenzende Kurzsichtigkeit» hierzu wohl schwerlich in der Lage. Im übrigen sollte man bedenken, daß man sowohl in England als auch in Hannover mit der Amtsführung der Herzogs von Cambridge zufrieden ist, er sei allgemein außerordentlich beliebt.

König Friedrich Wilhelm, zurückgekehrt nach Berlin, drängt nun energisch auf eine Lösung des Problems auf schnellstem Wege, worauf Graf Münster vorschlägt, den Cumberlands das Osnabrücker Residenzschloß als Wohnsitz anzubieten, das einzige Schloß im ganzen Land, das noch so weit in Ordnung ist, daß es nach Neuausstattung der Innenräume kurzfristig beziehbar ist. Da die Erhöhung der Apanage einstweilen nicht zu erwarten sein dürfte, wird der Herzog aus englischen Mitteln für den Umzug siebentausend Pfund erhalten und von dem königlichen Kapital in Hannover zwölftausend Taler Einkommen beziehen. Ein Angebot, dem Friederike hoffnungsvoll entgegensieht. Schon ist beinahe ein Jahr vergangen. Am 17. Juni 1816 schreibt sie beglückt an den Vater nach Strelitz:

«. . . , dann sehen wir uns endlich wieder, lieber Vater! Ach, welche Seligkeit!!! – Man sagt sogar, daß der Herzog Vizekönig würde, das ist einerlei! Aber dahin, dahin möchte ich! Das ist mein Wunsch, dann käme ich doch zu Ihnen und sähe meine lieben Kinder und so viele Lieben wieder. Gott wolle es! Amen, Amen, Amen!!!»

Die Erwähnung, der Herzog solle Vizekönig werden, ist wohl eines der zahlreichen Gerüchte, die immer wieder auftauchen, um die Gemüter zu beruhigen.

Ernst August hingegen ist keineswegs begeistert von dem Vorschlag. Man will es sich was kosten lassen, ihn aus England hinauszumanövrieren und ihn gleichzeitig kaltzustellen. Käuflich ist er nicht und mit Geschenken entehrt man ihn. Er wird dem Druck nur weichen, wenn man ihm ein Tätigkeitsfeld anweist, das seine Anwesenheit in Hannover oder Braunschweig – das damals zu Hannover gehört – rechtfertigt. Er selbst bietet an, nach Braunschweig zu gehen und die Erziehung des noch unmündigen, zwölfjährigen Neffen zu übernehmen, dessen

Vormund der Prinzregent ist. Auch hierbei gerät er aufs Neue ins Revier des Grafen Münster, dem der Prinzregent diese Aufgabe übertragen hat und der nicht bereit ist, sein Machtgebiet auch nur um einen Bruchteil zu schmälern. In diesem Fall jedoch ein Glück für Ernst August. Münsters Ehrgeiz bewahrt ihn vor diesem Taugenichts, der, 1823 mit neunzehn Jahren mündig erklärt, die Regierung übernimmt und wegen seines wüsten Lebenswandels, seiner Verschwendungssucht auf Kosten staatlicher Gelder und der unerträglichen Willkür gegen seine Umgebung nach sieben Jahren mit Schimpf und Schande abgesetzt und aus dem Land verwiesen wird.

Am 6. November 1816 stirbt Friederikes Vater in Strelitz. Die Nachricht ist ein Schock für sie. Sie hat sehr an ihm gehangen und bei dem Gedanken an ein Wiedersehen ist ihr nie in den Sinn gekommen, daß sie die Obhut seiner Liebe und Fürsorge verlieren könne. Die Ärzte sind der Ansicht, daß die Fehlgeburt zweieinhalb Monate später mit der seelischen Erschütterung zusammenhänge. Am 27. Januar 1817 kommt eine tot geborene Tochter zur Welt. Friederikes Gesundheit macht Ernst August erhebliche Sorgen, in Karlsbad oder Teplitz müßte sie sich gründlich erholen, aber daran ist nicht zu denken, solange er Rehabilitation für sich und seine Frau durch einen Parlamentsbeschluß zu erhalten hofft.

Die Abgeschiedenheit in Kew ist auf die Dauer irritierend. Selten erscheint ein Besucher, ein Freund des Herzogs. Friederike nimmt kaum am Gespräch teil, verhält sich still und insichgekehrt. Der Gast, sie beobachtend, sagt plötzlich: «Sie braucht Abwechslung! Nimm sie in die Stadt mit.» Ernst August seufzt: «Sie will nicht, sie fürchtet sich.» «Wovor?! Vor uns Engländern? Ich muß lachen, wir sind ein ganz trätables Volk, nur ein wenig eigen. Sportbesessen, auch die Parteipolitik ist eine Art Sport, wer dreist die Stirne bietet, gewinnt. Das imponiert dem Bürger, der seinen Spaß haben will.» Worte, die Friederike sich einprägen, die sie in die Tat umsetzt. Bei nächster Gelegenheit begleitet sie Ernst August nach London. Sie ist fest überzeugt, ihre Abneigung gegen England und die Engländer bestätigt zu finden. Stattdessen: London gefällt ihr, die mit Menschen überfüllten Straßen, der rege Verkehr sind ein Labsal gegen die stillen Wege in Kew. Eindrucksvoll ist die imposante Lombard Street mit den gewaltigen Bankhäusern, die Paternoster Row, die Straße der Buchhändler durchwandert sie gern, da und dort kennt man sie schon, legt die Neuerscheinungen vor, und wenn sie sehnsüchtig die eine oder andere durchblättert, verläßt sie die Buchhandlung nie, ohne daß der Ladenbesitzer persönlich hinter ihnen hereilt, ein Paket unter dem Arm, das er dem Kutscher übergibt. Ernst August weiß, welche Freude er ihr damit bereitet und wie nötig sie diese Freude hat und dankbar empfindet. Im Hyde Park begegnet sie der eleganten Welt, die sie an jene Jahre erinnert, in denen auch sie, eine auffallende Erscheinung, raffiniert geschmackvoll gekleidet durch Alleen prominierte und die Bewunderung genoß, die man ihr zollte. Jetzt kann sie sich keine extravaganten Modetorheiten mehr leisten. Sie leben ausschließlich von der Junggesellen-Apanage des Herzogs. Friederike zahlt mit der preußischen Pension ihre während der zweiten Ehe entstandenen Schulden weitgehend ab. In einem Schreiben an ihren Stiefbruder Karl hat sie ihn beauftragt, einige wertvolle Gegenstände, die sich in ihren Räumen im Strelitzer Schloß befinden, bei einem Antiquar zu verkaufen, «denn ich brauche Geld und bekomme hier keines.»

Hin und wieder korrespondiert sie mit ihrem Neffen, dem preußischen Kronprinzen Friedrich Wilhelm, dessen brillanten Geist und künstlerische Intuition sie bewundert. Ihre Verbundenheit mit den Angehörigen ihres ersten Gatten kommt in den Briefen oft zum Ausdruck, so schreibt sie im Laufe des Sommers 1817:

«. . . , daß in dieser Lage, die, Gott weiß durch welche besonderen internen Feindseligkeiten entstanden ist,» – es dürfte schwerfallen, eine auch nur annähernd gleichwertige Formulierung der mißlichen Umstände zu kreieren – «eine so warme Teilnahme von anderen guten, edlen Mitgliedern der Familie recht, recht wohltuend ist, kannst Du Dir wohl denken. Mit

Freiherr Wilhelm von Humboldt. Gelehrter und Staatsmann. 1817 bis 1818 preußischer Gesandter in London. (1767–1835)

meinem ganzen Herzen hänge ich an der preußischen Familie, von der ich mein Leben lang nichts wie Gutes empfangen habe, und mein tägliches Gebet ist, daß Gott Euch alle tausendfältig dafür segnen möchte...»

Wirksamer konnte Friederike sich nicht verteidigen, als durch die stille Reserve mit der sie sich schützend umgibt, ohne jede Prätention nach außen. Ernst August weiß diese Haltung zu schätzen, er fühlt sich mehr denn je verpflichtet, dem entnervenden Zustand ein Ende zu bereiten. Eine erfreuliche Nachricht trifft ein: König Friedrich Wilhelm wünscht die Beziehung des preußischen und englischen Hofes zu intensivieren. Mit dieser Absicht ist vor allem verbunden, daß die Repräsentationspflichten im Vordergrund stehen, wozu der bisherige Geschäftsträger keinerlei Voraussetzungen mitbringt. Es bedarf einer Persönlichkeit von Rang und Ansehen. Staatskanzler Fürst Hardenberg (Fürst seit den Pariser Verhandlungen 1815) schlägt Freiherr Wilhelm von Humboldt vor, der eigentlich als Gesandter nach Paris gehen sollte und wenig Lust und Intensität zeigt, sich auf die «Nebelinsel», wie er Karoline, seiner Frau, schreibt, zu begeben. Der König bestätigt die Wahl umgehend, denn ausschlaggebend für ihn ist, daß Humboldt und Friederike sich aus der Berliner und Königsberger Zeit kennen und Sympathie für einander hegen. In einem Gespräch mit Humboldt vor dessen Abreise äußert der König, es läge ihm insbesondere an einer Verbesserung der Beziehung seiner Schwägerin – «einer Prinzessin meines Hauses» – mit dem englischen Herrscherhaus, die durch eine böswillige Verleumdung gestört sei. Humboldt verläßt Ende Juli 1817 Berlin, fährt über Schlesien nach Prag, wo er Hardenberg trifft. Ob dieser ihn in die Mißhelligkeiten, die er vorfinden wird, einweiht, ist mehr als zweifelhaft. Humboldt reist, ohne sich zu beeilen, nach Frankfurt am Main. Er ist entschlossen, nur ein vorübergehendes Gastspiel auf der britischen Insel zu geben, er will in den preußischen Staatsdienst zurück, aus dem er sich vertrieben fühlt. Nur um dem König einen Gefallen zu tun, hat er eingewilligt, sich abermals von Frau und Kindern zu trennen. Am 5. Oktober endlich trifft er in London ein. Vom Prinzregenten, bei dem er sich melden läßt, erfährt er, wenn nicht früher, alle Einzelheiten der Cumberlandstory. Er rät ihm, sich unverzüglich nach Kew zu begeben und das Herzogspaar aufzusuchen, das unverdrossen an der Version des unehelich gezeugten Kindes des zweiten Gatten, des Prinzen Solms, festhalte, das erst nach der Heirat Ende Februar 1799 geboren und im Oktober desselben Jahres gestorben sei. Ihrer Ansicht nach müsse ein ähnlicher Fall existieren, oft hätten Hofdamen illegalen Nachwuchs erwartet und untergebracht gegen «fürstliche» Entlohnung.

Bewunderungswürdig die Standhaftigkeit mit der Friederike durchhält, trotz der quälenden Furcht, was wohl im Parlament lautstark verkündet und diskutiert wurde. Sie erkundigt sich nie und ist froh, daß Ernst August, angeekelt von den Parteikämpfen, in die man die königliche Familie verstrickt, um sie gegeneinander aufzuhetzen und zu entzweien, grundsätzlich jedes Gespräch über das Thema ablehnt, auch Fremden gegenüber. Er glaubt unbeirrbar alles, was sie berichtete, versteht ihre Verliebtheit in den jungen Prinzen Solms, versteht ihre Sehnsucht nach einem stillen Glück fern von Etikette, Hofstaat und dem Rausch ermüdender Festlichkeiten. Weit würde er jeden Verdacht von sich weisen, daß sein Bruder Adolf, der inoffizielle Bräutigam, ihr Liebhaber gewesen wäre. Manchmal zittert sie bei dem Gedanken, irgendein unvorstellbarer, unberechenbarer Zufall enthülle Ernst August das Geheimnis, was dann? Wie sie ihn kennt, etwas in ihm würde zerbrechen und nie wieder heilen. Wenn die lebendig gewordenen Erinnerungen sie nachts verfolgen, liegt sie mit geschlossenen Augen und klopfendem Herzen im Bett, während Bilder von einst an ihr vorüberziehen, längst entschwundene Stimmen und Geräusche lebendig werden: der Wagen mit den harten Sitzen, bei jedem Holpern der Räder über den steinigen Weg zum Dorf stöhnte sie leise, die Wehen haben eingesetzt. Nicht mehr weit, beruhigte sie der alte, brave Potje, der Kutscher, den der König ihr mitgab. Prinz Solms war bald nach der Abfahrt umgestiegen in einen anderen Wagen, der schneller fuhr, direkt nach Ansbach. Sie war mit Babett allein, die den Arm um sie gelegt hatte, der Kopf lehnte an ihrer Schulter, Babett, die Kinderfrau aus Darmstadt, die sie nach Berlin begleitet hatte und nun in die neue Heimat, die dicke, gute Babett, die einige Monate nach Luise in Strelitz starb, auch ein Verlust, der weh tat. Als der Wagen hielt, breitete Babett den dichten schwarzen Schleier über sie. Es wäre draußen zwar schon dunkel, aber besser sei besser, meinte sie. Die Worte klingen Friederike im Ohr – die Darmstädter Mundart hatte Babett nie ganz verloren –, sie glaubt den Druck ihres Armes zu spüren. Die Schritte von

Potje näherten sich wieder dem Wagen. Er brummte etwas durch den Fensterspalt und kletterte auf seinen Sitz. Von Babett erfuhr sie, daß er beim Bürgermeister fragte, wo sie unterkommen könnten, der hätte schon einen Burschen hingeschickt. Eine Hebamme? Nein nur eine Amme. Seltsam wie gegenwärtig ihr plötzlich das Verdrängte, das Vergessengeglaubte ist, Potje, der ihre verhüllte Gestalt die Stiege hinauftrug, er keuchte ein wenig, legte sie behutsam auf weiche Kissen, sie konnte sich ausstrecken, welch eine Wohltat! Und nun war nur noch Babett um sie, die ihr schon beistand bei der Geburt ihrer drei Kinder aus erster Ehe. Sie lief geschäftig hin und her, hochzufrieden mit dem, was man herbeigeschleppt und vor die Tür gestellt hatte, einen Waschkorb, sorgsam ausgepolstert für das Baby, Decken, Schüsseln, Wasserkrüge, nach warmem Wasser brauche sie nur zu rufen, ein Kessel stände auf dem Herd. Und was Babett sonst noch benötigte, befand sich in ihrer riesigen Reisetasche. Wie bang war Friederike damals in der Fremde trotz Babetts Fürsorge! Noch jetzt fröstelt sie bei dem Gedanken, es wäre etwas schiefgegangen, ein Arzt war bestimmt weit und breit nicht aufzutreiben.

Kurz nach vier Uhr morgens krähte ihr das kleine Wesen entgegen, das Babett in Händen hielt, ein Junge. Sie wollte ihn ihr in die Arme legen, sie wehrte ab, nein, nicht erst Gefühle wekken, die sie kannte, die glücklich zärtlichen Muttergefühle. Dieses Kind wird ihr nie gehören, sein Schicksal legte sich schwer mit der vollen Wucht einer Anklage auf ihre Seele. Tiefer Schlaf der Erschöpfung schenkte Frieden.

Vierundzwanzig Stunden später in aller Herrgottsfrühe trug Potje sie die Stiege wieder hinunter. Wie angeordnet, rührte und regte sich nichts im Haus. Sie fühlte sich matt und elend, atmete schwer unter dem Plaid aus Luchsfellen, ein Geschenk des Zaren, das Babett ihr übergeworfen hatte wegen der Kälte. Im Wagen erzählte Babett, ein Abgesandter vom Fürsten von Schwarzburg-Sonderhausen, dem Regenten des Landes, wäre gestern eingetroffen und hätte das Erforderliche geregelt mit Pfarrer Hintzsche, der evangelischen Kirchengemeinde von

Silkerode und mit der Versorgung des Kindes und der Adoptiveltern. Das Wort traf Friederike wie ein Schlag. Wie oft hatte sie sich empört über junge Damen, die gleichgültig ein Neugeborenes unbekannten Leuten überließen! Die wären ordentlich und brav, tröstete Babett.

In der Nacht hatte es geschneit. Kein Wunder Mitte Januar. Langsam besserte sich das Wetter je weiter sie sich entfernten, als sie Ansbach erreichten, war der Himmel hell und freundlich. Mein Gott, welch ein Wiedersehen! Damals freute er sich noch, sie bei sich zu wissen, war herzlich und liebevoll. Sie war ihm dankbar, daß er nicht fragte, das Kind nie erwähnte, und nach und nach schien ihr, als wäre das Erlebnis, so schemenhaft vorübergezogen, nichts gewesen als ein böser Traum.

Unruhig ist meist ihr Schlaf, sie wacht müde und zerschlagen auf, das diesige Wetter depremiert, zehrt an der Widerstandskraft der Nerven, die ohnehin angegriffen sind. So sehr sie sich vor Ernst August zusammennimmt, er läßt sich nicht täuschen, ist besorgt über ihren Zustand, der Arzt empfiehlt dringend einen Klimawechsel, eine Kur in einem der Bäder Böhmens. Schon erwägen sie, daß Friederike allein zurückkehrt, da endlich taucht der lang erwartete preußische Gesandte auf, von dem Friederike Ernst August so viel erzählt hat, besonders von der Zeit, da sie gleichzeitig 1809 in Königsberg waren, er wegen der Gründung der Berliner Universität.

Humboldts geschliffene, chevalereske Formen, seine freundschaftliche Verbindlichkeit, seine Bildung und hohen geistigen Fähigkeiten wirkten von jeher anziehend auf Friederike, und auch Ernst August fühlt sich gleich angetan von der kultivierten Atmosphäre, die er ausstrahlt. Politisch allerdings befindet sich der liberal denkende, freisinnige Humboldt im gegnerischen Lager, doch da man gewillt ist, sich zu verstehen, werden Themen gemieden, die das gute Einvernehmen stören könnten. Woran auch Humboldt gelegen ist, da die nähere Bekanntschaft mit einem Sohn des Königs eine vielversprechende Quelle ist für Informationen über die High Society und ihre wichtigsten Persönlichkeiten. In dem Heim und der Gesellschaft der Cumberlands verbringt Humboldt immer wieder gern einen Nachmittag oder Abend, im übrigen bleiben das Land und seine Menschen ihm fremd, mit Sehnsucht denkt er an sein geliebtes Rom. Den Auftrag, den der König ihm mitgab, wird er so gut und schnell wie möglich zu einem befriedigenden Ende führen – man machte ihm nicht viel Hoffnung auf Erfolg –, dann wird er Hardenberg um Entlassung aus dem diplomatischen Dienst bitten.

In einer Hinsicht hat Humboldt Glück, die öffentliche Meinung über die Herzogin von Cumberland ist umgeschlagen. Es fing damit an, daß Damen der Gesellschaft, auch Freundinnen der Königin, Ernst August begrüßten und wünschten, seiner Frau vorgestellt zu werden. Andere wiederum hatten begonnen sie einzuladen, die Verkäuferinnen in den Läden eilen beflissener denn je herbei, sie zu bedienen, im Theater wurde geklatscht, als sie in der Loge erschien, und im Carlton House empfängt man sie mit der Herzlichkeit einer Familienangehörigen, die man sich freut wiederzusehen.

Was ist geschehen? Die stets liebenswürdig gelassene Haltung, die Friederike nach außen wahrt – wenn sie auch nie einen glücklichen, fröhlichen Eindruck macht, Tränen jedoch übermannten sie nur gelegentlich in der Anfangszeit des Aufenthaltes –, ist bemerkt und gewürdigt worden. Man kennt die Mitglieder der königlichen Familie sehr genau, beobachtet sie, sobald sie sich in den Straßen und Parks der Stadt zeigen, mit kritischer Neugier. Es dauerte mehr als zwei Jahre, bis das Mißtrauen einer Welle der Achtung und des Respektes gewichen ist. Die Erinnerung an das, was damals die feindliche Stimmung geschürt hat, ist verblaßt, jedenfalls findet man nunmehr, es sei genug mit der Art und Weise, wie man sich gegen sie benimmt, und zum Erstaunen der in London ansässigen Aristokratie finden Demonstrationen gegen die Königin während ihrer Ausfahrten statt, die, schon recht krank und leidend, sich ganz nach Windsor zurückzieht.

Zweifellos ein günstiger Zeitpunkt, um die Forderung des Herzogs erneut vor das Parlament zu bringen. Doch abermals zögert die Regierung, denn gleichzeitig liegen weitere Anträge seiner Brüder vor, die Apanagen zu erhöhen, da drei von ihnen beabsichtigen zu heiraten:

Der Herzog William von Clarence, 1830 Nachfolger König Georgs IV., dreiundfünfzig Jahre alt, will eine standesgemäße Ehe schließen, nachdem er bereits zehn Kinder aus einer Verbindung mit einer Schauspielerin hat; Herzog Eduard von Kent ist der zweite Anwärter, und der dritte Prätendent, Herzog Adolf von Cambridge, hat sich entschlossen, sein Junggesellenleben aufzugeben, um eine Prinzessin von Hessen-Kassel zu heiraten, mit der er noch einen Sohn und eine Tochter haben wird.

Humboldt, der als Gesandter weitaus mehr Möglichkeiten hat als der frühere Geschäftsträger, wird mehrmals vorstellig bei dem Prinzregenten und dem Lordkanzler. Energisch drängt er auf erneute Verlesung der Eingabe des Herzogs von Cumberland auf Apanagen-Erhöhung. Man läßt sich Zeit, wagt nicht einmal die Anträge der drei anderen Herzöge zur Sprache zu bringen, und der vom Herzog von Cumberland werde auf erheblichen Widerstand stoßen, behauptet ein Mitglied der Regierung, «da er in seiner Kleidung und in seinem Wesen zehnmal deutscher wirkt als zuvor». Schließlich, im Juni 1818, gibt man dem Drängen des preußischen Gesandten nach, die Lesung der Cumberlandschen Forderung erfolgt und wird nach erregten Debatten wiederum abgelehnt. Man verübelt ihm nach wie vor die heftigen Temperamentsausbrüche während seiner Reden, die Aggressionen, mit denen er Einsprüche zu quittieren pflegt, sein Vorurteil gegen fortschrittliche Maßnahmen, die er in Grund und Boden verdammt.

Doch für eine Witwenrente der Herzogin wird eifrig plädiert, man rühmt ihr vorbildliches Verhalten, die Vornehmheit ihres Auftretens und betont, daß sie die Achtung weiter Kreise der Bevölkerung für sich gewonnen habe. Die Witwenrente wird mit großer Stimmenmehrheit genehmigt.

Der Herzog ist bitter enttäuscht. Er verlange ja nicht mehr, als ihm mit Fug und Recht zustehe. Erst im August werden die

Anträge der drei Herzöge verlesen, ohne daß irgendein Protest sich gegen sie erhebt. Humboldt atmet erleichtert auf, als Ernst August erklärt, er gäbe sich zufrieden mit der «Rehabilitation» seiner Frau durch Gewährung der Witwenrente und werde alsbald England den Rücken kehren. Schon wegen Friederikes Gesundheit ist es höchste Zeit abzureisen und sich ein neues Domizil zu schaffen, eine neue Heimat zu finden in Berlin, das für beide die Stadt ihrer Wahl ist. Ernst Augusts Mittel sind erschöpft, er hat bereits einen Kredit aufgenommen, jetzt muß er einen zweiten anfordern. Die Bank verlangt Sicherheiten, er hinterlegt sein Silber und seine Versicherungspolicen.

Am 17. Juli 1818 verläßt das Schiff, auf dem die Cumberlands sich befinden, das von Dover nach Calais fährt, die britische Insel. Friederike ist überglücklich. Ernst August dagegen «broken-hearted», wie sie ihrem Bruder Georg schreibt, der seit dem Tod des Vaters Herzog ist und die Regierung in Strelitz übernommen hat.

12.

Berlin! Eine Stadt, die mit Elan und Enthusiasmus die trüben Erinnerungen an das letzte Jahrzehnt abstreift und mit ungeheurer Vitalität beginnt, die Zukunft aufzubauen im Vertrauen auf eine lange und erfolgreiche Friedenszeit. Nach schweren Kämpfen und Demütigungen eine elementare Prosperität geistiger und künstlerischer Aktivitäten und der wirtschaftlichen Konjunktur. Schnell sind jene vergessen, die das Leben opferten, um die Heimat vor der Gewalt kriegerischer Zerstörung zu schützen. König Friedrich Wilhelm III. hat sie nicht vergessen. Am 18. Januar 1816 läßt er ein Dankfest feiern für die wiedergewonnene Freiheit und den letzten Sonntag des Kirchenjahres – 1816, der 17. November – erklärt er zum Totensonntag, der noch heute dem Gedenken der Verstorbenen geweiht ist. Er beauftragt Schinkel, ein Denkmal zu schaffen für die Gefallenen der Befreiungskriege. 1821 wird das Monument, eine gothische Spitzsäule aus Gußeisen, auf einem Sandhügel am südlichen Ende von Berlin errichtet. Als Symbol der Tapferkeit der preußischen Armee wählte Schinkel das am 10. März 1813 zu Breslau vom König gestiftete Eiserne Kreuz. Die Anhöhe wird «der Kreuzberg» genannt. Christian Daniel Rauch, der als Kammerdiener 1797 zum König kam, konnte, gefördert von ihm und der Königin, sein Talent als Bildhauer entwickeln. Er entwirft die Standbilder der großen Heerführer – Blücher, Scharnhorst, Bülow – für den Platz vor der Oper.

Die Universität, von Wilhelm von Humboldt 1809 gegründet, verdankt ihren Ruf den hervorragenden Lehrkräften, den Professoren, die in der preußischen Hauptstadt nicht nur ein befriedigendes Tätigkeitsfeld finden, sondern auch ein Milieu, das Anregung bietet. Friedrich Karl von Savigny war schon ein bedeutender Rechtsgelehrter, als er 1810 nach Berlin kam als Mitglied der Kommission zur «Einrichtung» der Universität. Für Geschichte wurden die Historiker Ranke, Raumer, Wilken gewonnen, für Philosophie Hegel. Die Naturwissenschaften, Chemie, Physik, Mathematik, Astronomie, stehen unter der Ägide Alexander von Humboldts, der verstanden hat, die uneingeschränkte Sympathie des Herrschers zu gewinnen. Bald erregen die hohen finanziellen Zuwendungen für den Ankauf von Sammlungen, für Forschungsarbeiten und -reisen, für die Ausstattung von Instituten, ja sogar für eine Sternwarte, die der König genehmigt, den Neid der übrigen Fakultäten.

Eine angenehme Form der Geselligkeit bieten manche Familien in Berlin, die bekanntgeben, daß sie einmal wöchentlich an bestimmten Tagen zur Teestunde zu Hause anzutreffen sind. Besucher können unangemeldet erscheinen, nehmen zwanglos am Gespräch teil, auch wenn sich eine hochgestellte Persönlichkeit oder gar ein Mitglied des königlichen Hauses eingefunden hat. Das Interesse an zeitgenössischer Literatur ist groß, oftmals wird ein Kapitel aus einer Neuerscheinung vorgelesen. Selbst der Kronprinz, der gern überraschend auftaucht – ein ebenso geistvoller wie charmanter Gast –, bittet in solchen Fällen, sich nicht stören zu lassen. In den Haushalten geht es zu jener Zeit sparsam zu, zum Tee werden Kekse gereicht, das ist alles. Die Festlichkeiten hingegen, insbesondere die des Hofes, aber auch die der Adelsfamilien, überbieten sich in lukullischen Genüssen. Der Karneval ist in aller Frische wieder aufgeblüht. Charlotte, die älteste Tochter des Königs, ist bemüht, die fehlende Königin zu ersetzen, doch Luises Phantasie war einfallsreicher. Das mag an Charlottens Jugend liegen, aber auch daran, daß ihre Gedanken anderweitig beschäftigt sind. Im März 1817 wird die Ankunft des Großfürsten Nikolaus erwartet, des neunzehn Jahre jüngeren Bruders des Zaren, später sein Nachfolger, da die Ehe des Zaren kinderlos bleibt. Es bahnt sich eine Heirat an, die schon Königin Luise und Alexander I. planten. Ihre Wunschgedanken erfüllen sich, Nikolaus und Charlotte verlieben sich ineinander. Als der Großfürst wieder abfährt ist vereinbart, daß Charlotte in Begleitung ihres Bruders Prinz Wilhelm nach einem Monat Berlin verläßt und die Hochzeit am 1. Juli in Petersburg stattfindet. Der Abschied von dem Vater und den Geschwistern fällt ihr ebenso schwer wie jenen, die zurückbleiben.

Am 17. April 1818 kommt in Petersburg ein Sohn zur Welt, der nach seinem Onkel Alexander getauft wird, ein Großfürst, nach dem Tode des Vaters 1855 Zar Alexander II. Um seiner Schwägerin Charlotte, die als Großfürstin die Namen Alexandra Feodorowna angenommen hat, eine Freude zu bereiten, lädt der Zar König Friedrich Wilhelm III. ein, seine Tochter und seinen ersten Enkel durch einen Besuch zu überraschen. Der König, der gerne der Einladung folgt, vertraut Prinz Wilhelm, seit 30. März Generalmajor, während seiner Abwesenheit die oberste Leitung sämtlicher Militärangelegenheiten an – der Prinz ist einundzwanzig Jahre alt und mit Leib und Seele Soldat – und nimmt seinen ältesten Sohn mit auf die Reise, der allerdings sehr viel lieber nach Italien gefahren wäre. Zurückgekehrt nach Berlin finden sie die Cumberlands vor, Friederike und ihren Mann. Friederike, überglücklich «daheim» zu sein, stellt voller Freude fest, daß «Fritz», der Kronprinz, seiner Mutter immer ähnlicher wird, nicht nur äußerlich, auch sein Wesen strahlt «die gleiche fröhliche Aufgeschlossenheit aus; das ist der Zug, den alle, die ihm nahetreten, beglückt wahrnehmen, heitere Laune und ein tief fühlendes Herz», während der König durch seine Einsamkeit und das Erlebnis des Krieges immer ernster und verschlossener geworden ist.

Das Geheimnis, wie es hohen Herrschaften gelingt, finanzielle Miseren schnell und dauerhaft zu überwinden, ist undurchschaubar. Der Herzog von Cumberland, zuletzt in England so blank, daß er sein Silber und seine Versicherungspolicen verpfänden mußte, mietet wenige Wochen später das Haus Nr. 4 Unter den Linden, gewiß keine Unterkunft, die Sparsamkeit verrät, standesgemäß ist sie. Der König hat erklärt, er werde auch weiterhin Friederike eine Pension in Höhe von 29936 Talern jährlich zahlen; da sie keine anderen Einnahmen hat, ist sie für alle persönlichen Ausgaben auf diese Summe angewiesen. Erst nach achtzehn Jahren, 1836, sichert ihr König William IV., unterstützt durch den Druck energischer Maßnahmen des preußischen Königs, einen Betrag von 4000 Pfund, davon trägt 1000 Pfund die königlich hannoversche Schatulle. Drei Jahre zuvor hat sie bereits von sich aus auf die Zahlungen König Friedrich Wilhelms verzichtet, da die Apanage Ernst Augusts endlich zweimal kurz hintereinander erhöht wurde.

Die Zeit der Restauration – die Zeit nach der Wiedereinsetzung der Bourbonen in Frankreich – wird gekennzeichnet durch mehrere Kongresse, die die Verbündeten – Rußland, Preußen, Österreich, England – vereinbaren, um die Probleme der europäischen Staaten, die zwischenzeitlich an Bedeutung gewonnen haben, zu überprüfen und wenn möglich einer Lösung zuzuführen. Genau das, was Fürst Metternich sich wünscht, um jede revolutionäre Regung überwachen und unterdrücken zu können. Eine Handhabe, die ihm ausgerechnet die Heilige-Allianz-Akte beschert hat, was sicherlich nicht im Sinne ihres Schöpfers war. Daß es im Untergrund gärt, hat das Wartburgfest mit den Bücherverbrennungen im vergangenen Jahr gezeigt. Es gärt nicht nur bei der intellektuellen Jugend, auch der einfache Mann am Stammtisch hat nicht vergessen, daß man ihm 1815 eine Volksvertretung versprochen hat.

Der erste Kongreß beginnt Anfang Oktober 1818 in Aachen. In Berlin erwartet man im September Zar Alexander. Gemeinsam mit König Friedrich Wilhelm will er sich in das damals in preußischem Besitz befindliche Aachen begeben, wo sie mit Kaiser Franz I. von Österreich zusammentreffen werden. Friederike, zu Besuch bei der Tochter aus ihrer Ehe mit Prinz Ludwig von Preußen – sie hat vor einem halben Jahr den Herzog von Anhalt-Dessau geheiratet –, kommt rechtzeitig aus Dessau zurück für den Empfang des Zaren. Der König ist ihm bis Köpenick entgegengefahren. Prinz Wilhelm ist beauftragt, die Cumberlands abzuholen und ins Schloß zu geleiten, denn die

Zar Alexander I. von Rußland (1777–1825). Die loyale Freundschaft zwischen ihm und dem preußischen König führt zum Sturz Napoleons und zur friedlichen Reorganisation Europas.

Straßen sind an jenem 17. September schon am Vormittag mit Menschen überfüllt, die einen günstigen Platz suchen hinter der Absperrung für den Aufmarsch des Militärs, das von der Hasenheide an steht, die Friedrichs- und Behrenstraße entlang über den Pariser Platz und Unter den Linden bis zum Schloß. Das Hallesche Tor erreichen die Monarchen gegen fünf Uhr, verlassen den Wagen, werden begrüßt von den königlichen Prinzen und der Generalität, schwingen sich auf die Pferde und reiten, nach allen Seiten hin grüßend, durch das Spalier.

«Der Kaiser hätte können ein rechtes Unglück haben», berichtet Prinz Wilhelm seiner Tante, der Fürstin Radziwill, «als er bei seinem Regimente (er ist Chef eines Garde-Grenadier-Regimentes) hielt und dem König die Honneurs machte, stieg sein Pferd, und er fiel hinten runter, so daß uns allen bös zumute ward; zum Glück tat er sich nicht das geringste, setzte sich rasch auf und ritt gleich weiter. Der Vorbeimarsch, der König an der Spitze, geschah vor dem Palais (Kronprinzenpalais); das Ganze machte sich in der Abendbeleuchtung sehr schön... auch die Illumination der Stadt bis spät in die Nacht...» Friederike freut sich, Alexander wiederzusehen, zuletzt tanzte sie mit ihm auf dem Wiener Kongreß und amüsierte sich über die Herzogin von Sagan, die beide Rivalen um ihre Gunst, den Zaren und Metternich, mit Raffinement gegeneinander ausspielte. Seither ist der Zar gealtert, er ist nicht mehr der strahlende Held, sein Haar ist schütter geworden, er geht leicht vornübergebeugt, aber ist immer noch, nach Ansicht Friederikes, von bestechender Liebenswürdigkeit. Eine bemerkenswerte Notiz findet sich in den Memoiren der Gräfin Trembicka aus dem Jahre 1816, als der Zar in Warschau war: «... Er lächelte wie ein Engel, nur eins fehlte, *seine Augen lächelten nie*, und dieser Mangel an Harmonie zerstörte den Zauber. Jenes verführerische Lächeln, das stets um seinen schönen Mund spielte, verlor an Wirkung, fing man den ausdruckslosen, unbeweglichen Blick seiner blauen Augen auf, die traurig schauten...»

Der König, dem alle gesellschaftlichen Verpflichtungen lästig sind, hat Friederikes Schwester Therese Fürstin Thurn und Taxis schon vor Monaten gebeten, ihm behilflich zu sein und an seiner Seite in Aachen zu repräsentieren. Friederike wäre diese Aufgabe wohl zugefallen, doch er mußte sich frühzeitig entscheiden, als ihre Rückkehr noch nicht in Aussicht stand. Er lädt die Cumberlands ein, ihn zu begleiten, doch Friederike sehnt sich nach Ruhe und Erholung und tut gut daran, in Berlin zu bleiben, denn alsbald bemerkt sie, daß sie abermals schwanger ist. Sie wird einundvierzig Jahre alt im März 1819, ein Alter, in dem Geburten damals mit erheblichem Risiko verbunden sind. Abgesehen von einigen Fehlgeburten, die gelegentlich erwähnt werden, ihre neunte Entbindung.

«Je n'ai jamais vu un plus joli petit congrès», schreibt Metternich an Lorel, seine Frau. Und der kleine Kongreß ist nicht nur hübsch, er kann auch zufrieden sein mit dem Resultat seiner Bemühungen. Es geht vor allem um die Rehabilitation Frankreichs. König Ludwig XVIII. verfaßte eine Instruktion für den die Verhandlung führenden Herzog von Richelieu, Urgroßneffe des Kardinals, in der es heißt: Drei Jahre nach Kriegsende ist Frankreich immer noch von Truppen der Siegermächte besetzt. Eine Verlängerung dieses «entehrenden Zustandes» ist dem Stolz der französischen Nation nicht zumutbar. Man hat dem Stolz Rechnung getragen und den Befehl gegeben, die Besatzungsarmee zurückzuziehen. Überwiegend russisches Militär, die Köpfe voller revolutionärer Freiheitsideale, eine willkommene Beute der russischen Geheimbünde, die erstmals aktiv sich hervorwagen 1825 bei der Thronbesteigung von Nikolaus I. und deren Opfer sein Sohn wird, der Enkel Friedrich Wilhelms III. Ferner regelt der Kongreß die Bezahlung der Kriegsschulden Frankreichs. Die damals illusorische Summe von über einer Milliarde reduziert er auf zweihundertvierzig Millionen. Auf heftigen Widerstand stößt die Forderung König Ludwigs XVIII., Frankreich in die Quadrupelallianz aufzunehmen. Eine brüske Ablehnung würde sein Ansehen schädigen. Der schlaue Grieche Kapodistrias, Außenminister des Zaren, schlägt vor: Der König erhält eine völlig unverbindliche Einladung der Allianz beizutreten, nimmt er sie an, wird das allen Verbündeten mitgeteilt in einem offiziellen Schreiben und gleichzeitig das Viererbündnis in einem Geheimdokument bestätigt. Um die windige «Einladung» aufzuwerten, kündigt der Zar seinen Besuch in Paris an. Im Jubel über diesen Freundschaftsbeweis, ein spektakuläres Ereignis für das Volk, verlieren sich alle Bedenken, wie der Grieche richtig kalkulierte.

Nach Meinung derer, die fest verwurzelt sind in der bestehenden Ordnung, gehen die reaktionären Kräfte gestärkt aus dem Treffen von Aachen hervor, so jedenfalls lautet das Urteil von Herzog Ernst August und seiner Frau, von ihrer Umgebung, den Verwandten und Freunden. Allerdings wird man bereits einige Monate später wieder aufgeschreckt durch ein Verbrechen, das großes Aufsehen erregt. Der bekannte und beliebte Lustspieldichter und Journalist August von Kotzebue wird am 23. März 1819 in seiner Wohnung in Mannheim durch einen Dolchstoß ermordet von einem fanatisch patriotischen Burschenschafter, dem Theologiestudenten Karl Ludwig Sand, weil er ihn für einen Vaterlandsverräter hält und einen Feind seiner studentischen Verbindung. In dem «Literarischen Wochenblatt», das der vielseitige Schriftsteller herausgegeben hat, eine begehrte und amüsante Lektüre, hat er über die Burschenschaften gespottet, über ihre nationalen und liberalen Phantastereien, was einen Sturm der Empörung bei der Jugend entfachte. Bis zur Hinrichtung hält Sand an der Überzeugung fest, er habe eine gute Tat vollbracht. Nachteilig wirkt sie sich auf die Karlsbader Beschlüsse im August 1819 aus, die eine scharfe Überwachung der Universitäten verfügen und strenge Zensuren der Zeitungen. Seit der Französischen Revolution lebt man in ständiger Angst vor ähnlichen Exzessen.

Der Luftwechsel, das kontinentale Klima, vor allem der vertraute Umgang mit der Familie haben entscheidend dazu beigetragen, daß es Friederike gesundheitlich sehr viel besser geht. Schwangerschaft und Geburt führen zu keinen Komplikationen. Zur unbeschreiblichen Freude von Ernst August kommt am 27. Mai 1819 ein Sohn zur Welt, der spätere König Georg V. von Hannover. Einige Tage danach findet der Umzug statt von Nr. 4 in Nr. 2 Unter den Linden, Ecke Wilhelmstraße. Dieses Haus gehört Frau von Berg, die Friederike als Hofdame engagierte, da sie sich in Strelitz nach dem Tode von Friederikes Vater einsam fühlte. Das neue Domizil bietet im Erdgeschoß repräsentativere Gesellschaftsräume, der innere Ausbau ist komfortabler, und in den oberen Etagen ist hinreichend Platz für einen Hofstaat, den, wie Malortie mitteilt, sich Cumberlands schon in Berlin leisten.

Die Taufe des Sohnes ist das erste große gesellschaftliche Er-

Ankunft des Königs Ernst August von Hannover vor seinem Haus in Berlin, Unter den Linden, Geburtshaus des Prinzen Georg.

eignis im neuen Heim. Der König erscheint und mit ihm die königliche Familie, Diplomaten, Minister und die Generalität. Welch wohltätiger Wandel gegen die Abgeschiedenheit in London und Kew! Friederike blüht auf. Mit bewunderungswürdigem Geschick versteht sie es, einen Kreis von Menschen um sich zu sammeln.

Karoline von Rochow in ihren Erinnerungen schreibt:

«In geselliger Beziehung war damals vielleicht das bedeutendste Haus das des Herzogs von Cumberland. Ohne viele große Feten zu geben, bildete es den Sammelplatz für die fürstliche Jugend. Prinz Karl, der Bruder der Herzogin, brachte Leben hinein, und alle bedeutenderen Persönlichkeiten aus dem literarischen, künstlerischen und Staatsleben fanden dort Zutritt, ebenso die interessantesten und angenehmsten aus der übrigen Gesellschaft. Lektüre sowie Diskussionen über allerhand Gebiete des Lebens verliehen diesen Vereinigungen meist eine erfreuliche Belebtheit, ohne daß die Herzogin viel dazu beitrug. Sie hatte viel erlebt und wußte auch von ihren Erfahrungen zu erzählen...

Der Herzog, der sich später als König von Hannover durch seinen Charakter und Sonderbarkeiten einen Ruf erwarb, wurde im Grunde gefürchtet und weder geachtet noch geliebt. Schon aus England ging ihm kein besonderer Ruf voran... Der Herzog galt für sehr neugierig und indiskret... erfuhr alle möglichen Geschichten aus dem öffentlichen und Privatleben und brachte sie gelegentlich auf die schonungsloseste Weise herum... Daneben verstand er es aber mit einer Art Humor und Bonhomie wiedergutzumachen, so daß am Ende er mit mehr Anerkennung und Freunden aus Berlin schied, als man es... hätte glauben sollen. Die Söhne der Herzogin, die Prinzen Solms, waren teils unbedeutend, teils roh und unausgebildet. Es mochte also merkwürdig erscheinen, daß die Elemente dieser Familie ein so angenehmes Haus bilden konnten. Und doch war dem so! Wahrscheinlich durch die Persönlichkeiten, die sich darum und daran hingen, des Herzogs Karl gesuchte, aber unstreitig gesellige Talente, und des Kronprinzen vielfache Gegenwart.

Auf ihn richteten sich damals alle Augen, um die größten Hoffnungen an seinen Geist und Charakter zu knüpfen... der Kronprinz war damals die Mode, ‹the thing›, wie die Engländer sagen, und wehe dem, der nicht mit bewundernder Erwartung auf ihn gesehen hätte!»

Ihrer spitzen Feder läßt Karoline von Rochow niemand ungeschoren entkommen.

Prinz Karl von Mecklenburg-Strelitz, den Frau von Rochow erwähnt, ist der einzige Nachkomme aus der zweiten Ehe von Friederikes Vater mit der Schwester seiner ersten Frau. Sie starb im Kindbett. Seine militärische Ausbildung hat Prinz Karl in Berlin bei der Garde erhalten. Bei den Kameraden nicht beliebt wegen des unbekümmerten Selbstbewußtseins seines Auftretens, gab er den Vorgesetzten, die den nötigen Diensteifer vermißten, häufig Anlaß zu Klagen. Nicht nur diese lässige

Prinz Karl von Mecklenburg-Strelitz (1785–1837), Friederikes Stiefbruder.

Nonchalance ist ein Erbteil des Vaters, auch dessen Freude an Geselligkeit und Theaterspiel liegt ihm im Blut. Darbietungen im privaten Kreis, die zu jener Zeit zum Plaisir großer Festlichkeiten gehören, sind dank seiner Regie und Mitwirkung stets ein Erfolg. Unvergeßlich bleibt für alle, die ihn hörten, seine Lesung in der Inszenierung des Faust am 24. Mai 1820, dem Geburtstag der Fürstin Luise Radziwill. Ihr Gatte, Fürst Anton Radziwill, hat zu Goethes Werk, dem ersten Teil des Faust, eine Musik komponiert, die an diesem Tag uraufgeführt wird.

Im Schloß Monbijou empfangen die Gastgeber die Gäste, den König, die Prinzen und Prinzessinnen, die Verwandten des königlichen Hauses, alles, was Rang und Namen hat, ist versammelt. Das beste Orchester Berlins ist engagiert; Zelter, der Freund Goethes, hat die Proben geleitet. Das Orchester spielt verborgen hinter einem Vorhang, hinter dem auch die Arien von Opernsängern und -sängerinnen gesungen werden, während die Dialoge, musikalisch dezent untermalt, von Mitgliedern des Schauspielhauses, vor dem Vorhang sitzend, gesprochen werden und der eindrucksvollste Part, der Mephisto, von Prinz Karl. Er erntet rauschenden Applaus und bewundernde Anerkennung. Aufgaben wie diese erfüllt er mit einer künstlerischen Intuition, die die Zuhörer begeistert.

Es gibt jedoch genug junge Menschen, die Prinz Karl seine bevorzugte Stellung am Hof als Schwager des Königs neiden oder sich über die formlose Lässigkeit, mit der er sie behandelt, geärgert haben und die mit Genugtuung bereit sind, ihm einen Dämpfer zu verpassen. Noch am selben Tag, bevor es dunkel wird, kleben an Hauswänden einzelner Straßen Anschläge mit einem Zweizeiler:

«Als Mensch, als Fürst, als Feldherr schofel,
Vortrefflich nur als Mephistophel.»

Friederike hat es sich nicht entgehen lassen, schon an mehreren von Zelter geleiteten Proben teilzunehmen, meist in Begleitung von Ernst August. In dem Brief vom Pfingstmontag, den 25. Mai 1820, schreibt Zelter an Goethe:

«Die Herzogin von Cumberland war wieder voll Deines Lobes und bedauerte, daß sie nicht *allen* Proben hatte beiwohnen können, weil das Stück eigentlich eine Sache sei, die man sich nicht oft genug vorführen könne, um in ihre Tiefe zu schauen. Dein Vivat bei Tische war aus einem Munde, es bestand in einem hundertstimmigen dreimaligen Akkord.

Wenn Radziwills Komposition auch gar kein eigenes Verdienst hätte, so würde man ihm das zugestehen müssen: dies bisher im dicksten Schatten verborgen gewesene Gedicht ans Licht zu bringen, was jeder, indem er es gelesen und durchempfunden, glaubte seinem Nachbarn vorenthalten zu müssen; ich wüßte wenigstens keinen anderen, der Herz und Unschuld genug gehabt hätte, *solchen* Leuten solche Gedichte vorzusetzen, wodurch sie nun erst Deutsch lernen.»

Welch ein klug formuliertes, feinfühliges Urteil für einen einstigen Maurermeister, der aus eigener Initiative seinem Hobby, der Musik, nachging, 1801 zum Leiter der Singakademie avancierte, alsbald den Professortitel erhielt, 1809 in Berlin die erste Liedertafel Deutschlands gründete. Zelters urig warmherzige, grundgescheite Wesensart hat in dem lebhaften Briefwechsel von 1799 bis 1832 einen Goethe hervorgezaubert, der das zu jener Zeit viel umstrittene Bild seiner Persönlichkeit versöhnlich abrundet.

Hin und wieder fährt der Herzog von Cumberland nach Hannover, nur ein einziges Mal begleitet ihn in den zwanziger Jahren Friederike im Oktober 1821, als König Georg IV. erwartet wird. Seit 1755 hat Hannover keinen Staatsbesuch erlebt, da König Georg III. in seiner sechzigjährigen Regierungszeit (1760–1820) die britische Insel nicht verlassen hat. Ein Jahr nach seiner Inthronisierung holt Georg IV. diese längst fällige Pflicht nach. Seine Zügellosigkeit und seine wüsten Orgien sind hinreichend bekannt. Mit großen Kosten bereitet sich Hannover für den Aufenthalt des Königs vor. Er wohnt in Herrenhausen, wohin er sich schon drei Tage nach seiner Ankunft (10. Oktober) zurückzieht, durch einen Anfall von Podagra (Gicht) ans Zimmer gefesselt. Ein Spötter meint: «Ach, Podagra heißt dieses Mal die Dame.»

Einen 400 Seiten langen Bericht, verfaßt von Herrn Heinrich Dittmer, veröffentlicht 1822, unterrichtet die Nachwelt über alle Einzelheiten des denkwürdigen Geschehens, das zwei Wochen lang ohne die Hauptperson abrollt. Erst am 26. Oktober tritt der König – «völlig wiederhergestellt, Gottlob!» – abermals in Erscheinung im Schloßtheater bei der Aufführung des «Tancred», Musik von Rossini. In der königlichen Loge sitzen bei ihm neben der Schwester des Königs die Herzoginnen von Cumberland und Cambridge, während die Herzöge in der angrenzenden Loge Platz genommen haben mit Gräfin Lieven, Fürst Metternich und Graf und Gräfin Münster.

Daß Metternich erschien, verdankt der König der Anwesenheit der Gräfin Lieven, die auf dem Aachener Kongreß seine

Geliebte wurde. Sie ist die Gattin des russischen Gesandten in London, verkehrt bei Hof und in allen Kreisen der englischen Hocharistokratie, hat einen scharfen Verstand und ein gesundes Urteil. In der zeitweise fast täglichen Korrespondenz mit oft brisanten politischen Themen müssen beide – diplomatische Koryphäen – einander nicht einmal hintergehen, sie sitzen, jedenfalls anfangs, im gleichen Boot.

Am 29. Oktober verläßt der König Hannover, drei Tage nach seiner Genesung. Einen historischen Meilenstein kann man diese Staatsvisite wahrlich nicht nennen.

Die Rückkehr nach Berlin fällt nicht schwer.

Das Interesse für Musik und Theater hat König Friedrich Wilhelm von Paris mitgebracht. Der erste große Auftrag, den Schinkel erhält, ist die Planung eines neuen Schauspielhauses, das alte ist abgebrannt. 1818 beginnt er mit den Entwürfen, am 26. Mai 1821 findet die Einweihung statt, mit einem für diese Gelegenheit verfaßten Prolog von Goethe. Aufgeführt wird seine «Iphigenie auf Tauris». Das Urteil des Publikums über die Räumlichkeiten und den inneren Ausbau ist zum Teil recht kritisch, der König jedoch äußert sich zufrieden, er fühlt sich wohl in seiner Loge, in der er sich, wenn ihm danach zumute, hinter einem großen Vorhang verbergen kann. Und oft ist ihm danach zumute, wenn er, wie alltäglich, punkt sechs Uhr abends die Loge betritt und das zu erwartende Stück schon fast auswendig kennt, dann gibt er sich ohne Störung in Ruhe seinen Gedanken hin. Die Furcht vor Vereinsamung bedrängt ihn mehr und mehr. Die Trennung von Charlotte betrübte ihn lange, sie war immer um ihn. Nun heiratet im Frühjahr 1822 Alexandrine den Erbgroßherzog Paul von Mecklenburg-Schwerin, dann ist die letzte Tochter, Luise, vierzehn, in wenigen Jahren wird auch sie ihn verlassen. Die beiden ältesten Söhne sind mit ihren beruflichen Aufgaben und ihren persönlichen Anliegen beschäftigt. Schon 1817 und 1820 hat der König eine zweite Ehe, nur eine morganatische kommt infrage, erwogen. Aus Gründen, die ihn überzeugten, ist ihm in beiden Fällen von der Wahl abgeraten worden.

König Friedrich Wilhelm III. ist von 1821 an auf Anraten der Ärzte jeden Sommer in Böhmen, sucht Erholung in Teplitz und in Karlsbad, wo auch die Cumberlands sich einfinden. Friederike ist alsbald wieder der Star der temperamentvollen abendlichen Reunions im Schloß der Clarys, und auch Ernst August mit seinen oft recht derben Späßen ist ein gern gesehener Gast in dieser Runde, die nicht jedes Wort auf die Waagschale legt, sich lieber mit schlagkräftigen Antworten amüsiert. Diese Art von Geselligkeit meidet der König, während er sich freut, wenn Friederike und Ernst August gemeinsame Ausflüge in die Umgegend planen. Er hegt von jeher ein echtes Wohlwollen für den Herzog, der ihm den Respekt, die Ergebenheit eines Sohnes erweist, trotzdem er nur ein Jahr jünger als der König ist. 1823 verleiht er ihm das Ziethenhusaren-Regiment als Zeichen seines Vertrauens, eine Anerkennung für den Herzog, auf die er außerordentlich stolz ist, er, ein glühender Bewunderer des preußischen Militärs.

An den Tagestouren mit Picknick nimmt nur ein kleiner Kreis von Freunden teil, stets das Ehepaar Graf und Gräfin Harrach mit Tochter Auguste, das der König in Teplitz kennenlernte. Die Familie, früher in Wien, lebt jetzt in Dresden und stammt aus angesehenem österreichischen Adel. Auf einer Inspektionsreise besucht Prinz Wilhelm 1824 Teplitz. Die Harrachs werden ihm vorgestellt. Die Tochter gefällt ihm «recht sehr», wie er Fürstin Radziwill später schreibt, sie sei «hübsch, vierundzwanzig Jahre alt (drei Jahre jünger als er!), klein, hat aber eine sehr elegante Tournure, ist sehr einfach und spricht angenehm und mit Verstand».

Am 31. Oktober desselben Jahres bemerkt er sie plötzlich in der Loge des Opernhauses neben der königlichen und begrüßt sie, erfreut über die unerwartete Begegnung. Er fragt sie, wie lange sie bleibe. «Das ist noch ganz unbestimmt», erwidert sie. Und etwas wie eine Ahnung steigt in ihm auf, denn er erinnert sich, daß es ihm in Teplitz auffiel, den Vater oft im Gespräch mit ihr zu sehen, ein wenig absentiert und immer heiterster Stimmung. Schleunigst habe er diese Gedanken verdrängt, be-

Prinz Georg von Mecklenburg-Strelitz. (1779–1860), Friederikes Bruder.

richtet er der Fürstin, und hätte auf dem Ball des Kronprinzen sich «sehr aimabel mit ihr gemacht».

Kürzlich ist Großherzog Georg von Mecklenburg-Strelitz nach Berlin gekommen. Der König schenkt ihm das gleiche uneingeschränkte Vertrauen wie früher seinem Vater in allen Familienangelegenheiten. Am 4. November vormittags begibt sich Georg in das Cumberland-Haus Unter den Linden zu seiner Schwester und seinem Schwager, um ihnen zu eröffnen, was er einige Stunden später den königlichen Kindern beauftragt ist mitzuteilen: Der König beabsichtige eine zweite, eine morganatische Ehe einzugehen mit Gräfin Auguste von Harrach, da er nun alsbald durch die bevorstehende Heirat von Prinzessin Luise mit dem Erbstatthalter der Niederlande der letzten Gefährtin seines Privatlebens beraubt würde. Ein Ersatz also, kann man sagen, der Töchter, nicht der Königin, die unersetzlich ist. Friederike weiß, daß schon öfters die Rede war, der König plane eine derartige Verbindung, doch im ersten Augenblick, konfrontiert mit der Tatsache, ist sie so heftig schockiert, daß sie in einen Tränenstrom ausbricht.

Ernst August – er ist der Königin nie begegnet – sucht zu vermitteln, gibt ihr zu bedenken, daß vierzehn Jahre vergangen sind seit ihrem Tode, in denen der König, soweit seine Position es erlaubte, sich ausschließlich der Familie widmete, den heranwachsenden Kindern. Man müsse verstehen, wenn er jetzt, da sie alle ihre eigenen Wege gehen, jemand um sich haben möchte, der nur für ihn da ist. «Wir müssen sogar hoffen und von ganzem Herzen wünschen», setzt Georg hinzu, «daß er diesen Entschluß nie bereuen wird.»

Allmählich beruhigt sich Friederike. Der Großherzog denkt mit Bangen an das, was ihm im Palais bevorsteht, denn der König hat seine Entscheidung von der Zustimmung der Kinder abhängig gemacht. Um sechs Uhr nachmittags sind sie alle um ihn versammelt, auch Charlotte und Großfürst Nikolaus sind gerade anwesend. Charlotte reagiert auf die Nachricht mit eisigem Schweigen, sie fühlt sich tief gekränkt für die Mutter und soweit möglich, übersieht sie geflissentlich die Frau an der Seite des Vaters. Nikolaus bleibt ruhig und freundlich. Der Kronprinz, weicheren Gemütes als die Schwester, rät dem König, als er ihn nach der offiziellen Erklärung im Kreis der Familie allein spricht, Gräfin Auguste von Harrach den Titel einer Fürstin Liegnitz und Gräfin von Hohenzollern zu verleihen, eine Reputation, die ihr die schwierige Lage, in der sie sich befindet, erleichtern werde. Sein Rat wird umgehend befolgt. Mit dem Kronprinzen gewinnt Fürstin Liegnitz auf die Dauer den besten Freund und Ratgeber. Nach dem Tode des Königs hat er auf das Großzügigste ihre Zukunft geordnet und sichergestellt.

Die Zustimmung zu verweigern, daran denkt niemand.

Der König hat Eylert, den Hofprediger, nach Charlottenburg bestellt für den 9. November 1824 um zehn Uhr. Außer dem Kronprinzen erlaubt er keinem der Angehörigen, ihn zur Trauung zu begleiten, um jedes Aufsehen zu vermeiden. Nur sein ältester Sohn und vier seiner engsten Mitarbeiter nehmen an der Zeremonie teil. Nach Beendigung des kurzen, feierlichen Aktes kehrt die Braut mit ihren Eltern in einer einfachen Mietskutsche in das Hotel Rom Unter den Linden zurück.

Ohne die «fatale Geheimnistuerei» wäre alles viel einfacher, meint der sehr realistische Prinz Wilhelm. Auch Friederike und Ernst August sind betroffen von dem seltsam ungeschickten Verhalten des Königs, das die Einführung der Fürstin Liegnitz in die Gesellschaft und in die Öffentlichkeit lediglich erschwert.

Erst nach einigen Tagen wird die Heirat mit einem von dem König redigierten Artikel von der Presse bekanntgegeben, nachdem schon mehr als genug vage Vermutungen im Umlauf sind.

Prinz Wilhelm an Fürstin Radziwill, am 16. November 1814:

«Den Eindruck, den das vielbesprochene Ereignis im Publikum macht, ist ganz eigener Art; es ist ein dumpfes Brüten darüber, entspringend aus einer tiefen wehmütigen Empfindung. Die Erinnerung an Mama hatte etwas so Heiliges, daß niemandem das Eingetretene denkbar schien ...»

13.

1825 bietet der König Herzog Ernst August das Schloß Schönhausen, in dem Friederike nach dem Tod ihres ersten Mannes mit der oranischen Familie wohnte, als Sommersitz an. Hocherfreut dankt Ernst August ihm überschwenglich. In der warmen Jahreszeit sind Hitze und Staub in der Stadt oft unerträglich. Der Schloßpark wird für seinen Sohn Georg ein Paradies sein, endlich kann er sich austoben, er ist in dem Alter, wo er nicht weiß, wohin mit seinen Kräften. Sechs wird er im nächsten Monat. Der König ist rücksichtsvoll, aber Ernst August kennt die Frage im Blick, der auf ihn gerichtet ist. Man merke dem Jungen gar nichts mehr an, er habe sich erstaunlich schnell daran gewöhnt. Hoffnung auf Besserung gäbe es nicht, die Krankheit hätte die Sehkraft des linken Auges zerstört.

Der König schweigt und wartet.

Auch er, fährt Ernst August nach kurzer Pause fort, habe sich damals relativ bald an den Verlust seines linken Auges gewöhnt, das in der Schlacht von Tournai durch den Luftdruck eines schweren Säbelhiebes auf Schulter und Arm zunächst anscheinend leicht verletzt worden war, infolge von unzureichender und nachlässiger Behandlung jedoch erblindete. Das rechte Auge, vom grauen Star bedroht, habe Dr. Gräfe kürzlich untersucht und festgestellt, daß es noch ungefähr zwei Jahre dauern werde, bis der Star reif sei für die Operation.

Nachdenklich bleibt der König zurück, der kleine Bub tut ihm leid, ein hübsches und aufgewecktes Kind. Für Friederike ein schwerer Schlag, obendrein steht sie unter dem Druck der ständigen Sorge um ihren Mann: Wird es Dr. Gräfe gelingen, den Star zu stechen? Ein Eingriff ohne Narkose, die es damals noch nicht gab, der von Arzt und Patient höchste Konzentration verlangt, um jedes unwillkürliche Zucken zu vermeiden. Dr. Gräfe, ein in ganz Deutschland berühmter Augenarzt, hat den König bereits unterrichtet, der daraufhin den Herzog zu sich bestellte, um die Cumberlands mit seinem Vorschlag ein wenig aufzuheitern. Schönhausen, Friederike liebte es so – aber die Erinnerungen, werden sie sich nicht störend einschleichen? Wenn der Gatte ahnte, was man ihm seinerzeit alles zugetragen hat! Nichts weiß er, gar nichts! Gut so! Komisch... konnte ihr nie böse sein, sie hat so was... er schmunzelt, sucht nach einem Wort, es klopft, Witzleben tritt ein, einen Stoß Akten unterm Arm. Er stutzt einen Moment, den König, immer vertieft in seine Arbeit, untätig, sinnend zurückgelehnt in dem hochlehnigen Stuhl vorzufinden. Doch schon richtet er sich auf und winkt, ihm gegenüber Platz zu nehmen.

Erinnerungen an Abenteuer irritieren Friederike nie. Die meisten ihrer zahlreichen Torheiten hat sie längst vergessen und alle verräterischen Briefe vernichtete sie klugerweise, das hat das Erlebnis von Silkerode sie gelehrt. Wenige kostbare Höhepunkte wühlen nichts auf, begleiten sie wie vertraute Freunde, die man nicht missen möchte, wenn sie die seltenen Stunden der Einsamkeit gelegentlich als ferner schöner Traum durchziehen. Sie kann sich kaum fassen vor Freude über Schönhausen, keinen sehnlicheren Wunsch hätte der König ihr erfüllen können. Den großen Kreis von Menschen, der sie umgibt, wird sie um sich versammeln in den lichten, hohen Räumen des Schlosses oder bei einfallender Dämmerung auf der Terrasse, sie werden musizieren, lesen, Gespräche führen, lachen und froh sein.

Karlsbad und Teplitz sind im Frühjahr und Herbst auch schön. Die Kuren, die ihr und Ernst August immer gutgetan haben, sollen nicht unterbrochen und die freundschaftlichen Beziehungen zum fürstlichen Haus Clary nicht vernachlässigt werden. Die Hoffnung, Goethe anzutreffen, sei gering, meint Zelter. 1823 war er in Böhmen fast zweieinhalb Monate, in Marienbad, Karlsbad und Eger. Der Aufenthalt endete mit dem ihn zutiefst erregenden Abschied von seiner letzten leidenschaftlichen Liebe zu der neunzehnjährigen Ulrike, Tochter der Gräfin Levetzow. Alsdann hat er resigniert – vierundsiebzigjährig – und all die ihm so vertraut gewordenen Stätten nicht wiedergesehen, die nun nur noch in seinen Versen weiterleben.

Zelter erwähnt öfters in seinen Briefen Friederikes warme Sympathie für ihn. Dann und wann gehen auch persönliche Grüße, Zeichnungen, kleine Geschenke hin und her, werden sorgsam aufbewahrt wie jenes Gedicht, das vor Jahren entstand, als Ernst August und Friederike auf einer Reise spät nach Frankfurt kamen, um dort zu übernachten, und hörten, Goethe sei in der Gerbermühle bei Willemer zu Gast. Es war schon dunkel, doch sie konnten dem Wunsch nicht widerstehen, ihn aufzusuchen. Ein unvergeßlicher Abend, dem ein gereimter Gruß folgte, den er ihnen nachsandte.

«Herzog und Herzogin von Cumberland, Hoheiten, die in der Nacht die Einsiedler am Flusse besuchten:

Wohlerleuchtet, glühend milde
Zog der Strom im Abendschein,
Über Brück' und Stadtgebilde
Finsternisse sanken ein.

Doch am Morgen ward es klar
Neu begann's umher zu grünen
Nach der Nacht, wo jenes Paar
Sternengleich uns angeschienen.»

Wie ein Donnerschlag aus heiterem Himmel trifft die Nachricht vom Tode Zar Alexander I. die Mitglieder der königlichen Familie in Berlin am 13. Dezember 1825 in den Nachmittagsstunden. Eine kurze, hastig hingekritzelte Notiz des preußischen Konsuls in Warschau ohne jeglichen Kommentar. Anfangs besteht noch die Hoffnung, es handele sich um ein Gerücht, eine Falschmeldung, doch bald bestätigen Kuriersendungen aus

Moskau und St. Petersburg die tragische Botschaft. König Friedrich Wilhelm III. ist so erschüttert, wie man ihn nur nach dem Tode der Königin gesehen hat. Er verliert den besten Freund, den einzig echten Freund Preußens, und seiner Meinung nach verliert Europa in dem Zaren die wichtigste Stütze zur Erhaltung des Friedens in dem Bund der Heiligen Allianz. Der Thronfolger Zar Nikolaus I., des Königs Schwiegersohn, neunundzwanzig Jahre alt, noch unerfahren, wird er die Kraft haben, das Riesenreich zusammenzuhalten, Herr zu werden der drohenden Gefahren vom In- und Ausland? Er kann ihm vertrauen, er steht ihm nahe wie ein Sohn, aber Alexander ersetzen kann er nicht, der unersetzlich ist wie Luise.

Der Zar befand sich in Taganrog am Asowschen Meer, kehrte krank, erkältet und fiebrig, zurück von einer Inspektionsreise auf die Krim am 5. November (russ. Zeitrechnung). Sein Zustand, zunächst nicht beunruhigend, verschlechterte sich. Die Bulletins über den Krankheitsverlauf sind unterschiedlich, berichten von Delirium, Besinnungslosigkeit, dann wieder verweigert er hellwach die Einnahme der Medizin, er fürchte vergiftet zu werden, erklärt er seiner Frau, die ihn inständig bittet, sich den Verordnungen der Ärzte zu fügen. Niederschmetternde Auskünfte hat er erhalten von seinen Agenten über die Geheimbünde, ihre Ziele, ihre Pläne; Jugendliche aus den besten Familien befinden sich unter den Fanatikern, die irgendwann, irgendwo ihrer überhitzten Phantasie die Zügel werden schießen lassen. Einer eisernen Widerstandskraft bedarf es – die seine ist gebrochen. *Sein* Feind war Napoleon, der Sieg über ihn Triumph und Erfüllung seines Ehrgeizes: Höhepunkt und – Enttäuschung, nun er am Ende ist. «Der rätselhafte Zar», wie Paléologue ihn nannte? Die Umstände, die sein Leben bestimmten, waren ungewöhnlich, daher waren die Folgerungen, die er zog, oft ungewöhnlich, spürt man ihnen aber hartnäckig nach: ungewöhnlich *logisch*, daher zu enträtseln.

Ob Zar Alexander I. in Taganrog am 19. November (russ. Z.) mit achtundvierzig Jahren als «Herrscher aller Reußen», oder in Tomsk (Sibirien) am 20. Januar 1864 mit sechsundachtzig Jahren als hochgebildeter, sprachenkundiger, streng asketischer Starez, verehrt wie ein Heiliger von der Bevölkerung Sibiriens, gestorben ist, er bleibt eine der brillantesten und interessantesten Erscheinungen der europäischen Geschichte.

Drei Söhne Georgs III. von England haben 1819 die Geburt von Nachkommen angemeldet: Der Herzog von Kent eine Tochter Viktoria (mit achtzehn Jahren Königin von England, da ihr Vater bereits 1820 stirbt), Herzog Ernst August von Cumberland einen Sohn, der Herzog von Cambridge ebenfalls einen Sohn. Als nach angemessenem Zeitraum die gesetzlich festgelegten Apanagen für die Erziehung der Kinder beantragt werden, genehmigt das Parlament nach erster Lesung anstandslos die Forderungen der Herzogin von Kent und die des Herzogs von Cambridge, diejenige des Herzogs von Cumberland hingegen löst, wie damals bei seiner Apanagen-Erhöhung, wilde Debatten aus. Der alte Haß gegen ihn lodert von neuem auf, doch da Widerspruch höchstens eine Verzögerung verursacht, knüpft man an die Bewilligung die Bedingung, daß sein Sohn, so nahe dem britischen Thron, in England erzogen wird. Ein Vorbehalt, der künftighin locker gehandhabt wird, denn mit der Anwesenheit des Sohnes ist die des Vaters verbunden, auf die man gerne verzichtet, eine unbequeme Mitgift.

Das Leben auf dem Kontinent hat Ernst August, schon in Göttingen als Student, entscheidend beeinflußt in seiner geistigen Entwicklung. Verheiratet nunmehr mit einer Prinzessin aus Mecklenburg-Strelitz, in Berlin zu Hause, fühlt er sich mehr denn je als Deutscher, worüber Herzog Karl, der Stiefbruder Friederikes, gerne spöttelt: ein Deutscher würde er nie, doch ein Europäer sei er, gibt er Friederike zu. Sie lächelt ein wenig ironisch: vielleicht sei das mehr? Er zuckt die Achseln und erwidert: «May be!»

Es sind die gehässigen Parteizwistigkeiten, die Ernst August kränken, daß er sie selbst durch die Heftigkeit seiner Reden und Gegenreden hervorruft, will er nicht einsehen. In einem Schreiben an König Georg IV., am 28. Juni 1828, spiegelt sich seine innere Verbitterung gegen das Heimatland deutlich wider:

«Für mich ist es unerklärlich, wie jemand, der es sich leisten kann, ohne Staatsamt zu leben, in einem Land wie England eines erstrebt, wo jede Erpresserzeitung mit einem Schlage den Ruf eines Mannes vernichten kann, so daß jemand, der jahrelang Achtung genossen hat, auf einmal von seinen Landsleuten angegriffen, verabscheut und mißhandelt wird.»

Das obige Urteil Herzog Karls ist aber wohl *auch* berechtigt. In den Aufzeichnungen der Gräfin Bernstorff findet sich eine kritische Betrachtung Ernst Augusts, als er sie anläßlich ihres Geburtstagsempfanges aufsucht:

«... Er kam mit der Fluth der Gratulanten zugleich, verlor sich ziemlich zwischen ihnen, nachdem er manch höfliche Redensart halb deutsch, halb englisch und französisch aus seinem mächtigen Schnurrbart hervorgehaspelt, mich mit seinen schielenden Augen überaus freundlich angesehen, mit dem kleinsten der Kinder geschäkert und die bunten Gaben und Nippes besehen hatte, welche mir beschert worden waren.

Dieser Herr verbindet mit einem feinen, ja spitzen Verstand Rauheit des Wesens, mit Schärfe des Urteils anscheinende Treuherzigkeit. Er kann oft sehr grob sein, und zwar dann nur aus reiner Freude an der Sache; denn er ist recht eigentlich maliziös und affektiert die Gemütlichkeit, die mehrere seiner Brüder in Wahrheit besitzen.»

«Maliziös» – boshaft, hämisch – dürfte der Gatte Friederikes, mit dem sie eine harmonisch glückliche Ehe führt, sicherlich nicht sein. Jedoch muß tatsächlich in der Art seines Auftretens und seiner Dialektik eine aufstachelnde Eigenwilligkeit liegen, eine fast sadistische Freude, den Gesprächspartner, der anderer Ansicht ist, bis zur Weißglut zu reizen. Gelingt es dem Gegner, ihn zu überzeugen, daß *er* mit seiner Behauptung im Unrecht ist, bekennt er ohne zu zögern seinen Irrtum und seine freundschaftliche Grandezza ist versöhnlich. Diese korrekte Haltung wird von allen hervorgehoben, sogar bestätigt von Wellington, seinem guten Freund, nach dem großen Streit um die Emanzipation der katholischen Kirche, der sie entzweite und wieder zusammenführte. Verläßliche Beobachter haben das ungalante Aufbrausen im Salon seiner Frau nie bemerkt, er habe sich dort stets als liebenswürdiger Gastgeber präsentiert.

Wie zartfühlend schonend er Friederike behandelt, zeigt sein Befehl, sie erst *nach* der Augenoperation im Februar 1827 zu benachrichtigen, damit ihr jegliche Angst und Aufregung erspart bleibt. Um die schwindende Sehkraft des Herzogs wird ständig ein großes Geheimnis gemacht. Niemand in seiner Umgebung könnte sagen, wie weit die Erblindung fortgeschritten ist, selbst Friederike ist darüber im Unklaren und wagt nicht zu fragen, da er das Leiden meisterhaft zu verbergen versteht. Er reitet, nimmt teil an Jagden, tanzt, tollt mit seinem Sohn herum, das Lesen aber, und das verheimlicht er, fällt ihm trotz Lupe schwerer und schwerer. Im Haus findet er sich mühelos zurecht, da Friederike strenge Order gegeben hat, alle Gegenstände, die er benötigt, immer wieder an ein und denselben Platz zu stellen.

Anfang Februar 1827 beginnt Dr. Gräfe mit täglich mehrfachem Einträufeln eines Präparates in das erkrankte Auge. Tag und Stunde der Operation bestimmt der Herzog selbst. Er erscheint in Uniform, völlig ruhig und gelassen streckt er sich auf der vorbereiteten Liege aus. Ein Tisch mit Instrumenten wird hereingefahren und daneben gestellt. Dr. Gräfe, assistiert von seinem Sohn, ebenfalls Augenarzt, und einem Kollegen Dr. Schmidt, die Puls und Herzschlag kontrollieren und ihm die Instrumente reichen, arbeitet schnell, präzise und sicher. Nach fünf Minuten ist der Eingriff beendet und, wie Dr. Gräfe dem Patienten mitteilt, kann er als gelungen betrachtet werden. Nun kommt es nur noch auf Geduld bei der Heilung an.

Der Kammerdiener, der einzig Eingeweihte im Haus, geleitet den Herzog in das angrenzende Schlafzimmer, das verdunkelt ist, entkleidet ihn, da er sich sogleich ins Bett legen muß. Ein Aderlaß und Eiskompressen sollen eine Entzündung verhindern oder zumindest mildern. Nun erst wird Friederike verständigt. Dr. Gräfe versichert ihr, wenn unvorhergesehene

Komplikationen nicht eintreten, werde ihr Mann für viele Jahre mit einer Brille wieder mehrere Stunden hintereinander lesen und schreiben können. Doch Bedingung ist eine wochenlange Ruhe im verdunkelten Raum und die Anwesenheit eines Arztes Tag und Nacht ohne Unterbrechung im Zimmer (drei im Wechsel), damit bei der geringsten Störung sofort ein Spezialist zur Stelle ist und Dr. Gräfe umgehend gerufen wird. Dr. Gräfes Prophezeiung erweist sich als zutreffend, noch achtzehn Jahre lang vermag der Herzog Zeitungen zu lesen, Akten zu studieren und Briefe persönlich zu schreiben. «Er hatte unter einem gewissen Winkel ein sehr scharfes, selbst weit tragendes Gesicht», schreibt sein späterer Sekretär Malortie, ... jedoch war der Focus ein mäßiger, weshalb das Auge große Gegenstände nicht fassen konnte. Endlich war jede Blendung ihm sehr unangenehm, hell genug konnte ihm aber selten ein Zimmer sein ...»

Für Friederike beginnt nach seiner Genesung für lange Zeit ein sorglos heiteres Privatleben, da er bis Anfang nächsten Jahres nichts unternimmt als eine zweiwöchige Reise nach Hannover. Die Hofhaltung der Cumberlands ist feudal und kostspielig. Von Natur großzügig, vertraut der Herzog auf seinen guten Stern, eines Tages, wenn es nicht weh tut, werden die Schulden bezahlt. Der Hofstaat für ihn und seine Frau gehört zum selbstverständlichen Requisit der Repräsentation, auch die Staatskarosse mit dem Sechsergespann, das der Leibkutscher mit vollendeter Eleganz vom hohen Sitz durch das Getümmel des Straßenverkehrs lenkt, ein Bild, das die Berliner und Reisenden ergötzt. Heine schreibt in einem seiner Briefe aus Berlin:

«Wahrlich diese Blume der Kutscher auf dem Bock paradieren zu sehen, ist schon allein wert, daß man deshalb nach Berlin reist. Hintenauf standen vier Bediente, die auf gleiche Weise gekleidet sich mit brüderlicher Umschlingung einer an dem anderen festhielten und dem gaffenden Publikum vier wackelnde Haarbeutel zeigten!»

Nur einmal im Jahr geben die Cumberlands einen großen Ball, den Herzog Karl von Mecklenburg-Strelitz mit Raffinesse und überraschenden Effekten inszeniert. Friederike zieht die Geselligkeit vor, die intim bleibt mit der Freiheit des Kommens und Gehens. Der Kronprinz, der sich oft einstellt, ist der einzige der Neffen und Nichten, mit dem sie sich voll und ganz versteht. Nicht nur im Äußeren, auch im Wesen hat er viel von der Mutter, der Königin Luise. Trotzdem er verheiratet ist, erscheint er immer alleine, führt sozusagen sein gewohntes Junggesellenleben, das sehr solide war, weiter. In den Aufzeichnungen der Gräfin Bernstorff befindet sich auch über ihn eine prägnante Charakteristik:

«... Mutter Natur hat ihn in jeder Beziehung hervorragend begabt; kein Gebiet hat er indes mit so großer Vorliebe gepflegt, auf keinem anderen so Meisterhaftes geleistet wie auf dem des treuen Aufnehmens und des genialen Erfindens mit Feder und Blei.

Wie oft habe ich die reichsten Zeichnungen unter seinen graziösen Händen mit unglaublicher Schnelligkeit entstehen sehen... Graziös ist er in allem, was er tut, in jeder Bewegung, in allen Wendungen seines Körpers wie seines Geistes... Regelmäßig sind seine Gesichtszüge nicht, aber sie tragen den Abglanz eines hochgestimmten Herzens sowie eines kräftigen und durchdringenden Geistes und einer alles überstrahlenden Herzensgüte...»

Der König zeigte sich zunächst sehr angetan von der Schwiegertochter, doch daß der von ihr versprochene Religionswechsel immer länger auf sich warten läßt, verstimmt ihn. Abgesehen davon, daß sie sich nur schweren Herzens von der ihr von Jugend auf vertrauten katholischen Kirche trennt, sieht sie überdies nicht ein, weshalb man beide Konfessionen nebeneinander nicht duldet wie in ihrem Elternhaus. Ihr Vater, König von Bayern, trat aus politischen Erwägungen zum Katholizismus über, die Töchter wurden in seinem Glauben erzogen, die Söhne im Glauben der Mutter, die evangelisch blieb.

Erst nach sieben Jahren, im Mai 1830, entschließt sich Kronprinzessin Elisabeth, das Versprechen einzulösen, verständigt ihren Beichtvater und den Gatten, der während der langen

Zeitspanne nie auf Erfüllung der Zusage gedrängt hat. Frühzeitig am nächsten Vormittag wird die Zeremonie in der Schloßkapelle vollzogen, anschließend fährt das Paar zum König, der aus dem Schlafzimmer tritt mit den Worten: «Ein unerwarteter Besuch.»

Als er hört, was geschehen ist, umarmt er beide und sagt: «Wie ich wünsche, daß dies euch und allen in der Familie und dem ganzen Lande ein Segen sein möge, könnt ihr leicht denken.»

Die Ehe des Kronprinzen bleibt kinderlos. Thronerbe ist somit Prinz Wilhelm, der nächstjüngere Bruder (1871 deutscher Kaiser). Seine heiße Liebe ist Elisa von Radziwill, Tochter des Fürsten und der Fürstin Radziwill, die seit 1815 den größten Teil des Jahres in Posen leben, später durch Etikette-Komplikationen verärgert, die preußische Hauptstadt meiden. Nur dem Fürsten begegnet man dann und wann, wenn er als preußischer Statthalter Posens dort geschäftlich zu tun hat. Die Radziwills gehören keinem regierenden Haus an, daher ist Elisa nicht ebenbürtig. Nach einem enervierenden Hin und Her von Gutachten, Adoptivversuchen, die sich über fünf Jahre hinziehen (enervierend auch für den Leser), muß Prinz Wilhelm schließlich verzichten und schließt eine Konventionsehe mit Prinzessin Auguste von Sachsen-Weimar am 11. Juni 1829. Ein berühmt gewordenes Fest, das «Fest der weißen Rose», das den Glanz der Ritterzeit heraufbeschwört, wird zu Ehren der Hochzeit des Paares veranstaltet.

Im Hof von Sanssouci sind Tribünen errichtet rechts und links des großen Balkons, dem Platz des Königs, der umgeben ist von seinen Töchtern, seinen Schwiegertöchtern, von den Schwägerinnen Marianne von Preußen und Friederike von Cumberland in Begleitung ihrer Tochter aus erster Ehe, Herzogin von Anhalt-Dessau, alle tragen sie eine weiße Rose im Haar. Als Königin des Festes gilt Charlotte, nunmehr Zarin von Rußland. Eine Fanfare ruft die Ritter, die ihr huldigen, an der Spitze der Kronprinz, der in seinem Kostüm großartig aussieht, wie ein wahrer Ritter aus jener Zeit. Er bittet sie, seinen

Gefolgsmannen zu erlauben, vor ihr im Wettstreit um den Siegespreis zu fechten. Es fällt vielen auf, daß Charlotte nicht mehr die entzückende Grazie ihrer früheren Unbefangenheit hat, sie ist distanziert, ausgerüstet mit majestätischen Allüren.

Friederike sieht gedankenverloren dem Spiele zu. Seit vielen Monaten ist Ernst August in England, unterdessen war der Sohn schwer krank, sie selbst leidend, ohne sich recht erholen zu können. Sie flehte Ernst August an, zurückzukehren.

«... Ach Gott, wie wünschte ich, ich könnte kommen!» antwortete er im Februar 1829, «aber wenn ich Dir sage, *daß meine Gegenwart hier jetzt von entscheidender Bedeutung ist*, würdest Du die erste sein, die erklärt: bleib! Angebeteter Engel meines Herzens, Du kennst Deinen Ernst, daß er Dich anbetet, daß er sein Kind liebt, wie es kein Vater mehr tun kann, und wenn ich Dir alles sagte, was in meiner Seele vor sich geht, so wüßtest Du, daß nur eines mich zu dieser Reise veranlassen konnte: *die Pflicht* ...»

Der Streit um die Emanzipation der katholischen Kirche ist im englischen Parlament mit einer Leidenschaft geführt worden, die kaum verständlich ist, da von vornherein feststand, daß die Mehrheit des Volkes *für* die Emanzipation stimmt, das heißt die Befreiung der Katholiken von den Rechtseinschränkungen, denen sie wegen ihres Glaubens gesetzlich unterworfen sind. Die Tory-Partei hat nicht die geringste Chance die Emanzipation zu verhindern. Ernst August kämpft wie ein Löwe dafür, da er von Kindheit an in der Überzeugung erzogen worden ist, es sei eine «heilige Pflicht» der königlichen Familie, sich schützend für die Anglikanische Kirche, die Landeskirche, einzusetzen. Im Parlament gerät er mit zwei Brüdern in heftige Debatten und in der Hitze des Gefechtes mit Parteifreunden. Die Tory-Partei spaltet sich: Wellington und Ernst August sind erbitterte Gegner, bis nach geraumer Zeit die Vernunft siegt und sie sich wieder die Hände reichen.

Die Aufgabe, die ihn veranlaßte nach England zu reisen, endet also erfolglos. Er möchte nach Berlin zurückkehren:

«... Wäre ich nur wieder in Berlin, ach! wie mit Freude

würde ich atmen ohne Sorge, ohne Mühe, näher und neben allem was mir teuer ist im Leben ...» klagt er in einem Brief vom 6. Juli 1829.

Was fesselt ihn an England? Er behauptet, sein Bruder, der König, und seine nächste Umgebung würden ihn beschwören zu bleiben, benötigten seine Unterstützung. Wofür? fragt man sich. Glaubwürdiger erscheint, daß man ihn unter Druck setzt, die Gelegenheit nutzt, die Erziehungs-Apanage nicht zu zahlen, wenn der Sohn weiterhin in Berlin bleibt. 6000 Pfund im Jahr stehen auf dem Spiel. Die zu verlieren, das kann und will er sich nicht leisten. Was Friederike fürchtete, tritt ein: Er bittet sie mit Georg, zehn Jahre alt, nach London zu kommen.

An ihren Bruder, den Großherzog von Mecklenburg-Strelitz, schreibt sie am 7. August 1829, mit «tausend Tränen» habe sie Schönhausen und die ganze Familie verlassen, um in einem Land leben zu müssen, an das sie nur die herbsten Erinnerungen habe. Ernst August hingegen ist beglückt, sie endlich wieder in die Arme schließen zu können.

So beginnt für sie der Aufenthalt freudlos, er endet vier Jahre später, getrübt durch schwere Sorgen.

14.

Die Juli-Revolution im Jahr 1830 in Frankreich läßt die feudalistisch geprägten Staaten Europas erzittern, ihr Erfolg begeistert die Massen in England. Im Juni ist König Georg IV., unbeugsam an der bestehenden Ordnung festhaltend, gestorben. Sein Bruder, der dritte Sohn König Georgs III., der Herzog von Clarence und zu Braunschweig-Lüneburg, fünfundsechzig Jahre alt, folgt ihm als König William IV. «Matrosenkönig» nennt ihn das Volk, weil er von Jugend an bei der Marine diente. Schnell befördert, wurde er bereits mit vierundzwanzig Jahren Konteradmiral, durfte aber als zukünftiger Thronanwärter nicht mehr an Seeschlachten teilnehmen.

1790 liierte er sich mit einer irischen Schauspielerin, zehn Kinder wurden geboren, 1811 verließ er sie, blieb jedoch ein vorbildlich sorgender Vater für die zahlreichen Nachkommen. Da er mit der Inthronisation rechnen mußte, heiratete er standesgemäß 1818 eine Prinzessin von Sachsen-Meiningen. Die Tochter, die 1820 zur Welt kam, starb ein Jahr später. Weiterer Nachwuchs stellte sich nicht ein. Das Ehepaar wohnt auf dem Landsitz des Herzogs in der Nähe von London. Mit allerhand Eigenheiten ausgestattet, nimmt er an geselligen Veranstaltungen nur teil, wenn es unumgänglich nötig ist. 1827 zum Großadmiral der britischen Flotte ernannt, forderte er 1828 seine Entlassung, da er wegen seiner liberalen Ansichten mit dem Ministerium Wellington in heftige Auseinandersetzungen geraten war. Vorübergehend trübte der Parteihader auch das Einvernehmen mit seinem Bruder, dem Herzog Ernst August von Cumberland.

Die Niederlage der Torys im Konflikt über die Emanzipation der Katholiken war eine nicht mißzuverstehende Warnung, die deutlich zeigte, daß das herrschende Regime sich für die Neuzeit untauglich erweist. Die Gesellschaftsstruktur hat sich grundlegend geändert, aber nichts änderte sich seit undenklichen Zeiten – undenklich jedenfalls für den «poor man» – im altväterlichen Trott des Parlamentes. Eine Parlaments- beziehungsweise Wahlreform ist längst überfällig. Auch England wird dem Ruf nach einer Neu-Ordnung nicht entgehen können. Aber selbst einem großen Teil der Whigs ist allein der Gedanke an einen derartigen Wandel zuwider.

Jeder Thronwechsel bedingt Wahlen. Sie bescheren der Regierungspartei, den Torys, einen Verlust von fünfzig Sitzen, die Whigs hingegen können die Anzahl ihrer Sitze beträchtlich verbessern. Die Parteien ändern im Laufe der nächsten Zeit ihre Namen, die Torys nennen sich Konservative, die Whigs Liberale, Bezeichnungen, die für uns geläufiger sind und daher von nun an übernommen werden.

Lord Grey, ein Liberaler, eröffnet nach der Thronrede die Diskussion über die Parlamentsreform. Wellingtons Antwort gipfelt in einer leidenschaftlichen Ablehnung zugunsten seiner Geldmagnaten. Die Veröffentlichung der Debatte am nächsten Tag führt zu hitzigen Demonstrationen gegen die Konservativen, worauf Wellington demissioniert und Grey, den Führer der Liberalen, als Nachfolger empfiehlt. Grey übernimmt die Regierung, zögert aber lange, ehe er beginnt, sich mit dem Entwurf einer Parlamentsbill zu beschäftigen. Im März 1831 findet die erste Lesung im Unterhaus statt, die mit einer Stimme Mehrheit für die Annahme votiert. Zwei weitere Lesungen mit Korrekturen erzielen ein positiveres Ergebnis der Ja-Stimmen, doch am 8. Oktober «killt» das Oberhaus die Bill mit überwältigender Mehrheit. Die Empörung nimmt terroristisches Ausmaß an. Wilde Horden durchziehen die Straßen, okkupieren die Plätze, Gefängnisse werden gestürmt, Brandstiftungen und Tätlichkeiten verunsichern die Bürger, die bisher auf seiten der Arbeiter standen und nun, erschreckt durch die Gewalttaten, sich zurückziehen und den Konservativen ihre Sympathien zuwenden.

Am 8. Mai demissioniert die Regierung Grey. Der König ruft Wellington, beauftragt ihn, die Regierung zu bilden. Nunmehr wird die revolutionäre Stimmung der Bevölkerung von den Liberalen auf Hochtouren angefacht mit der Weisung, soviel Geld als möglich abzuheben, um dem Staat die flüssigen Mittel zu entziehen. Man rennt nach Geld, die Banken müssen Unsummen auszahlen, und die Bankdirektoren dringen immer energischer darauf, den Aufständischen nachzugeben. Nach sechs Tagen kapituliert Wellington. Die abermalige Berufung Greys, ein unerwarteter Triumph, wird bejubelt. Mit dieser Ernennung hat der König den Widerstand aufgegeben, die Lords müssen sich wohl oder übel fügen, sie bleiben zu Hause oder in ihren Clubs während die Reformbill am 4. Juni 1832 mit 106 Stimmen gegen 22 siegreich das Oberhaus passiert. Von 360 Peers erschienen 128, und damit ist die drohende Revolution vermieden. Enttäuscht von der Reform sind später die Arbeiter, da die Demokratisierung des Wahlrechtes bis zum Bürger nicht durchgedrungen ist. Die Wahlmacht der Aristokratie ist lediglich eingeschränkt durch das Mitspracherecht der begüterten Oberschicht. Aber immerhin ein erster grundsätzlicher Schritt zur Lockerung des Systems der uneingeschränkten Macht der Magnaten ist getan.

Und Ernst August mußte tatenlos zuschauen. Die in sich gespaltene konservative Partei ist geschwächt, kampfunfähig. Es nützt nichts, daß Wellington und Ernst August sich alsbald versöhnen, die Einheit der Konservativen ist verlorengegangen. Ernst August ist sich über die Lage im klaren, das geht aus einem Brief hervor, den er an Lord Eldon am 1. Januar 1833 schreibt:

«Es ist eine engere Einigung erforderlich... Die Zahl unserer Mitglieder im Parlament hat sich zwar vermindert, ist aber immer noch beträchtlich. Sie sind zum Handeln bereit, wenn Harmonie, Kameradschaft und Einmütigkeit unsere Richtlinien sind. In diesem Sinn appelliere ich an alle, zu denen ich

Beziehungen habe... ich bin völlig davon überzeugt, daß die Revolution nicht nur *begonnen*, sondern *größere Fortschritte* gemacht hat, als ich *erwartete* oder *argwöhnte*, und doch sage ich, wir sollten... uns um so enger zusammenschließen, tapfer zusammenstehen und uns unerschütterlich zeigen und nicht mit gefalteten Händen dasitzen.»

Im Gegensatz zu früher ist er nicht draufgängerisch, predigt Ruhe, Abwarten, Geduld.

«Je mehr ich darüber nachdenke, wie die Konservativen sich verhalten sollten, desto mehr komme ich zu der Überzeugung, daß wir nur als Beobachtungskorps handeln können», äußert er in einem Schreiben an Friederike am 3. Februar 1833.

Er ist oft unterwegs, stets eine Beunruhigung für Friederike, denn die Stimmung im Lande birgt viele Gefahren. In effigie ist er in manchen Städten und Dörfern als renitenter Gegner fortschrittlicher Gesinnung gehängt und verbrannt worden. Einmal fällt er fast Aufständigen in die Hände, als er zu Besuch bei einem Bekannten in Dorset ist, wenn nicht ein Bauer am gegenüberliegenden Ufer alle Boote entfernt hätte, mit denen die erbosten Männer übersetzen wollten, um die Villa, in der er sich befindet, in Brand zu stecken.

Die Cumberlands wohnen wieder in Kew, in demselben Haus, in dem Ernst August schon seine Jugend verbrachte und Friederike manche schwere Stunde ihres ersten Aufenthaltes in England. Es geht laut Parlamentsbeschluß 1831 in seinen Besitz über. Georg, der Sohn, besucht die Eldonschule. Friederike hat in Übereinstimmung mit ihrem Mann bei der Übersiedlung deutsche Lehrer für die geistige und militärische Erziehung des Jungen mitgebracht, auch deutsches Personal, so daß Georg daheim in deutscher Umgebung aufwächst. Später betont er gerne, er fühle sich als Deutscher. Die welfische Abstammung spielt eine große Rolle in seiner Phantasie, erfüllt ihn mit Stolz und weckt frühzeitig sein Interesse für Geschichte. Der Philosoph Leibniz hat sich im vergangenen Jahrhundert eingehend mit der wissenschaftlichen Erforschung der historischen Bedeutung des Hauses Braunschweig-Lüneburg beschäftigt und eine Quellensammlung angelegt, die zunächst nur handschriftlich vorliegt, 1850 von Pertz herausgegeben im Druck erscheint. Georgs Studien werden durch den Verlust der Sehschärfe des linken Auges nicht beeinträchtigt. Doch im März 1833 trifft den Dreizehnjährigen ein harter Schlag: Durch eine Unachtsamkeit erblindet er völlig. Sein ganzes Leben lang wird ein großes Geheimnis um den Vorgang und den Verlauf der Behinderung gemacht. Der Vater ist ihm ein erfahrener Lehrer in der Kunst, seine Unsicherheit vor der Öffentlichkeit zu kaschieren. Schonung, Mitleid und Respekt verhindern die Umwelt, Fragen zu stellen. Erst nach seinem Tode versucht man, das Geschehene genau zu ermitteln. Es stellt sich heraus, daß ein Mr. Macfarlane Spong aus Irland am Tag des Unfalles sich mit Georg und seinem Vetter, dem Sohn des Herzogs von Cambridge, im sogenannten Blumengarten des Schlosses von Windsor befunden hat und Zeuge des Herganges wurde. Ernst Rosendahl berichtet in seiner Biographie des Königs Georg V. von Hannover, was Mr. Macfarlane Spong am 22. Juni 1878 über die Szene aussagte, die sich in seinem Beisein abspielte:

«Während sich Georg mit ihm und seinem Vetter ... unterhielt, schwang er mehrmals eine grünseidene Börse mit großen goldenen Quasten in Form von Eicheln an beiden Enden in der Luft herum und hätte beinahe sein Gesicht schon einmal getroffen. Ermahnt, vorsichtig wegen seines Auges zu sein, lachte er über solche Ängstlichkeit. Kurz danach aber, als er die Börse wieder herumschwang, schlug er sie heftig in sein rechtes Auge.»

Das rechte Auge ist das gesunde, doch die Verletzung scheint anfangs nicht so ernsthaft, als man fürchtete. Schon einige Tage später kann der Junge am Unterricht wieder teilnehmen und schreibt am 31. März einem Freund nach Berlin:

«Von meiner Gesundheit kann ich Dir gottlob sagen, daß sie sehr gut ist und von meinem Gesicht, daß es sich täglich bessert. Ich kann Gott nicht genug danken für seinen allmächtigen Schutz, den er mir ... hat angedeihen lassen.»

Bald aber wird festgestellt, daß der graue Star anfängt sich zu bilden, der allmählich zur fortschreitenden Trübung auch des rechten Auges führt. Die Wahrheit, die die Ärzte nicht verheimlichen können, ist nach einigen Wochen, daß damit gerechnet werden muß, daß auch auf diesem Auge die Sehkraft völlig erlischt. Wenn man, wie Rosendahl meint, bei der Welfenabkunft vielleicht nicht von einer erblichen Belastung sprechen kann, so dürfte doch wahrscheinlich in der Familie eine Schwäche der Augen vorhanden sein, die bei der geringsten Störung die Starbildung begünstigt. Die Eltern sind verzweifelt, der Vater sträubt sich lange, an die Erblindung des Sohnes zu glauben, Friederike klammert sich an jeden Hoffnungsschimmer, wird immer aufs Neue enttäuscht, sucht sich nach und nach mit einer noch unfaßlichen Zukunft auseinanderzusetzen.

Schon zu jenem Zeitpunkt steht fest, daß bei einem Thronwechsel Viktoria, Tochter des 1820 verstorbenen Herzogs von Kent, vierter Sohn Georgs III., Königin von England wird, nicht aber von Hannover, denn dort ist nach salischem Gesetz die weibliche Thronfolge nicht gestattet. Folglich wird das Erbe des hannoverschen Thrones an den fünften Sohn Georgs III. übergehen, an den Herzog Ernst August von Cumberland, dessen einziger Sohn Georg die Nachfolge antreten wird: ein blinder König!

Noch lebt König William IV., der den Ehrgeiz besitzt, auch seinem Stammland Hannover eine Verfassung zu geben, die es tatsächlich im September 1833 zur großen Freude der Hannoveraner erhält. Nachdem der Entwurf des Staatsgrundgesetzes von den einheimischen Ständen genehmigt worden ist, wurde es nach London für die Unterschrift des Königs zurückgeschickt, der unterdessen das Ministerium des Grafen Münster aufgelöst hat, der sich weigerte, die Neuordnung Hannovers anzuerkennen. In Hannover ist man froh, ihn loszusein und mit der dem König vortragenden Instanz direkt verhandeln zu können. Die Verfassung ist angepaßt dem Zeitgeist und seinen Erfordernissen, die meisten deutschen Staaten beneiden Hannover um dieses Staatsgrundgesetz. Doch ist es, wie sich später herausstellt, aufgrund von zwei Formfehlern angreifbar. Nach der Rücksendung sind vom König eigenmächtig – das heißt ohne Benachrichtigung und Absprache mit den Ständen – noch einige Korrekturen erfolgt. Vermutlich wurde auch der Passus über die Regentschaft, die eingesetzt werden muß im Falle der König minderjährig ist, nachträglich ergänzt durch folgenden Zusatz: «oder wenn der König *sonst* an der Ausführung der Regierungsgeschäfte verhindert ist.» Mit «sonst» als Vorbehalt steht die Anerkennung eines *blinden* Königs infrage. Der zweite schwerwiegende Fehler betrifft das Versäumnis König Williams IV., sich über Inhalt und Formulierung des neuen Gesetzes mit dem Herzog von Cumberland als dem nächsten Thronanwärter abzustimmen. Erst nach Unterschrift schickt man dem Herzog das Dokument, setzt ihn also vor das Fait accompli und fragt gleichzeitig an, ob er seinen Platz in der ersten Kammer einnehmen werde.

Ernst August erwidert am 20. Oktober 1833:

«Ich kann nicht umhin Ihnen zu sagen, daß ich im Jahr 1819 bei meinem seligen Bruder gegen die Einführung der allgemeinen Ständeversammlung protestiert habe, da diese meiner Ansicht nach nie hätte eingerichtet werden sollen ohne vorherige Einwilligung und Zustimmung aller männlichen Agnaten*... Von allem, was weiter vorgekommen, bin ich nicht genügend unterrichtet und kann mich deshalb durch das neue Gesetz noch nicht für gebunden halten.»

Die Cumberlands haben die Parlamentsferien von Oktober bis Ende Januar regelmäßig jedes Jahr in Berlin verbracht. Die Haushaltung Unter den Linden Nr. 2 wird während des Aufenthaltes in England ununterbrochen aufrechterhalten. 1833 verlassen sie schon frühzeitig im Herbst die britische Insel. Alle Bemühungen der Ärzte, das Augenlicht des Jungen zu erhalten, sind gescheitert, selbst an «Heilkundige» hat der Herzog sich gewandt, die ihm beteuerten, daß Kräuterbäder und ähnliche Maßnahmen eine heilende Wirkung ausüben würden. Sie

* Blutsverwandter der männlichen Linie

schadeten nicht, blieben aber ohne Erfolg. Die letzte Hoffnung setzen nun die Eltern auf den Berliner Augenarzt Dr. Gräfe, der den Herzog 1827 operiert hat. Nach der Untersuchung erklärt er sich bereit, die Operation durchzuführen. Sie mißlingt völlig. Der Mutter verheimlicht man das Resultat, indem man sie beruhigt mit der Aussicht auf eine langsame Heilung, die den Zustand erst nach und nach bessern werde. Ob man sie schließlich aufklärte, oder ob sie die Aussichtslosigkeit selbst realisierte, ist nicht bekannt.

Zuletzt sei noch erwähnt, daß in Friederikes Tagebuch die Angaben über den Unfall anders lauten. Auch das Datum ist geändert, ist zurückverlegt auf den 11. September 1832, und der Schauplatz des Geschehens ist nicht der Blumengarten von Schloß Windsor, sondern Kew. Mit dieser Täuschung versucht die Mutter vermutlich die Auffindung des Zeugen zu verhindern, da dessen Aussage den Sohn, der trotz Warnung das Spiel mit der Börse wiederholte, durch eigene Schuld belastet. Der Vorgang in Kew wird so geschildert, daß Georg einem armen Mann ein Almosen gegeben habe und auf dem Rückweg zur Mutter, um den gemeinsamen Spaziergang fortzusetzen, die «Börse mit den eichelförmigen Quasten» vor Freude über die wohltätige Tat fröhlich durch die Luft schwang, wobei sich eine der Quasten löste und ihm ins Auge flog. Diese Version wird zu Lebzeiten Georgs aufrechterhalten, was leicht möglich war, da aus Diskretion das Thema gemieden wird.

1834, 35 und 36 bleibt Friederike nunmehr mit dem Sohn in Berlin, während Ernst August viele Monate – von Ende Januar bis Oktober – in England verbringt. Beiden fällt die Trennung schwer, wenn auch Friederike froh ist, in Berlin zu sein. Nie hat sie sich in England wohl gefühlt, das Land und die Menschen sind ihr fremd geblieben, haben in ihr viele traurige Erinnerungen hinterlassen. Georg, der ohnehin nicht mehr in die Eldon-Schule gehen kann, wird zu Hause privat unterrichtet. Die Tragik seines Geschickes verbietet auch dem eifrigsten Gegner des Herzogs von Cumberland, das Parlament an die mit der Erziehungsapanage verbundene Bedingung zu erinnern.

Die Entwicklung des Prinzen wird durch die Erblindung gehemmt. Von Natur lebhaft und vielseitig interessiert, ist nun die Möglichkeit weitgehend eingeschränkt, sich durch Erfahrung und Studium von Büchern eine unabhängige, selbständige Meinung zu bilden. Da Georg musikalisch ist, schenkt ihm die Musik einen gewissen Ausgleich für das, was er gezwungen ist aufzugeben. Er widmet sich ihr mit großer Intensität und ist gern mit ausübenden Künstlern zusammen. Nie hört man, daß er einen verbitterten oder gequälten Eindruck mache. Er hat die Liebenswürdigkeit der Mutter geerbt und nichts von der zynischen Schärfe des Vaters. Da er viel und gerne geritten ist, fehlt ihm dieser Sport, der Kontakt mit gleichaltrigen Kameraden ist ganz von selbst zurückgegangen. Während der langen Abwesenheit des Vaters gewinnt Onkel Karl, Herzog von Mecklenburg-Strelitz, der Stiefbruder Friederikes, einen für sein Leben ausschlaggebenden Einfluß auf ihn. Der Herzog ist ebenso streng reaktionär wie, seit der Heirat, die Mutter. Friederike hat ihre frühere freiheitliche Gesinnung gänzlich aufgegeben, sich völlig in die Gedankenwelt ihres Mannes eingelebt. Sie haßt alles, was sich der – nach ihrer Ansicht – gottgewollten Ordnung auf Erden widersetzt: der Monarchie und der Herrschaft des Adels. Werden die gesellschaftlichen Regeln eingehalten, ist sie jedoch jedem zugetan, mit dem sie ein geistreiches Gespräch führen kann, der ihr Ratschläge gibt, die ihre literarische Neugier fesseln oder gar ihrer Hilfe bedarf. Die Hausangestellten sind viel zu verwöhnt, klagt Ernst von Malortie, den der Herzog 1836 als Chef des Hofstaates in seine Dienste nimmt und um seine Vermögensverhältnisse in Ordnung zu bringen und in Ordnung zu halten. Er muß mit Strenge vorgehen, teilweise die Dienerschaft entlassen, was «mit geringem Wohlwollen der Herzogin aufgenommen wird», um den oft monatelang unkontrolliert gelassenen Haushalt gründlich zu durchforschen und neu zu organisieren. Bemerkenswert ist, daß er in seiner Biographie des Königs mitteilt, daß die Finanzlage des Herzogs «nie so verworren und verschuldet gewesen ist, wie sie vielfach von seinen Feinden geschildert wurde».

Bald liegen «glänzende Resultate» vor und ein sich «merklich hebender Credit», ein Erfolg, den der militärisch ausgerichtete Herzog einem Zivilisten gar nicht zugetraut hätte. Malortie berichtet auch, das Herzogpaar unterstütze viele Notleidende.

Im Frühjahr 1837 bleibt Ernst August länger als sonst in Berlin, da er ernstlich in Sorge ist um Friederikes Gesundheit. Sie ist in der letzten Zeit sehr gealtert, ist schwerfällig geworden. In dem Bild, das von ihr als Königin existiert, erkennt man sie nicht wieder. Erst im April reist Ernst August über Hannover, wo er ein letztes Mal als Herzog von Cumberland im Fürstenhof logiert, nach England. Mit Sir Robert Peel, der nach Wellington die Leitung der konservativen Partei übernommen hat, ist er unzufrieden, er habe gute Chancen, die Liberalen zu stürzen, durch «Wankelmütigkeit» vertan, wie er seiner Frau schreibt. Er opfere altbewährte «Grundsätze neumodischen Ideen».

Das Leben des zweiundsiebzigjährigen Königs William IV. neigt sich dem Ende zu. In der Nacht vom 19. auf den 20. Juni stirbt er kurz nach zwei Uhr. Um sechs Uhr früh weckt die Herzogin von Kent ihre Tochter Viktoria, der Erzbischof und Lord Coningham wünschen sie zu sprechen. Die Herren erwarten Viktoria im Empfangszimmer, das sie im Morgenmantel betritt. Sie überbringen die Nachricht vom Tode ihres Onkels und daß sie demzufolge Königin sei. «Lord Coningham kniete nieder und küßte meine Hand», berichtet das Tagebuch Ihrer Majestät.

Das salische Gesetz, das die Personalunion England-Hannover löst, tritt in Kraft, Herzog Ernst August von Cumberland ist König von Hannover. Ihm liegt daran, der Königin-Nichte seine Solidarität zu beweisen durch einen Treueeid. Er leistet ihn im Oberhaus. Dieser von Ernst August als notwendig erachtete Vertrauensbeweis ist die Reaktion auf einen Verdacht, der ihn verfolgt. Laut Gerücht sollen die Orange-Logen, zu deren Großmeister er Ende der zwanziger Jahre ernannt wurde, einen Staatsstreich geplant haben, um den Herzog von Cumberland nach dem Tode seines Bruders zum König von

England zu erheben. Ernst August bestreitet, je davon gehört zu haben. Das Gegenteil läßt sich nicht beweisen. Ernst August legt das Amt des Großmeisters nieder, die Logen werden alsbald aufgelöst. In Kew bedauert die Bevölkerung, den Herzog und jetzigen König endgültig zu verlieren. Er hat viel Gutes getan und das Schicksal jedes einzelnen gekannt. Am letzten Tag besucht er unangemeldet das Armenhaus und probiert das Essen.

Am 24. Juni verläßt der König die britische Insel. Er schifft sich in Woolwich ein. Der Marinedampfer Comet steht für die Überfahrt zur Verfügung. Am Tag bevor er die englische Küste verläßt, faßt er seine Gefühle in einem Brief an Friederike zusammen:

«... Die Last der Verantwortung, die nun auf meinen Schultern liegt, gibt mir viel zu denken, und ich bitte den Allmächtigen jeden Tag, mich in meinem neuen Amt zu lenken und zu leiten, damit ich mich einigermaßen nützlich zeigen kann, alles dies macht mich verzagt, mais que faire!»

Nach stürmischem Wellengang erreicht der Dampfer am 26. Juni Rotterdam. Zu seinem Empfang ist der König der Niederlande erschienen, erwartet ihn im Hotel des Pays Bas. Nach kurzem Aufenthalt fährt er im Wagen, den Hannover schickte, weiter, passiert die hannoversche Grenze in Nordhorn, ist abends in Lingen, gönnt sich während des Pferdewechsels lediglich eine Erfrischung im Rathaus, reist die Nacht durch, ist am frühen Morgen in Osnabrück, wo ihn der Adjutant des Herzogs von Cambridge willkommen heißt. Am folgenden Tag, dem 28. Juni, verläßt er Osnabrück und, offenbar von einer inneren Unruhe getrieben, wählt er eine Strecke, die nicht durch sein Land führt, aber die Annehmlichkeit einer Abkürzung bietet und erreicht die Grenze seines Reiches sechs Kilometer vor der Hauptstadt. Nun reiht sich Dorf an Dorf, die alle festlich geschmückt sind, deren Bewohner am Straßenrand stehen, ihm zujubeln. Als er sich der Residenz nähert, verkünden die Geschütze von den Wällen sein Kommen mit Salutschüssen. Bei der Einfahrt, am Anfang der Calenbergerstraße ist eine

Am Fürstenhof empfängt Herzog Adolf von Cambridge, Vizekönig von Hannover, seinen Bruder Ernst August von Cumberland, der am 20. Juni 1837 König von Hannover geworden ist.

prachtvoll dekorierte Ehrenpforte errichtet worden. Dort überreicht Stadtdirektor Ruman die Schlüssel der Stadt, daß er sie nicht wie üblich zurückgibt, überrascht und befremdet die Umstehenden. Auf die feierliche Ansprache Rumans erwidert der König:

«Sie kennen meine Liebe zu diesem Lande und dieser Stadt, wo ich meine Jugend verlebte; der Vorsehung hat es gefallen, mich auf den Thron meiner Väter zu berufen; ich werde den Hannoveranern ein gerechter und gnädiger König sein.»

Wenn sie auch Beifall klatschen, die knappe Sachlichkeit der Antwort und der strenge Ton enttäuscht ein wenig.

Am Eingang des Fürstenhofes wird der König vom Vizekönig, dem Herzog von Cambridge, und seinem Sohn empfangen. Die Brüder umarmen sich, die Menge bricht in Hochrufe aus.

Der Herzog von Cambridge verläßt mit der Familie schweren Herzens am 4. Juli die Stadt, in der er einundzwanzig Jahre verbrachte und eine Beliebtheit genossen hat, wie sie selten einem Fürsten so uneingeschränkt zuteil wird. Der Abschied von den Vertretern der Bürgerschaft im Schloß Montbrillant am Abend vorher ist für alle schmerzlich gewesen. Viele trauern ihm nach, und die Zukunft, das neue Regime, erfüllt sie mit Besorgnis.

15.

Friederike ist am 2. März 1837 neunundfünfzig Jahre alt geworden. Einen Monat später reist Ernst August nach London, vier Wochen nach seiner Ankunft teilt er ihr mit, König William IV. von England, sein Bruder, sei schwer erkrankt, mit seinem Ableben müsse gerechnet werden. Am 24. Mai wird ihr ein Kurier gemeldet. Er redet sie mit «Königliche Hoheit» an und überbringt ihr die Nachricht von dem Tode König Williams IV. und der Inthronisierung der Königin Viktoria. Sie ist nicht unvorbereitet, doch den Tatsachen gegenüber hat sie Mühe, Beherrschung zu wahren.

Wieder ein neuer Lebensabschnitt! Für Ernst August das Ziel langgehegter Hoffnungen, für sie der schmerzliche endgültige Abschied von Berlin, von dem Cumberland-Haus Unter den Linden Nr. 2, das sie achtzehn Jahre bewohnte, das Haus, in das sie nach langen Unterbrechungen immer wieder gerne zurückkehrte.

Schnell verbreitet sich die Kunde in der Stadt, daß die Herzogin von Cumberland Königin von Hannover geworden ist. Kronprinz Friedrich Wilhelm erscheint als einer der ersten, sein enthusiastisches Temperament überflutet sie mit Glückwünschen auch von seinem Vater, dem König, dessen Besuch er ankündigt. Bald ist sie umringt von nahen Freunden, die die offizielle Bekanntmachung nicht abwarten. Was sie an Empfängen und Festlichkeiten schuldig ist, ordnet sie an, Vorbereitung und Überwachung bleibt Malortie überlassen, der von seinem König bereits den Auftrag hat, die Auflösung des Haushaltes in die Wege zu leiten und für die Übersiedlung nach Hannover Sorge zu tragen.

Friederike, erfahren in der Kunst, ihre Gefühle zu verbergen, ist von jeher eine vollendete Gastgeberin gewesen. Die neue Würde paart sich anmutig mit dem Reiz ihrer natürlichen Grazie. Nach ruhiger Überlegung ist sie entschlossen, so schnell wie möglich die unumgänglichen Verpflichtungen zu absolvieren und abzureisen. Ernst August braucht mehr als je zuvor ihre Hilfe. Er spricht und versteht Deutsch nicht gut, wodurch Mißverständnisse entstehen können, die der Aufklärung bedürfen durch jemand, der wie sie in zwei Sprachen, Deutsch und Englisch, versiert ist. Bis zu einem gewissen Grad ist sie sachkundig, da er sich angewöhnt hat, die Probleme, die ihn beschäftigen, mit ihr zu besprechen. Wie oft hat sie seine Klagen gehört, daß man ihn über die wichtigsten Vorgänge in Hannover nie orientiert hat. Das geht auch aus einem seiner Briefe an Friederikes Bruder, Großherzog Georg von Mecklenburg-Strelitz hervor, den er ihm am 7. Juli 1837 sendet:

«..., denn Du weißt, ich kenne hier weder die Dinge noch die Menschen; ich bin aus den Wolken gefallen, und da alles vor mir aus *Eifersucht* geheimgehalten wurde und da ich hier keine eigenen Mittel gehabt habe, um auch nur etwas von den Angelegenheiten zu erfahren, bin ich wie ein Ignoramus angekommen...»

Grund genug für Friederike, sich zu beeilen, um so mehr als sie nicht nur die guten Eigenschaften Ernst Augusts in Betracht ziehen darf, sondern auch seine Schwächen bedenken muß, seine Neigung zu überstürzten Entschlüssen, seine aufbrausende Heftigkeit, seine aggressiven Äußerungen, die gelegentlich persönlich kränkend wirken, während er behauptet, nur den Sachverhalt treffen zu wollen. Sein Bruder William hat in früheren Zeiten über diese Eigenheit ein Bonmot kreiert, das bei Familie und Anverwandten lebhaftes Echo fand:

«Ernst (so nennen ihn die Geschwister) ist kein schlechter Kerl, aber wenn einer ein Hühnerauge hat, so tritt er ganz gewiß darauf.»

Dieser Ausspruch dürfte Friederike bekannt gewesen sein, und vermutlich befürchtet sie, daß in der fremden Umgebung

Hühneraugen genug herumlaufen, auf die er ahnungslos oder mit Vergnügen tritt. Daß sie ihn zu mäßigen versteht, gibt er selber zu.

Die Haushaltung hat Malortie bis zuletzt unangetastet aufrechterhalten, um ihr den Abschied zu erleichtern. Am 12. Juli stehen die den Berlinern so vertraut gewordenen Kutschen vor dem Eingang des Cumberlandhauses (es hat noch lange den Namen behalten), Friederike und ihr Sohn, der Kronprinz, nehmen in dem ersten Wagen Platz, am 14. treffen sie in Schladen ein, dort wartet der König, der ihr entgegengefahren ist. Im nicht weit entfernten Derneburg, auf dem Landsitz des Grafen Münster, wird übernachtet und am Tag darauf die Fahrt nach Hannover fortgesetzt.

An die Grenze hat der König berittenes Militär des Gardedukorps beordert als Eskorte. Gegen vier Uhr nachmittags, nahe der Stadt, steigt der König zu Pferde und reitet, umgeben von einem zahlreichen Gefolge dem Wagen der Königin voraus. Wieder ist das Ägidientor durch eine Ehrenpforte geschmückt, wie damals bei der Ankunft des Königs, der Magistrat ist versammelt, mit einer Rede wird die Königin begrüßt. Dicht an dicht steht die Menge winkend und jubelnd rechts und links der Georgsstraße, die zu dem Schloß Herrenhausen führt. Die Hannoveraner genießen begeistert den ungewohnten Anblick. Endlich, nach 123 Jahren, wird ihre Freude an Sensation und Luxus befriedigt und – last not least – verspricht die Anwesenheit des Hofes Geld unter die Leute zu bringen. Mit dem Donner der Kanonen und dem Läuten aller Glocken zieht eine neue Ära in die ansonsten so stille Residenz. In Herrenhausen sind alle Minister, das diplomatische Korps, sämtliche Offizier-Korps anwesend. Der König empfängt die Königin vor dem hohen Portal und geleitet sie in den Saal im ersten Stock, in dem die Begrüßung stattfindet. Friederikes Liebenswürdigkeit entzückt und ihre Ungezwungenheit im Einklang mit einer Sicherheit des Auftretens, das Bewunderung erregt. Man ist an ein Hofleben nicht gewöhnt, aber man wird sich daran gewöhnen müssen, das ist nach diesem Empfang allen klar, und zahlreichen Ehefrauen wird zu Hause eine Lektion erteilt, denn schon drei Tage später ist große Cour abermals in Herrenhausen angesagt, wo König und Königin alle vor dem Thron empfangen.

Die einfache Bevölkerung ist im Gegenteil zu dem, was Ernst August glaubt, sehr friedlich, keineswegs rebellisch. Die meisten von ihnen haben nicht einmal die Existenz einer Verfassung realisiert, geschweige denn ihre Bedeutung, politisch sind sie gänzlich uninteressiert. Die Stände, die regelmäßig einberufen werden, sind verhaßt, weil die Diäten, die die Abgeordneten erhalten, hoch sind. «Und für was?» fragt der Mann von der Straße. Verhandelt wird hinter verschlossenen Türen, ohne daß man erfährt, worüber. Eine Tagespresse gibt es nicht. Aber, predigen Minister, höhere Beamte und solche, die die Absicht haben, es zu werden, das wäre der Fortschritt, und warnen vor dem König, dessen Aufwand dem Lande eine Unmenge kosten werde, der als willkürlicher Machthaber und Gegner der Verfassung angeprangert wird.

Zu ihrer Beruhigung und ihrem Erstaunen stellt Friederike fest, daß ihr Gatte große Vorsicht und Zurückhaltung übt, daß er keine voreiligen Maßnahmen getroffen hat, die die Gemüter erregen und ihm Feinde schaffen. Immer wieder betont er, möglichst wenig Veränderungen treffen zu wollen. Den sicherlich bestorientierten Mann, Geheimrat von Schele, hat er zum Kabinettsminister ernannt, die Stände nicht aufgelöst, lediglich vertagt und die Minister gebeten, im Amt zu verbleiben. Sie sind auf die von König William IV. 1833 dem Lande gegebene Verfassung vereidigt. Schele hingegen ist auf den König vereidigt, das bedeutet, daß er verpflichtet ist, die Anordnungen des Königs durchzuführen, auch wenn sie sich nicht mit den Forderungen der Stände decken. Eine unbehagliche Situation für ihn, solange alles in der Schwebe ist, solange niemand weiß, welche Verfassung nun Gültigkeit hat, die von 1819 oder die von 1833. Scheles Unbehagen steigert sich, als er erfährt, der König habe namhafte deutsche Juristen beauftragt, zu prüfen, ob und inwieweit er berechtigt ist, das Staatsgrundgesetz seines

Vorgängers außer Kraft zu setzen und auf die Verfassung von 1819 zurückzugreifen.

Bereits im vergangenen Jahr haben die Ärzte Friederike und Ernst August empfohlen, Karlsbad aufzusuchen, eine Badekur sei für ihre Gesundheit dringend notwendig. Am 2. August reisen König und Königin ab und kommen am 5. August in Karlsbad an. Sie logieren im «Rothen Herzen» auf der «Alten Wiese». Weit wichtiger als die Kur ist für den König das durch diesen Aufenthalt ermöglichte unauffällige Treffen mit Fürst Metternich. Der König wendet sich an Österreich, nicht an Preußen – allerdings ist eine Berliner Reise nach der Rückkunft geplant –, da Österreich unberührt von Gärungsprozessen liberaler Elemente dem streng konservativen Trend verhaftet geblieben ist. Auch Friederike, wie aus einem Brief an ihren Bruder, Großherzog Georg von Mecklenburg-Strelitz, hervorgeht, hält die Zustimmung Metternichs hinsichtlich der Pläne ihres Mannes für unerläßlich, da sein Einfluß bei den deutschen Fürsten zur Zeit ausschlaggebend ist.

Ein Zeichen, wie wichtig Metternich die Absprache erachtet, zeigt sein Erscheinen gleich nach der Ankunft der Gäste im «Rothen Herzen», er lädt zu einem Abendessen ein. Die Intimität, durch die Teilnahme Friederikes im privaten kleinsten Kreis, ermöglicht dem König die rückhaltlos offene Darlegung seines Standpunktes. Metternich fühlt sich angenehm berührt durch den präzisen Bericht und schlägt eine Konferenz vor für den 11. August in seinem nicht weit entfernten Schloß Königswart, um auch von anderer Seite orientiert zu werden. Der Sohn Scheles, der Legationsrat ist, und der hannoversche Gesandte in Wien nehmen an der Konferenz teil und informieren den Fürsten und seine Mitarbeiter über das, was sich seit Regierungsantritt ereignete und über den jetzigen Stand der Verhandlungen. Metternich deklariert gleich zu Anfang, er erteile Ratschläge nur als Privatmann. Seiner Ansicht nach solle der König die Stände von 1833 einberufen und versuchen, das Staatsgrundgesetz mit ihnen nach seinen Wünschen abzuklären. In einem Schreiben nach Wien spricht er sich anerkennend über den König aus: «... der Eindruck, den mir die Äußerungen des Königs machten, war ein durchaus vorteilhafter und schien von ebensoviel Besonnenheit und Mäßigung als selbstbewußter Willenskraft Zeugnis abzulegen...» Am selben Tag, dem 12. August, berichtet er seiner Frau: «J'ai été on ne peut plus content du roi de Hannover.» (Man kann nicht zufriedener sein als ich mit dem König von Hannover.)

Niemand in Hannover ahnt etwas von der Beratung im Schloß Königswart außer Schele, der mit dem Ergebnis nicht einverstanden ist, das Friederike in einem Schreiben an den Bruder Georg nach Strelitz in dem Satz zusammenfaßt: «Ernst August und Metternich sind vollkommen einer Meinung, sowohl über das Was als über das Wie.»

Während der Anwesenheit des Königspaares wimmelt es in Karlsbad von österreichischen Aristokraten, die Wert darauf legen, im «Rothen Herzen» ihre Aufwartung zu machen. Die Kur, überwacht vom Leibmedikus Dr. Stieglitz, der die Badereise begleitet, erweist sich für den König als überraschend erfolgreich. Beschwerden, an denen er oft in der letzten Zeit gelitten hat, sind völlig verschwunden, während Friederike sich zwar erholt hat, aber weiterhin leicht ermüdet. Anfang September wird die Rückreise angetreten, am 8. sind König und Königin wieder in Hannover. Die Bevölkerung nimmt lebhaften Anteil, die Beliebtheit der königlichen Familie steht außer Frage und nimmt im ganzen Land ständig zu.

Nun gilt es für Schele, den König davon zu überzeugen, daß der Vorschlag Metternichs sich ungünstig auswirken wird. Mit der Wiedereinberufung der Stände ist die Gefahr verbunden, daß sie nicht erscheinen oder nur einzelne von ihnen, während die Mehrzahl beschließt, den Entscheid über das Staatsgrundgesetz dem Bund nach Frankfurt zu überweisen. Ein Verfahren, das man unbedingt vermeiden will. Den Argumenten Scheles stimmt der König nach reiflicher Überlegung dezidiert zu mit dem Fazit, daß es nur einen Weg gibt, um Klarheit zu schaffen: das Staatsgrundgesetz von 1833 für ungültig zu erklären und die Stände nach der Verfassung von 1819 einzuberufen.

Altes Palais an der Leinstraße (Aquarell von Kretschmer)

Gleichzeitig soll eine königliche Proklamation veröffentlicht werden. Da der König eine genaue Vorstellung von dem hat, was er dem Volk zu sagen hat, verfaßt er eigenhändig ein Exposé für Schele, das sehr ausführlich, mit fast naiven Erklärungen, eine beachtliche Länge hat. Auf Scheles Hinweis, ob es nicht besser wäre, Kürzungen vorzunehmen, erwidert er ablehnend, er wende sich ja nicht an den Adel und die gebildeten Schichten, er wolle vor allem, daß die einfachen Leute, die unteren Klassen ihn verstehen.

Als Metternich erfährt, sein Plan wäre fallengelassen worden, schickt er in inoffizieller Mission einen Freund, den Fürsten Schönburg-Hartenstein, nach Hannover, dessen Beurteilung der Lage sich alsbald zugunsten der neuen Konzeption wendet. Am 30. Oktober wird die Auflösung der Stände bekanntgegeben, am 1. November die Ungültigkeitserklärung des Staatsgrundgesetzes von 1833 und Neuwahlen der Stände aufgrund des Statutes von 1819. Alle bisher erlassenen Gesetze sollen in Kraft bleiben und die Minister in ihrem Amt.

«Nach allem, was ich hier höre», schreibt Ernst August am 11. November an seinen Schwager, den Großherzog von Mecklenburg-Strelitz, «ist man äußerst *zufrieden* mit meiner Deklaration. Gott sei gelobt, denn mein Herz ist rein und wünscht nur das Glück und Wohlsein des Landes.» Schele berichtet Metternich am 17.: «Die Aufnahme des königlichen Patentes am 1. ds. M. ist über mein Erwarten gut gewesen.» Die geplante Fahrt nach Berlin wird aufgegeben. Zunächst will der König eine fünftägige Reise durch sein Reich machen, um sich von der allgemeinen Stimmung zu überzeugen. Er nimmt seinen Stiefsohn, den Prinzen Solms, mit. Hochbefriedigt kehrt er nach Hause zurück. In der letzten Nachricht, die er von unterwegs Friederike sendet, heißt es: «Ich bin völlig überzeugt, daß meine Reise Millionen wert ist, und bin sicher, daß meine Proklamation Wunder getan hat.»

Doch er täuscht sich, die Liberalen geben den Kampf um die Verfassung von 1833 nicht so schnell auf, er wird sich noch lange hinziehen. Bevor der König Hannover verließ, hat er am 14. November von allen Beamten, Professoren, Advokaten die Einsendung von Dienst- und Huldigungs-Reversen verlangt. Sieben Professoren der Universität Göttingen, darunter Jakob und Wilhelm Grimm, weigern sich zu unterschreiben mit der Begründung, sie würden sich an den 1833 geleisteten Eid gebunden fühlen. Der schriftliche Protest, den sie einreichen, ist in einem korrekten, keineswegs verletzenden Ton abgefaßt. Am 12. Dezember wird den unterdessen berühmt gewordenen «Sieben» kurzerhand ihre Entlassung zugestellt. Der König hat höchstpersönlich kurzen Prozeß gemacht, gestärkt durch die juristischen Gutachten, daß das Staatsgrundgesetz durch die schon erwähnten Fehler rechtskräftig anzugreifen ist. Wer die Huldigungsreverse noch nicht unterschrieben hat, erfährt gleichzeitig, daß er sich ebenfalls als entlassen betrachten kann, wenn der Verpflichtungsschein nicht bis Ende des Monats vorliegt.

Das Aufsehen, das im In- und Ausland die Entlassung der sieben Professoren, von denen drei des Landes verwiesen worden sind, erregt, ist ungeheuer. Die Zeitungen ergehen sich in Schmähungen, insbesondere die englischen, über den König, der – daran gewöhnt – gelassen bleibt. Metternich und viele andere Staatsmänner fürchten, eine Revolution bricht in Hannover aus, die auf andere deutsche Staaten übergreift, doch nichts dergleichen geschieht. In der Residenz konzentriert sich das Interesse mehr und mehr auf den Hof, der eine bedeutende Rolle zu spielen beginnt.

Wenn jemand versteht, eine Hofhaltung vorbildlich und spektakulär zu gestalten, so ist es Friederike, deren Erfahrung auf diesem Gebiet von unschätzbarem Wert für Ernst August ist. Schloß und «Altes Palais», die durch einen Tunnel verbunden sind, liegen einander gegenüber an der Leinstraße. Die königliche Familie hat das «Alte Palais» bezogen, das der Herzog von Cambridge schon als Domizil wählte, denn das Schloß befindet sich in einem verheerenden Zustand, da es während der französischen Besetzung als Kaserne diente. Die Säle im Parterre werden nun instandgesetzt, ohne sie ist an repräsentative Festlichkeiten nicht zu denken. Die erste große Aufgabe, die auf Friederike wartet. Die schon vorliegenden Pläne bespricht sie bis ins kleinste Detail mit dem Architekten, studiert Bücher über Stilkunde und Heraldik, erbittet den Rat des preußischen Kronprinzen, der kompetent in künstlerischen Fragen ist und dessen genial hingeworfenen Skizzen ihr Entzücken sind.

Hannover hat zu jener Zeit nicht ganz 24000 Einwohner, alles, was den Hof angeht, spricht sich im Nu herum, so nimmt man mit Genugtuung zur Kenntnis, daß König und Königin Einladungen in Privathäuser annehmen. Einstweilen revanchieren sie sich mit Diners im Alten Palais, doch schon der Winter des Jahres 1838 beginnt mit einem brillanten Neujahrsempfang in den renovierten Räumlichkeiten des Schlosses, woran sich mehrere Festlichkeiten, Bälle und Redouten in glanzvoller Aufmachung anschließen. Streng wird auf Etikette geachtet und zugelassen nur, wer hoffähig ist – im Gegensatz zu dem geselligen Leben in Berlin. Auswärtige Fürstlichkeiten werden eingeladen und stets von Schaulustigen in der Leinstraße umdrängt und bestaunt. Entspricht hin und wieder die Aufmachung der Ankommenden nicht den Erwartungen, verharrt das Publikum in stummer Enttäuschung.

Der König ist eine beliebte Erscheinung im Straßenbild und kann seiner zunehmenden Popularität nicht entrinnen, dazu sind die Gassen in dem im letzten Jahrhundert veralteten Städtchen viel zu eng. Nur ein Adjutant folgt ihm und gelegentlich der Wagen der Königin mit dem Kronprinzen und einer Hofdame. Die Blindheit des Kronprinzen wird streng geheimgehalten. Er lebt sehr zurückgezogen in der liebevollen Obhut der Eltern, widmet sich mit Hingabe der Musik. Im Laufe seines Lebens sind annähernd hundert Kompositionen unter seinem Namen erschienen und eine Abhandlung: «Ideen und Betrachtungen der Musik». Gern geht er ins Theater, nicht nur wenn Opern oder Operetten gegeben werden, auch das Schauspiel interessiert ihn. Vermutlich nimmt sein durch die geschwundene Sehkraft geschärftes Gehör die feinsten Nuancierungen der Stimme und der Sprache auf, die sich in seiner Phantasie widerspiegeln in Bildern. Begleitet wird er entweder von der Mutter oder seinem Adjutanten. In der Öffentlichkeit sich zu zeigen, meidet er. An Geselligkeiten nimmt er selten teil, trotz der Mahnungen des Vaters, sich auch in der Öffentlichkeit öfters zu zeigen, das Volk, das so lange die Anwesenheit eines Hofes entbehrt habe, wende seine Aufmerksamkeit nun um so intensiver den einzelnen Mitgliedern des königlichen Hauses zu.

Dem König gelingt es zwar 1840 durch die von den Ständen endlich gebilligte neue Verfassung dem Kronprinzen die Thronfolge zu sichern, aber er versäumt, den 1838 Neunzehnjährigen nach und nach einzuweihen, in die Pflichten, die seiner warten. Es erscheint unverständlich, daß eine Persönlichkeit wie Ernst August nicht alles daran setzt, dem blinden Sohn hinreichende Kenntnisse und genaue Anweisungen zu geben, die ihn davor schützen, später hilflos seinen Beratern ausgeliefert zu sein. Der König ist täglich Stunden damit beschäftigt, jedes Aktenstück zu lesen oder sich vorlesen zu lassen, jeden Antrag zu prüfen. Nie kommt es ihm in den Sinn, den Kronprinzen hinzuzuziehen, seine Auffassungsgabe für die ihm später zufallenden Obliegenheiten zu schärfen, ihn mit Verwaltungsfragen vertraut zu machen, ihm Vorträge halten zu lassen über Jura, Wirtschaftsprobleme, über die soziale Entwicklung im Zeitgeschehen. Hat er vergessen, wie schwer es ist, als «Ignoramus aus den Wolken zu fallen»? (s. seinen Brief vom 7. Juli 1837 an den Schwager.)

Zu all dem schweigt Friederike. Den Söhnen gegenüber hat sie nie die Energie aufzubringen vermocht, deren sie fähig war, und nun schwächt sie das Alter. Dieser Sohn ist vielleicht die Erfüllung eines geheimen Wunsches. Er ist künstlerisch begabt wie der preußische Kronprinz, ihr Neffe, den sie bewundert und dem sie geistig nahesteht. Sensibel wie er ist auch Georg. Begreiflich, daß sie stolz auf sein Talent ist und dankbar ihrem Mann, daß er ihn ungestört dem Frieden der Häuslichkeit überläßt, den Klängen, die das Dunkel seines Daseins erhellen, ihm das Leben lebenswert machen. Friederike leidet unter den ständigen Angriffen, Intrigen, denen der König ausgesetzt ist. Sie teilt seine politische Überzeugung uneingeschränkt, nie zweifelt sie an seiner Fairneß, nie daran, daß er nach bestem Wissen und Gewissen handelt. Einstweilen ist es ihr ein Trost, daß Georg die bittere Erkenntnis noch erspart bleibt, was es bedeutet, als Herrscher verantwortlich zu sein für ein Volk. Gegenwärtig braucht sie sich nicht die geringsten Sorgen um die Gesundheit Ernst Augusts zu machen, er ist rüstig wie eh und je trotz seiner siebenundsechzig Jahre.

Das tägliche Leben der Familie verläuft still, harmonisch und ohne Aufwand, doch die Großzügigkeit der Gastfreundschaft des Königs ist beeindruckend. Feste liebt er über alles und ist bald hocherfreut über die zahlreichen Fürstlichkeiten, die jede Gelegenheit nutzen, dem hannoverschen Hof einen Besuch abzustatten. An nichts wird gespart, um sie zu unterhalten. Im

König Ernst August in seinem Arbeitszimmer im Alten Palais

Juli 1838 trifft der russische Thronfolger, der spätere Zar Alexander II. nach einer längeren Reise durch Europa in schwerkrankem Zustand ein. Der König stellt ihm Schloß Herrenhausen zur Verfügung mit eigener Hofhaltung. Er erholt sich langsam, ist aber nach einem Aufenthalt von drei Wochen wiederhergestellt. Nur an wenigen der geplanten Bälle und Gartenfeste kann der Zarewitsch teilnehmen, auch nicht an der Aufführung von Fra Diavolo in der Orangerie, die der König als Theaterraum hat herrichten lassen für die Braunschweiger Oper, die er für die Gäste engagierte. Alexander ist der Sohn der ältesten Tochter der Königin Luise und ein Jahr älter als Kronprinz Georg. Die Herren seines Gefolges haben sich großartig amüsiert und sind des Lobes voll über die exzellente Hofküche, die erlesenen Weine, die zahlreichen Vergnügungen, die täglich neue Überraschungen geboten haben.

Malortie bewährt sich als Chef der Hofhaltung hervorragend, in seinem Finanzhaushalt herrscht eine vorbildlich disziplinierte Ordnung. Der König hat ihn mit dem Titel eines Reisemarschalls zum Mitglied des Oberhofmarschalls-Amtes ernannt und übertrug ihm gleichzeitig seine Schatullverwaltung und die Erledigung seiner Geldgeschäfte nach dem schnellen und reibunglos durchgeführten Umzug von Berlin nach Hannover. Malortie erwähnt in seiner Biographie Ernst Augusts die ungewöhnlich hohen Summen, die das Königspaar aus privaten Mitteln für wohltätige Zwecke schon in Berlin aufwendete und nun auch hier ausgibt. Zu jener Zeit existieren viele, insbesondere alte Menschen, die in den dürftigsten Verhältnissen ihr Dasein fristen. Sie wenden sich an die Königin mit der Bitte um Unterstützung. Friederike läßt alle Fälle genau prüfen und ist immer bereit, echte Not zu lindern. Einer der ersten Lehrer von Luise und ihr wohnt in einem kleinen Ort auf dem Lande und ist durch die Krankheit seiner Frau in Bedrängnis geraten. Sie läßt ihm jährlich hundert Taler in Gold zukommen und schreibt ihm, sie habe sich gefreut zu hören, daß er «auf so reizende Weise die kleinen Andenken» aufbewahre, die sie als Kinder ihm gaben.

Der König ist andersweitig bemüht, Klagen und Sorgen der Bevölkerung kennenzulernen. Jeden Mittwoch empfängt er vormittags alle ohne Unterschied von Stand und Gesinnung in seinem Büro im «Alten Palais», dort wird im Gegensatz zum Schloß auf Etikette kein Wert gelegt. Hier wünscht der König persönlichen Kontakt zu der Bevölkerung zu finden, deren Existenz ihm das Schicksal anvertraut hat. Den gleichen Zweck verfolgt er mit seinen Reisen durch das Land, die er nach dem ersten, ihn so befriedigenden Erfolg regelmäßig unternimmt. Er verfügt über eine ausgesprochen glückliche Art und Weise, das einfache Volk anzusprechen und für sich zu gewinnen. Sie glauben ihm, wenn er versichert, daß er ihr Bestes wolle. Eine seiner typischen Reden hält er vor einer Abordnung von etwa 100 Bauern, die gekommen sind, ihm für die Wiederherstellung einer Brücke zu danken, die durch Überschwemmung zerstört wurde. Er sagt: «Worte gebe ich nicht viel für, sondern Taten. Ich wollte Ihnen jedem beweisen, daß ich es ehrlich mit Ihnen meine, daß ich hatte am Herzen nur Ihr Wohl... indem ich kam zu Ihrer Hülfe, als Sie Not hatten. Glaubt denn nicht all dieses dumme Zeug von Zeitungen. Diese Leute wollen nicht Ihr Glück und nur Unruhe, Unzufriedenheit zwischen Ihnen stiften. Trauen Sie Ihrem König, der es ehrlich und treulich mit Ihnen meint...» Erstaunlich diese Mäßigung, wenn man bedenkt, daß er einer der aggressivsten Gegner der Liberalen im englischen Parlament gewesen ist. Gewiß mag das Alter eine Rolle spielen, aber auch wohl die Einsicht, die er in den langen Jahren in Berlin gewonnen hat, daß man der deutschen Mentalität nicht allzu heftig auf die Hühneraugen treten darf, daß man sie kennen und respektieren muß. In einem Bericht des Amtes Lehe im Juli 1838 heißt es: «Der König hat Eigenschaften, die ihn immer populär machen. Er ist sehr zugänglich, sehr einfach in seinen Gewohnheiten. Er hört mit einer beachtenswerten Geduld zu und antwortet mit größter Höflichkeit, oft mit allen Zeichen von Herzlichkeit. Während seiner Reise ist er oft von der strengen Etikette, die bei seinem Hofe herrscht, abgewichen; er hat alle Personen zu seiner Tafel geladen und sie durch seine Leutseligkeit entzückt.» Die Reisen sind kurz, höchstens eine Woche, aber er schreibt täglich Friederike, schildert anschaulich die Gegend, die Menschen und ihre Gewohnheiten. Vor allem fasziniert ihn auf seiner Harzreise im September 1839 in Clausthal das Leben der Grubenarbeiter. «Es ist ein furchtbares Leben», berichtet er seiner Frau, «aber sie sind äußerst glücklich, und man sieht das auch, denn es ist keine Grube, die nicht ihre Musik hat, und sie sind unaufhörlich am Tanzen», und versichern ihm, es gäbe nur zu viele, die sich um eine Anstellung bewerben würden. Der König weiß, und das schmerzt ihn, daß die Gruben über kurz oder lang stillgelegt werden müssen, sie rentieren sich bereits nicht mehr.

Am 10. 2. 1840 wird die Stände-Versammlung für den 13. März einberufen, um die noch immer fehlenden Wahlen zu vollziehen. Einige Städte schicken keine Vertreter, doch am

19. Februar sind genügend Deputierte da, so daß die Versammlung beschlußfähig ist. Gleich am ersten Tag präsentiert der König einen neuen Verfassungsentwurf, den die Stände sich bereit erklären, auf das sorgfältigste zu prüfen. Sie billigen die neue Verfassung am 6. August ohne Widerspruch und auch das neue Kriminalgesetzbuch. Am 21. August wird die Versammlung in gegenseitigem Einverständnis aufgelöst. Die Opposition, unzufrieden mit der Regelung, protestiert beim Bundestag, ein Protest, der nichts zur Folge hat als einen strengen Verweis der Regierung.

Das Jahr 1840 ist wieder eingeleitet worden durch einen großartigen Empfang am 1. Januar, da Ernst August in dem Aberglauben lebt, er würde in dem Jahre sterben, in dem er den Neujahrstag nicht feiere, auch jeder Geburtstag in der Familie gibt zu Festlichkeiten Anlaß. So der 2. März, der Geburtstag der Königin, zu dem an diesem Tag stattfindenden Hoffest sind fast siebenhundert Personen geladen, daran schließt sich am 17. des gleichen Monats die sich über drei Tage hinziehende Feier des vor fünfzig Jahren vollzogenen Eintrittes seiner Majestät des Königs in die hannoversche Armee an. Friederike nimmt an den Veranstaltungen nur teil, wenn ihre Anwesenheit unerläßlich ist, sie muß ihre abnehmenden Kräfte schonen. Am Nachmittag des ersten Tages begleitet sie den König zur Cour der Offiziere, die eröffnet wird durch eine Rede des Kronprinzen, der im Namen des Militärs eine silberne Reiterstatuette des Königs dem Vater überreicht.

Die Anstrengungen sind selbst für die zähe Natur des Königs zuviel, ein heftiges Fieber, das ihm oft für Stunden die Besinnung nimmt, erschreckt seine Umgebung, überdies ist er ein widerspenstiger Patient, der alles besser weiß als die Ärzte, die ihm Medikamente verschreiben, die er sich weigert zu nehmen. Eines Morgens sieht er so verändert aus, daß die ins Zimmer eintretende Königin in Tränen ausbricht, doch schon am Nachmittag kann sie feststellen, daß er die Krise offenbar überwunden hat, er erholt sich verhältnismäßig schnell, ein anschließender Aufenthalt von vierzehn Tagen in Rotenkirchen stellt die Gesundheit völlig wieder her.

Im kleinen, intimsten Kreis der Familie wird am 29. Mai 1840 die silberne Hochzeit gefeiert. Alle Kinder sind um Friederike versammelt, Tochter und Sohn aus erster Ehe und die drei Solmsschen Söhne, der Kronprinz bringt den Toast aus auf ein weiteres glückliches Zusammenleben der Eltern. Ein Wunsch, der zum großen Leidwesen des Königs sich nicht erfüllt. Friederike hat ihrem Gatten ein Gedicht gewidmet, für diesen Tag:

«Meinem teuren geliebten Könige am 29. Mai 1840:

Es ist nicht mehr die Braut im rosigen Gewande
Nicht mehr das jugendliche Weib,
Das heut, Du Teuerster, Dir naht.
Fünfmal fünf Jahre sind dahin geschwunden
Seit jenem Tage, als am Altar Gottes
Ich Lieb und Treue Dir gelobt.
Die Jahre sind dahin im Strome der Vergangenheit
Mit Jugend und mit Schönheit,
Mit Freud und Leid und allem, was ein weiser
Gott auf unserer Lebensbahn uns hat beschieden.
Doch eine Gabe hat kein Zeitsturm fortgerissen,
Die bring ich heute unversehrt Dir dar.
Sie hat nur stärker, fester noch wie damals sich gestaltet,
Das ist die treue Liebe, die mein Herz Dir stets bewahret,
Die Liebe, die in Ewigkeit besteht.

Friederike.»

Die Nachricht vom Tode König Friedrich Wilhelms III. am 6. Juni 1840 trifft am 9. abends in Hannover ein. Noch vor Mitternacht reist der König ab und erreicht Berlin zweiundzwanzig Stunden später am 10. Juni. Am nächsten Tag ist die feierliche Zeremonie im Dom und die Beisetzung im Charlottenburger Mausoleum. Nach Hannover zurückgekehrt, bittet Ernst August den Neffen seiner Frau, König Friedrich Wilhelm IV. von

Preußen, in einem Brief, seinem blinden Sohn Georg schützend beizustehen, wenn auch er in nicht allzu ferner Zeit aus dem Leben scheiden werde. Für die freundschaftlich zustimmende Antwort dankt er ihm umgehend «tausendfach».

Friederike kränkelt den ganzen Winter über, an ihrem Geburtstag jedoch, am 2. März 1841, ist sie wohlauf und kann an der lebhaften Geselligkeit, die sie umgibt, bis zu später Stunde teilnehmen. Am 9. April abends stellen sich heftige Magenkrämpfe ein, der Arzt verordnet Bettruhe für die nächsten Tage. Sie wird das Bett nicht wieder verlassen, trotzdem sind weder der König noch sie selbst mehrere Wochen lang ernstlich besorgt über ihr Befinden, da sie seit Jahren an immer wieder auftretenden Magenkrämpfen leidet. Doch unternimmt der König keinerlei Reisen während dieser Zeit und verbringt, soweit es seine Verpflichtungen erlauben, täglich mehrere Stunden in ihrem Zimmer. Plötzlich am 27. Juni verschlechtert sich ihr Zustand bedenklich. Sie verlangt den Pfarrer und das Abendmahl. Für die Nacht verabreicht ihr der Arzt Medikamente, nach deren Einnahme sie sich erleichtert fühlt. Das am 28. Juni veröffentlichte Bulletin lautet:

«Die Gefahr, in welcher Ihre Majestät am gestrigen Tag sich befunden hat, ist zwar vorübergegangen, aber das Befinden der hohen Kranken ist am heutigen Tag nicht ohne Besorgnis.»

Die Nacht läßt keine Hoffnung mehr. Der König wacht bis zum Morgengrauen bei ihr, begibt sich in seine Räume, um kurz auszuruhen. Um acht Uhr weckt man ihn, er eilt über die Treppe in ihr Zimmer hinunter. Mit den leisen Worten: «That is death» empfängt sie ihn. Der Kronprinz und ihre Tochter, die Herzogin von Anhalt-Dessau, sind in den letzten Stunden bei ihr, der König hält, wie sie es wünscht, ihre Hand in der seinen. Um fünfundzwanzig Minuten vor ein Uhr mittags stirbt sie am 29. Juni 1841 in demselben Zimmer, in dem sie vor dreiundsechzig Jahren geboren wurde. Das ganze Land trauert um sie. Vieles, was sie für die Stadt Hannover geplant hat, geht ohne ihre tätige Mitarbeit verloren.

In den Räumen, die sie im «Alten Palais» bewohnte, wird auf

Befehl des Königs nichts verändert, sogar der tägliche Dienst mit der gleichen Akkuratesse aufrechterhalten wie zu ihren Lebzeiten. Jeden Abend sind die Fenster hell erleuchtet. Der König verbringt anfangs mehrere Stunden am Tag in den vereinsamten Gemächern, oft betet er an ihrem Sarg, der einstweilen im Gewölbe der königlichen Schloßkapelle beigesetzt wurde. Ein Mausoleum nach dem Vorbild des Mausoleums in Potsdam gibt der König alsbald in Auftrag und einen Sarkophag in «schönstem Marmor» an Christian Rauch in Anlehnung an den, den der Künstler für Königin Luise geschaffen hat. 1847 übergibt Rauch sein Meisterwerk dem König in Hannover, das bis zum Tode des Königs in der Gruft der Schloßkapelle steht. Das Mausoleum in Herrenhausen ist zwar fertiggestellt, aber Ernst August hat seine eigenen Pläne, die er in einem Vermächtnis der Nachwelt übermittelt. Er legt die Hoftrauer, die Ende 1841 aufgehoben wird, nie mehr ab während der zehn Jahre, die er noch regiert. Es ist ihm vergönnt, die Ehrungen zu seinem achtzigsten Geburtstag voll zu genießen, insbesondere freut ihn das persönliche Erscheinen des preußischen Königs.

Die Heirat des Kronprinzen wird bald nach dem Tode Friederikes erwogen, um die Dynastie zu erhalten. 1843 findet die Hochzeit des blinden Sohnes mit Prinzessin Marie von Sachsen-Altenburg statt. Dem Paar ist die Gelegenheit geboten worden, sich in Norderney kennen und lieben zu lernen. Mit dieser Wahl stiftet Ernst August eine glückliche Ehe. Drei Enkelkinder werden geboren, ein Stammhalter 1845, zwei Prinzessinnen 1848 und 1849.

Im Jahr 1848, in dem alle Fürstenhäuser um ihre Existenz bangen, erwartet man, daß der als absolutistisch gebrandmarkte Herrscher Hannovers gestürzt wird, seltsamerweise: Hannover bleibt ruhig. Zwar gibt es im Lande aufrührerische Volksversammlungen, sie bewirken aber keinerlei Veränderung. Immer wieder gelingt es dem König, wichtige Persönlichkeiten der Opposition von seiner Loyalität zu überzeugen, da er stets die Meinung des anderen gerecht zu beurteilen bestrebt ist, sie respektiert, auch wenn sie der seinen konträr zuwiderläuft. Er scheut sich nicht, die Führer der Opposition einzuladen, mit ihnen zu debattieren. Einer seiner bedeutendsten Widersacher sagt nach einem Diner, bei dem die Beredsamkeit und korrekte Haltung des Königs die Hochachtung der liberal gesinnten Gäste gewonnen hat, zu Malortie:

«Ich leugne es nicht, ich bin entschiedener Gegner der ergriffenen Maßregeln, ich neige mich zum Republikaner, aber ich kehre mit der höchsten Bewunderung aus dem Palais zurück, wo ich den König gesehen, der ein wahrer König ist; ich muß den Herrn, trotzdem ich einer anderen Politik angehöre, lieben und ehren; er ist ein großer Mann.»

Mehr oder weniger contre cœur unterschreibt der König im letzten Jahr seines Lebens den Zoll- und Handelsvertrag mit Preußen, den er lange bekämpfte. Auch ist er ein leidenschaftlicher Feind der Eisenbahnen gewesen, läßt aber schließlich doch zu, daß sie gebaut werden, und benutzt sie sogar gern. Seinem Enkelsohn schenkt er, als dieser sechs Jahre alt wird, die erste Uhr.

Die Schwäche seines Körpers nimmt zu, er erkrankt ernstlich im Oktober 1851 und stirbt am 18. November.

Sein Vermächtnis vom 9. Dezember 1842:

«Ich will eine volle Woche über der Erde bleiben, bevor ich nach meiner letzten Ruhestätte gebracht werde, welche, wenn das Mausoleum, das ich gegenwärtig für meine geliebte Friederike bauen lasse, noch nicht fertig ist, in der Gruft sein soll, welche Meinem Fenster gegenüber im Schloß sich befindet; wenn dann die Gruft in Herrenhausen beendigt und zu unserer Aufnahme bereit ist, sollen Unsere beiden, der geliebten Friederike und Meine irdische Hülle zusammen dorthin auf einem und demselben Wagen gebracht werden, so daß Wir dort in demselben Augenblicke zugleich beigesetzt werden.»

Als Friederike im Januar 1799 mit Prinz Solms, ihrem zweiten Gatten, Berlin verlassen mußte, schrieb sie an Fürstin Radziwill:

«Ich habe immer das Glück gesucht und ersehnt zu lieben und geliebt zu werden», ein Wunsch, der erst in der dritten Ehe voll und ganz in Erfüllung ging, womit die Glaubwürdigkeit der Aussage eine unantastbare Bestätigung findet.

Schloß Monbrillant.
Sommerresidenz der königlichen Familie.

Bibliographie

Die Bibliographie verzeichnet nur die für das Lebensbild Friederikes wichtigen Werke. Die gesamten erforderlichen literarischen Unterlagen beschaffte die Universität Mannheim, wofür ich den Damen und Herren der Bibliothek herzlich danke. Meinen ganz besonderen Dank sage ich Frau Annemarie Scheuer, die meine Arbeit mit Rat und Tat verständnisvoll und hilfreich unterstützte.

M. v. T.

Bailleu, Paul: Königin Luise, 1923

Bernstorff, Gräfin Elise: Ein Bild aus der Zeit 1789–1835, 1886

Bibra, F. L. von: Georg III., sein Hof und seine Familie, 1820

Binswanger, Paul: Wilhelm von Humboldt, 1937

Bissing, M. W. Frhr. von: Friedrich Wilhelm II. König von Preußen, Berlin 1967

Bleich, Dr. Erich: Der Hof König Friedrich Wilhelms II. und des Königs Friedrich Wilhelm III., 1914

Clary-Aldringen, Alfons: Geschichten eines alten Österreichers, 1977

Craven, Elisabeth Berkeley, Lady: Memoirs of the Margravine of Ansbach, formely Lady Craven, writen by herself, 2 Bde., 1825

Delbrück, Friedrich: Tagebuch: Zur Jugend- und Erziehungsgeschichte Friedrich Wilhelms IV. und Wilhelm I., 1904

Engel, Hermann: Kulturgeschichte. Streifzüge durch das Pyrmonter Tal, 1973; Die Geschichte der Grafschaft Pyrmont, 1972

Eylert, Ruleman Friedrich: Charakterzüge und historische Fragmente aus dem Leben des Königs von Preußen Friedrich Wilhelm III., 4 Bde., 1842–1846

Geiger, Ludwig: Geschichte des geistigen Lebens der preußischen Hauptstadt, 2 Bde., Berlin 1892–1895

Gentz, Friedrich von: Aus dem Nachlaß von Varnhagen von Ense, Bd. 1/2–3/4, 1873–1874

Goethe, Johann Wolfgang von: Tagebücher 1775–1832, hg. von Peter Boerner, dtv 1963

Goethe, Johann Wolfgang von: Chronik von Goethes Leben, zusammengestellt von Franz Götting, dtv 1963

Goncourt, Edmond de: Biographie der Clairon, 1890

Hannoversche Geschichtsblätter, Neue Folge, Band 9, 1956, Heft 4: Das Leineschloß. Heft 8, 1905: Adolf Friedrich, Herzog von Cambridge, die erste Hälfte seiner Lebensgeschichte von Dr. Fr. Göbel. Die zweite Hälfte fehlt. Grund unbekannt (nach Rückfrage in Hannover).
Humboldt, Wilhelm von: Wilhelm und Karoline von Humboldt in ihren Briefen, hrsg. von Anna von Sydow, 7. Bd.
Karell, Viktor: Goethe als Karlsbader Kurgast, 1939
Kuhnert, Reinhold: Urbanität auf dem Land, Badereise nach Pyrmont
Lang, Rudolf W.: Reisen anno dazumal. Literarische Notizen
Ligne, Fürst von: Neue Briefe, 1924
Lulvès, Jean: Zwei Töchter der Stadt Hannover auf deutschen Königsthronen; Luise von Preußen, Friederike von Hannover, 1910
Mackowsky, Hans: Johann Gottfried Schadow, Jugend und Aufstieg, 1927
Malortie, C. Ernst von: Der König Ernst August, 1861
Mann, Golo: Geschichte und Geschichten, 1961
Petersdorff, Hermann von: König Friedrich Wilhelm IV., 1900
Rachel, Hugo und Wallich, Paul: Berliner Großkaufleute und Kapitalisten 1806–1856, 1967
Radziwill, Luise, Fürstin, Prinzessin von Preußen: 45 Jahre aus meinem Leben, 1770–1815, 1912
Ranke, Leopold, Preußische Geschichte, 1874
Rehfeld, Ernst: Geschichte von Niederschönhausen, 1929
Reinhardt, Karl Friedrich, Graf, Pair von Frankreich und seine Frau: Lettres de Mme Reinhard à sa mére, 1901
Reumont, Alfred von: Elisabeth Königin von Preußen, 1874
Rochow, Karoline von: Vom Leben am preußischen Königshof 1815–1852, 1908
Rosendahl, E.: König Georg V. von Hannover
Rothkirch, Malve, Gräfin: Königin Luise von Preußen, Briefe und Aufzeichnungen 1786–1810, 1985
Schoeps, Hans Joachim: Preußen, 1981
Schubert, Heinz: Karlsbad, 1980
Scurda, Herbert: Wilhelm von Humboldt, 1976
Taack, Merete van: Königin Luise, 1979
Taack, Merete van: Zar Alexander I., 1983
Urzidill, Johannes: Goethe in Böhmen, 1962
Varnhagen von Ense, K. A., hrsg. von Joachim Kühn: Denkwürdigkeiten des eigenen Lebens, 2 Bde., 1922
Vehse, Eduard: Geschichte der kleinen Höfe, 1856–1860
Vogtherr: Geschichte der Stadt Ansbach, 1927
Voß, Sophie Marie, Gräfin: Erinnerungen. 69 Jahre am preußischen Hof, 1887
Wilhelm I. Deutscher Kaiser: Jugendbekenntnisse des Alten Kaisers, 1907
Wilkinson, C. A.: König Ernst August von Hannover, 1902
Willis, Geoffrey Malden: Ernst August König von Hannover, 1961

Namenregister

HANNOV

BRAUNSCHWEIG

Karl Wilhelm Ferdinand 1735–1806 ∞ 1764 Auguste 1734–1813

Friedrich Wilhelm 1771–1815

Karoline 1768–1821 1795 ∞ Georg IV. 1762–1830 Prinzregent 1811

Karl II. 1804–73

Wilhelm 1806–84 Folgte seinem Bruder 1830

Charlotte 1796–1817 ∞ 1816 Leopold von Sachsen-Coburg-Gotha, später König von Belgien 1790–1865

Friedrich Herzog v. York und Bischof v. Osnabrück 1763–1827 ∞ 1791 Friederike v. Preußen 1767–1820

Wilh. IV. (Herzog v. Clarence) 1765–1837 ∞ 1818 Adelheid v. Sachsen-Meiningen 1792–1849

Charlotte 1766–1828 ∞ 1797 Friedrich I. v. Württemberg 1754–1816

Eduard Herzog v.Kent 1767–182 ∞ 1818 Viktoria v. Sachsen-Coburg-Gotha 1786–186

Viktoria 1819–190 ∞ 1840 Albert vo Sachsen-Cob Gotha 1819–186

(Großbritann

PREUSSEN

Friedrich Wilhelm II. 1744–1797

Friederike 1767–1820 ∞ 1791 Herzog von York

Friedrich Wilh. III. 1770–1840 ∞ 1793 Luise von Mecklenburg-Strelitz

- Friedrich Wilh. IV. 1795–1861
- Wilhelm I. 1797–1888 (Preußen)

Friedrich Ludwig 1773–96 ∞ 1793 Friederike von Mecklenburg-Strelitz

- Friedrich 1794–1863
- Karl 1795–98
- Friederike 1796–1850 ∞ 1818 Leopold von Anhalt Dessau

Aus: „Ernst August, König von Hannover“ von Geoffrey Malden Willis. 1961 Hahnsche Buchhandlung Hannover.